O SER NO GERÚNDIO

Corpo e Sensibilidade na Psicanálise

EDUARDO ROZENTHAL

O SER NO GERÚNDIO

Corpo e Sensibilidade na Psicanálise

Rio de Janeiro
2014

cia. de Freud

Direitos de edição adquiridos pela
Editora Campo Matemico

Editor Responsável
José Nazar

Capa
Marina Rozenthal

Beatriz Nóbrega e Bettina Birmarcker

Revisora
Sandra Regina Felgueiras

Editoração eletrônica
Abreu's System

CIP-BRASIL. CATALOGAÇÃO-NA-FONTE
SINDICATO NACIONAL DOS EDITORES DE LIVROS, RJ

N245v

ROZENTHAL, Eduardo.

O Ser no gerúndio, corpo e sensibilidade na Psicanálise / Eduardo Rozenthal; Editor José Nazar – Rio de Janeiro: Companhia de Freud, 2014.
230 p.

ISBN 978-85-7724-120-0

1. Psicanálise. 2. Corpo I. Título.

13-0841 CDD: 150.195

CDU: 159.964.2

Endereço para Correspondência
Rua Barão de Sertório, 48 - casa
Tel.: (21) 2273-9357 • (21) 2293-5863
Rio Comprido - Rio de Janeiro
E-mail: ciadefreud@gmail.com

Pelo tempo que se conjuga no gerúndio,
Tempo que não passa,
Mas que faz o tempo passar,

A meus pais, Izaak e Margô
A meus filhos, Gustavo e Marina.

Para Cláudia Lisboa,
Toda feita de estrela,
Pelo encontro
Que me torna mais quem eu sou.

Agradecimentos

Agradeço a May Wang, pelas vírgulas, entretantos senões e pela dedicação; a Marina Kelson Rozenthal, pela elegância pós-moderna das imagens, cores e letras e pelo intenso carinho; a Cláudia Lisboa, pelo comprometimento com cada etapa e pela graça; a Auterives Maciel, pela leitura imanente, pela singularidade brilhante e pela inspiração; a Carlos Plastino, pela transformação da diferença de interpretação em força da diferença e, em especial, pela profunda amizade que nos une – que faz toda diferença.

"lembra-te que afinal te resta a vida com tudo que é insolvente e provisório e de que ainda tens uma saída: entrar no acaso e amar o transitório".

Carlos Pena Filho
A solidão e sua porta

Sumário

Prefácio

O QUE OS PSICANALISTAS DIZEM

Daniel Kupermann

Habituados às vicissitudes do Édipo e a interpretar as representações psíquicas, recalcadas na origem dos sintomas neuróticos, encontramo-nos, já há algum tempo, diante de uma encruzilhada que acena para a necessidade de ousar novos trajetos teórico-clínicos. O evidente incremento das formações compulsivas – que se manifestam no exercício catártico da sexualidade, no uso indiscriminado de substâncias psicoativas e no consumo voraz –, as psicopatologias que alteram radicalmente os modos de experimentação do corpo, a angústia indizível em estado bruto, as hipercompensações narcísicas, as depressões e as formas da apatia cujo testemunho assistimos na contemporaneidade convocam a psicanálise a redesenhar seus mapas de orientação, e a nós, psicanalistas, a dizermos a que viemos.

Se a psicanálise pretende ser, efetivamente, uma reserva ética (no sentido em que dizemos reserva ecológica) do desejo e da criatividade no estado atual do capitalismo mundial integrado, é mesmo preciso que nosso sistema de posicionamento global indique os caminhos (*wege*, dizia Freud) a serem percorridos para que a clínica psicanalítica insista em sua vocação libertária.

Em *O ser no gerúndio – corpo e sensibilidade na psicanálise*, Eduardo Rozenthal assume sem rodeios o papel de psicanalista-cartógrafo e indica de que maneira a psicanálise, em seu atual estado da arte, exige novas composições do seu próprio patrimônio intelectual – para além das ortodoxias estabelecidas –, bem como encontros profícuos com outros saberes.

Cartografando o espaço compartilhado da experimentação

Pedro é um jovem adulto/adolescente tardio de 20 anos como tantos outros que povoam os consultórios de psicanálise. Entediado com os desafios universitários, descrente em relação ao futuro e impotente frente às exigências da sociedade do espetáculo, diverte-se com um coquetel de drogas ilícitas que faria corar qualquer frequentador de Woodstock. Porém, em sua experiência subjetiva, as substâncias psicoativas visam não exatamente abrir as portas da percepção ou inspirar a imaginação utópica, mas anestesiar o excesso advindo da "angústia automática" – nome dado por Freud à dimensão irrepresentável e traumática da força pulsional – que invade incessantemente o aparelho psíquico.

Por meio do relato dos desafios impostos à técnica psicanalítica encontrados no tratamento de Pedro, Rozenthal costura suas reflexões metapsicológicas bastante originais com a crítica filosófica da cultura contemporânea, reafirmando que, no que concerne à psicanálise, teoria é bom, desde que articulada aos fatos e aos impasses da clínica. Com Pedro, frequentemente possuído por um sono irresistível nas sessões, não bastam interpretações acerca das posições transferenciais estabelecidas ou das suas resistências à análise. É preciso que seu psicanalista lance mão da *sensibilidade* para registrar em seu corpo erógeno as "pequenas percepções" promovidas no encontro com a corporeidade de Pedro, escutando, além das suas palavras, a intensidade silenciosa da pulsão de morte. Somente assim seriam possíveis o movimento de diferenciação das forças e a elaboração psíquica (*Dürcharbeitung*) proporcionados pelo acolhimento da compulsão à repetição e pela circulação afetiva entre os parceiros do espaço clínico. Desse modo, o sono, que se apossa também do seu analista, torna-se a chave de acesso para as vivências pulsionais ignoradas por Pedro, bem como para as transformações em seus modos de sentir, pensar e agir.

De fato, o privilégio atribuído à representação nunca foi hegemônico no pensamento de Freud e, ao menos desde 1914, encontramos em sua obra a confissão de que os principais resultados terapêuticos dependem de mais do que recordar, ou seja, representar. Freud inclui então a repetição e a elaboração dos afetos estrangulados – porque indizíveis – do analisando no conjunto dos fenômenos que definem o percurso de um tratamento psicanalítico. E, apesar de não dispormos de esclarecimentos suficientes acerca do processo elaborador, as indicações freudianas apontam para a importância da dimensão estética da clínica, isto é, para a valorização do encontro facilitador do trabalho, sempre compartilhado, entre o psicanalista e seu analisando.

Não é difícil perceber que, dessa maneira, uma pletora de exigências recai sobre o psicanalista, convocado não apenas à "escuta flutuante", mas também à percepção dos modos como é afetado em seu próprio corpo erógeno pelo *setting* analítico. Suporte das angústias automáticas, da hostilidade intratável e das intensidades irrepresentáveis experimentadas por seus analisandos, o psicanalista é agora convocado em sua Saúde (higiene, diria Ferenczi), entendida como disponibilidade sensível ao exercício de afetação mútua característico do enquadre psicanalítico. O manejo da clínica contemporânea – que Rozenthal nomeia de clínica da pulsão de morte – implica que o psicanalista possa *resistir no* encontro afetivo, contribuindo para que as atuações inconsequentes dos analisandos possam ganhar significância – assim como o gesto espontâneo do *infans* precisa encontrar oposição junto ao corpo dos seus cuidadores para que seus músculos ganhem tônus e consistência; caso contrário, impõem-se o abandono traumático e o vazio de sentido. Com certos analisandos ou em certos momentos de toda análise, persistir somente na interpretação dos conteúdos representacionais indicaria uma *resistência ao* encontro clínico e um desserviço à experiência de produção do inconsciente.

Sabe-se que Ferenczi nomeou de "segunda regra fundamental" a obrigatoriedade de análise para aquele que se apresenta como psicanalista. E sabe-se também que o problema da Saúde do analista não foi estranho a Freud, tampouco a Lacan. No entanto, no capítulo "O ser no gerúndio: sobre Freud e Foucault", que empresta o nome para a obra que o leitor tem nas mãos, Eduardo Rozenthal nos revela sua inspiração maior para a reflexão acerca do imperativo, para o psicanalista, de constituir uma estilística da existência; afinal, o cuidado dos outros implica o cuidado de si.

Espelhamentos

Em sua crítica ao saber psiquiátrico do século XIX, Michel Foucault indica como o tratamento moral do louco implicava a retificação da sua imagem onipotente por meio do "saber de si" veiculado pela razão médica. Para o filósofo, a psicanálise seria a herdeira privilegiada desse "espelho perigoso", no qual a loucura seria confrontada com a miragem da sua desrazão e com o princípio de realidade corretivo.

Porém é preciso reconhecer que, desde Freud, a psicanálise nos apresenta variadas espécies de espelho. Há o espelho da neutralidade descrito no contexto dos seus artigos sobre a técnica, segundo o qual o psicanalista nada faria além de refletir para o analisando as suas próprias fantasias atualizadas na transferência; há o estádio do espelho formulado por Jacques Lacan, signo da alienação do sujeito capturado permanentemente na quimera narcísica construída a partir do desejo do Outro; e há o espelho sustentado pelo rosto da mãe no qual, segundo Donald Woods Winnicott, a criança reconhece seu gesto espontâneo e a experiência legítima de onipotência, criadora de si e do mundo que a circunda.

Ora, cada um desses "espelhos" inspira um estilo clínico característico, decorrente do modo como se concebe a constituição da subjetividade, bem como seus percalços. Na versão freudiana, referida à primeira tópica e ao primado da representação, o espelho psicanalítico revelaria ao analisando, por meio da interpretação do recalcado, a dimensão anacrônica do seu funcionamento mental e dos seus sintomas, competindo ao eu do analisando a tarefa de religar os elementos constitutivos do seu psiquismo de modo mais adequado ao seu momento de vida atual. No entanto, bem cedo no percurso clínico de Freud, ao menos desde a confissão encontrada no relato do tratamento de Serguei Pankejeff, o "Homem dos Lobos", esse modelo clínico mostrou-se insuficiente para o manejo dos casos reconhecidos como graves.

Por seu turno, a formulação lacaniana do estádio do espelho, apesar de colocar o eu em suspeição, radicalizou a concepção de que as produções da análise são responsabilidade exclusiva do analisando e não produto do encontro com os modos de subjetivação do psicanalista. Grosso modo, a direção do tratamento visaria confrontar o sujeito com seu desamparo primordial – elidido pela inflação imaginária do seu eu narcisicamente investido – a partir do que a castração simbólica e a singularidade desejante poderiam ser reconhecidas. No entanto, na cartografia da clínica psicanalítica, as determinações ditadas pela teoria estão necessariamente submetidas aos princípios da ética do cuidado, que nos impõe o respeito ao tempo e ao ritmo de cada analisando, sob o risco de a operação analítica tornar-se iatrogênica, reeditando as dimensões traumáticas da experiência de constituição subjetiva dos analisandos. Trata-se, em última instância, sempre de uma questão de manejo, sobretudo junto aos quadros comprometidos em sua competência de simbolizar e de fantasiar. É ainda Foucault quem sublinha que o estilo clínico derivado da teoria do desamparo e da alienação ao desejo do Outro pecava pela desvalorização da relação com a alteridade como determinante do sofrimento psíquico, bem como da função do encontro afetivo como condição para a criação de si.

Finalmente, a formulação winnicottiana do rosto da mãe como precursor do espelho implica a concepção de que o acolhimento do *infans* por seu cuidador possibilita uma troca *significativa* com o mundo, por meio da qual o sujeito experimenta a alegria de sentir-se real, afetação que lhe permite sustentar o viver criativo e, assim, seguir sendo. Nada mais distante do "espelho perigoso" encontrado nos primórdios da psiquiatria moderna, responsável por "castrações" abruptas e desilusões traumáticas.

A clínica, orientada pelo "cuidado de si", implica, efetivamente, um espelhamento de corpos e de afetos capaz de promover um encontro intensivo, e compete aos psicanalistas cartografar as balizas epistemológicas e metapsicológicas do estilo exigido pela psicanálise contemporânea, na qual o corpo erógeno e a sensibilidade do analista compartilham do processo de produção dos inconscientes e do despertar dos afetos de vitalidade dos analisandos.

Nesse cenário, é mesmo preciso que possamos dizer, sem subterfúgios, a que viemos; e é urgente escutar o que Eduardo Rozenthal nos diz.

Daniel Kupermann é psicanalista, professor doutor do Departamento de Psicologia Clínica do Instituto de Psicologia da Universidade de São Paulo (USP) e autor dos livros *Transferências cruzadas: uma história da psicanálise e suas instituições* (editora Revan), *Ousar rir: humor, criação e psicanálise* e *Presença sensível: cuidado e criação na clínica psicanalítica*, ambos publicados pela editora Civilização Brasileira.

Apresentação

No primeiro capítulo, intitulado *De que corpo trata a psicanálise?*, defendo a urgência da construção de uma descrição eminentemente psicanalítica do corpo, alertando para o fato de que, na ausência de tal cartografia, os analistas não teriam como deter o avanço insidioso dos medicamentos psiquiátricos sobre as análises, ocorrência insofismável das terapêuticas psíquicas da atualidade. À diferença dos ditos medicamentos que atuam no sistema nervoso, os instrumentos clínicos da psicanálise deveriam ser endereçados a um corpo que lhe fosse específico. Em contrapartida, somente o sofrimento *deste* corpo poderia, de fato e de direito, ser tratado pela prática analítica.

Deixando de lado, de propósito, a discussão dos dualismos em psicanálise, prefiro o questionamento a respeito da transcendência e da imanência do corpo à subjetividade. Este desvio dos cânones habituais apresenta a vantagem teórica de lançar a ótica da argumentação sobre o *processo de subjetivação*, mas não sobre cada um dos polos nele envolvidos, evitando, deste modo, partir do que já seria a consideração *apriorística* dos dualismos "corpo e subjetividade" ou "força/afeto e representação".

A estratégia metodológica de caráter genealógico que utilizo se vale da constatação de que o conjunto formado pelo texto de introdução do conceito de narcisismo, publicado em 1914, associado aos trabalhos da década de vinte, demarca uma divisão no pensamento de Freud. Antes deste conjunto articulado de escritos, ainda que admitindo-se o movimento oscilatório da obra de Freud, pode-se afirmar que a metapsicologia exibe uma compreensão de cunho transcendente do processo de subjetivação. Esta hipótese de leitura da subjetividade outorga-lhe rigorosos *fundamentos universais* ou a-históricos que se associam à ancestral noção de "origem". Nesta perspectiva, incapacitada de extrair de si mesma a força que a constitui, a subjetividade vai buscar a potência capaz de produzi-la em fundamentos naturais, isto é, em estímulos que emanam do organismo biológico. Nos enunciados da primeira tópica, encontramos também que a subjetivação, ao avançar em seu movimento, promove a transformação do eu biológico inicial em eu realidade definitivo, o qual, não obstante, estrutura-se ainda pela universalidade, somente que, desta feita, trata-se da identidade universal da razão.

No interior desta leitura transcendente, em que a subjetividade se acha inevitavelmente *aquém do que ela pode*, o afeto apresenta-se com exclusividade sob a forma de quantidade (*quantum*) referida à representação, coordenado pela identidade de Édipo universal e pelo princípio de prazer. A análise relativa a este modelo teórico acabaria por mostrar-se insuficiente para tratar o sofrimento da psicose e das compulsões pelo fato de que tais patologias decorrem, justamente, de distúrbios da força em sua independência, sem nenhuma referência à representação psíquica. Desdobrava-se, clinicamente, a fragilidade conceitual da "subjetividade transcendente", demandando a sua urgente revisão.

A partir da produção levada a efeito na "virada teórica" dos anos vinte, os enunciados freudianos ganham inusitada abrangência. Atravessada pelos novos conceitos de pulsão de morte, de Isso e de angústia automática, a obra de Freud seria capaz de revigorar a compreensão da subjetividade, permitindo a descrição de um processo de subjetivação de caráter imanente. A razão e a consciência do eu, estruturadas pela representação, perdem o lugar de referência hegemônica. O corpo, considerado, só então, em sua dimensão de força não natural, imaterial e irrepresentável, viria incorporar-se à subjetividade, fornecendo-lhe finalmente a capacidade de autoprodução.

Afastando-se dos fundamentos a-históricos, a subjetividade abandona a noção de origem, passando a exibir-se sempre "pelo meio", isto é, como pura mudança. Para descrevê-la, a linguagem já nos trai, ao teimar em dar ao "ser no gerúndio", em transformação intensiva e permanente, dois diferentes nomes. De fato, quando o corpo é corpo subjetivo, não há mais corpo *e* subjetividade. Também o tempo cronológico não faz jus à nova compreensão do psiquismo. Tampouco a razão lhe diz respeito, já que no tocante ao processo imanente de subjetivação, também denominado de *diferenciação*, força e representação são concomitantes, de tal modo que aquela se diferencia nesta, sem, paradoxalmente, deixar de manter-se enquanto força.

Para subsidiar a nova compreensão de subjetividade, faço uso da concepção de corpo erógeno, a partir da qual Serge Leclaire, ainda que não o refira expressamente, oferece-nos a descrição de um processo de subjetivação de caráter imanente. A argumentação de Leclaire se baseia na retomada crítica da metáfora energética freudiana, a qual se apoia na ação da diferença para descrever a ordem do prazer. Por exemplo, de acordo com Freud, o complexo representativo "odeio meu pai" exibiria acentuada diferença semântica, ou seja, *diferença relativa* ao ideal de eu "deves amar pai e mãe". Como consequência deste conflito, decerto moralizante, dilata-se o investimento afetivo sobre o complexo referido, causando sofrimento ao eu. De fato, para o Freud da primeira tópica, desprazer é incremento de afeto, sendo o prazer não mais do que a recíproca dissipação do excesso. Partindo de tais argumentos, Leclaire afirma que, no contexto em tela, o prazer se produz pela aproximação dos polos de uma diferença significante, como a do exemplo que escolhi.

Contudo, a observação acurada de Leclaire leva-o mais longe, permitindo-lhe extrapolar tais constatações, direcionando-as para a proposição do corpo erógeno. O psicanalista francófono supõe que, no limite do movimento de dissipação do afeto postulado por Freud, haveria uma síncope equivalente à redução total da diferença relativa. Esta situação-limite ensejaria o surgimento da *diferença pura*, correspondente à abolição de todo prazer, tal situação sendo compatível com a dimensão lacaniana do gozo. Nesta perspectiva, a diferença pura, situada além de todo prazer e, claro, além do princípio que o regula, seria uma espécie de "buraco negro", equivalente à concentração de grande potencial de afeto em determinada dimensão corporal. Eis que a diferença pura, em sua capacidade de protagonizar o estado de gozo desmedido, indica o que Leclaire denomina de corpo erógeno, isto é, pura potência de subjetivação. O gozo corresponde, afinal, à insuficiência de diferenciação da força do corpo erógeno.

O psicanalista francês eleva a diferença pura à dignidade de diferença subjetiva, outorgando-lhe o estatuto de condição imanente da subjetividade em psicanálise. Serge Leclaire nos oferta então uma verdadeira descrição fenomenológica desta diferença especial e, *a fortiori*, do corpo erógeno. Para lográ-lo, o nosso autor retoma a apresentação freudiana da constituição de uma zona erógena. Apropriando-se criativamente do texto de Freud, o francês imagina a situação da carícia materna sobre uma concavidade da pele infantil. Para Leclaire, esta "ingênua" atitude materna abre uma cratera de potência, de tal intensidade que não seria possível, em tempo algum, apagar-lhe a "impressão" luminosa, como que tatuada sobre a epiderme infantil. É esta, portanto, a versão leclaireana do processo de criação de uma zona erógena a qual, *ao lado* das demais, viria a consistir no *conjunto aberto*, sem unidade ou identidade, denominado exatamente de corpo erógeno.

A questão da diferença é o tema do segundo capítulo. Veremos que a diferença pura sofreu um verdadeiro recalque conceitual na história do pensamento, posto que a mera alusão a sua presença ameaçava os fundamentos teóricos do saber ocidental, isto é, a estabilidade da razão filosófica e do "princípio de não-contradição". Em seu lugar, como uma espécie de sintoma cultural, o monopólio da representação e o privilégio da consciência e da razão avançaram, insidiosamente, estabelecendo os cânones da "verdade" e do "conhecimento verdadeiro". O pensamento da representação, manifesto, oculta o recalque da diferença pura, podendo-se, não obstante, afirmar que a dita diferença trabalha à sombra. Este ofício oculto, negado com pertinácia pelo pensamento monopolista da razão e da consciência, marcaria profundamente a história das ideias. Contradições, paradoxos e aporias surgiriam na relação entre as palavras e as coisas na medida da perseverança do saber em desconsiderar as consequências da diferença pura.

Com a obra de Freud deu-se o mesmo. O afeto independente da representação, expressão da diferença pura em psicanálise, não conseguia obter passaporte válido em território psicanalítico. Entretanto, a partir dos anos vinte, o lugar que fora da hegemonia da representação viria a ser ocupado pelo "primado do afeto", sendo que o dito primado do afeto não implica nenhum monopólio deste. Para Freud, o que está em jogo é a dilatação do processo de subjetivação em psicanálise, que passa a incluir o corpo erógeno como diferença pura ou força irrepresentável de autoconstituição da subjetividade. Estabelece-se um novo modelo – inclusivo – de subjetividade cuja temporalidade só poderia conjugar-se no gerúndio. Nomeado de "devir" pela filosofia, este é o tempo do presente permanente, em movimento contínuo de diferir *de si mesmo*. Sem nunca remeter, como a diferença relativa faz, à identidade universal, fundamento ou origem do psiquismo, a diferença pura afirma a subjetividade pelo que esta efetivamente pode.

Da insistência de retorno do recalcado da diferença pura em psicanálise e da correspondente determinação da representação psíquica em manter o respectivo recalque iriam brotar inúmeras incongruências entre a teoria e a clínica psicanalíticas. Destas acompanharemos, principalmente, o que chamo de "problema da angústia". Veremos que, nos primeiros trabalhos sobre o tema da angústia, Freud havia admitido que a força do organismo biológico, sob certas circunstâncias, invade a subjetividade despreparada. É notável que na aurora da psicanálise Freud tenha sido capaz de entrever a presença de uma força que não se origina no desinvestimento de uma representação, ainda que a tenha considerado como emanação de fonte anatomofisiológica e não como força autônoma e irrepresentável do corpo subjetivo. Do mesmo modo como Platão fizera com relação ao simulacro, nos enunciados subsequentes, Freud acabaria por recalcar a existência da força do corpo erógeno, configurando-se assim o que denomino de "simulacro freudiano". Somente muitos anos depois a teoria psicanalítica se habilitaria a resgatar a diferença pura, ao admitir a modalidade primordial da angústia automática.

Apenas a partir dos anos da virada, a psicanálise abriria as portas para a possibilidade de formulação da hipótese da diferença pura, do corpo erógeno e da subjetivação imanente, afastando-se, só então, do privilégio do saber de si, da realidade material, da factualidade do trauma e da comunicação entre eus, descentrando finalmente o caráter da análise utilitarista e adaptacionista do modelo inicial. A partir da possibilidade de admissão da diferença pura em psicanálise, a fala de um sujeito a outro seria considerada, primariamente, em sua capacidade de evocar uma nova realidade psíquica.

Com efeito, os encontros são a condição dos processos imanentes de diferenciação. Não é por acaso, portanto, que o foco da psicanálise, ao se deslocar na direção da subjetivação de caráter imanente, recairia sobre a dimensão social do inconsciente, descentrando-se a relação racional e consciente entre os eus do analista e do analisante. Na análise, não mais o inconsciente do analisante seria visado senão a transferência, totalmente inconsciente, passaria a ser o campo de trabalho clínico no interior da qual engajam-se os inconscientes *do analisante e do analista*.

Os argumentos do terceiro capítulo se organizam exatamente em torno da importância crucial da dimensão social do inconsciente para a descrição da subjetividade. Não foi sempre de primazia o lugar ocupado pelos encontros na obra psicanalítica. Somente o modelo de subjetividade relativo à segunda tópica, mesmo que não se possa reconhecer o caráter da univocidade no trabalho de Freud, veria depositar-se o primado conceitual sobre os encontros e as forças, estas condicionadas por aqueles. Veremos, com detalhes, o lugar e as características dos investimentos alteritários e dos encontros no interior dos dois modelos freudianos e, principalmente, o movimento correspondente às novas valências daqueles no deslocamento das teses de Freud.

A centralidade da perspectiva social para o advento e o funcionamento da subjetividade em psicanálise remete, diretamente, às pesquisas filosóficas de Michel Foucault. Para o filósofo, a subjetividade aufere a potência de consistir e de transformar-se exatamente através da resistência que aquela é capaz de impor ao poder microscópico e aos respectivos dispositivos pelos quais o dito poder constituído implementa suas técnicas de controle social. Para que se possa acompanhar o centramento do valor da alteridade e dos encontros nas teses psicanalíticas, o diálogo de Foucault com a psicanálise de Freud e Lacan será de capital importância.

Com este objetivo, revejo a genealogia foucaultiana que admite que o cristianismo primitivo teria sido precursor, dezessete séculos antes, do pensamento de Freud e proponho ao leitor que esta descendência não distingue a totalidade da obra freudiana. Restringindo tal contraponto tão somente aos enunciados da primeira tópica, ofereço a hipótese complementar de que, quanto aos argumentos da segunda tópica, deveríamos remetê-los às sociedades greco-romanas da Antiguidade, tal como foram descritas na pesquisa do próprio Foucault. Defendo também que haveria correspondências similares entre a prática do "saber de si" e o primeiro modelo freudiano de subjetividade, bem como entre os exercícios do "cuidado de si" e os argumentos psicanalíticos relativos à segunda tópica.

Veremos que Foucault é um crítico radical, ainda que ambivalente, do pensamento psicanalítico. O filósofo dedicaria a maior virulência de suas repreensões às teses de Freud e de Lacan mais alinhadas com a universalidade dos fundamentos do sujeito, marcadamente a interdição do incesto e o complexo de Édipo. Já no que respeita à admissão da dimensão histórica e social da subjetividade por parte dos psicanalistas, Foucault reservaria o seu enaltecido reconhecimento. Neste sentido, a ambivalência da crítica do filósofo nos servirá de guia na determinação da importância da dimensão social do inconsciente na obra de Freud.

Em torno destes objetivos e estratégias centrais, Foucault viria a interpelar a obra psicanalítica, argumentando que a análise seria a herdeira direta da confissão cristã. Na sua perspectiva, tanto aquela como esta teriam valorizado o saber de si e a "vontade de saber", sendo ambas, portanto, possuidoras de um caráter inequivocamente moral. Contudo, não lhe escaparia a abrangente envergadura do pensamento freudiano do inconsciente em sua abertura ao domínio das forças, que viria contribuir de forma significativa para fechar a cortina da interpretação correspondente à Idade Clássica da Representação. Neste sentido, Foucault descreve um giro de 180 graus em sua crítica, para expressar o reconhecimento ao pensamento freudiano, conclamando-nos a imitar o seu gesto filosófico de "fazer justiça a Freud". Para Foucault, de acordo com a nova hermenêutica freudiana, uma interpretação remeteria sempre a outra, indefinidamente, sem nunca chegar ao referente material originário. Deste modo, assim como em Nietzsche e Marx, nos renovados argumentos de Freud ecoaria a perda da noção da origem das palavras sobre a materialidade pétrea das coisas. Tendo, pois, recaído a sombra da eterna suspeita sobre a realidade material do objeto, a interpretação tornava-se irremediavelmente infinita.

Freud e Foucault se encontrariam nos enunciados de que não existe o sujeito, havendo tão somente um *ser que só pode ser dito no gerúndio*. Neste contexto, Foucault preferiu o conceito dinâmico de "modos de subjetivação" à concepção de sujeito propriamente dito. Considerando-se o referencial posterior das teses freudianas, a acepção de subjetividade como diferenciação da força ligaria os dois pesquisadores. Anos-luz afastada, para o filósofo e para o psicanalista, do ser enquanto essência imutável, a subjetividade não existiria propriamente, senão *insistiria* na temporalidade do gerúndio como potência e processo de diferenciação.

No quarto capítulo, meu propósito é situar na prática analítica de hoje a *sensibilidade do analista* como suplemento indispensável da atenção igualmente flutuante. Para introduzir esta temática capital, procuro antes contextualizar – ainda que o faça de maneira esquemática – as condições sociais do sofrimento subjetivo que tipicamente acomete os jovens que, em nossos dias, frequentam os consultórios dos psicanalistas. Hoje em dia, é notória a incidência exagerada do padecimento psíquico decorrente das compulsões e adições.

Para o sociólogo Richard Sennett, os indivíduos do atual "capitalismo flexível" estão submetidos a um tempo de "mudança incessante", que lhes exige uma atitude de adaptação ininterrupta, cuja consequência seria uma vivência deletéria de fragmentação de si. Tais sentimentos seriam potencializados pela combinação complementar da maximização da força coercitiva do poder, tornado invisível nas redes teleinformáticas da "sociedade do espetáculo", e do enfraquecimento da capacidade subjetiva de simbolização.

Os efeitos do contexto sócio-histórico contemporâneo viriam atingir frontalmente a regra fundamental da psicanálise. É óbvia a extrema dificuldade dos jovens analisantes em se engajar na tradicional prática da fala em associação livre. Podemos afirmar que teria havido uma espécie de "regressão" na dinâmica do conflito psíquico, posto que atualmente o sofrimento subjetivo vincula-se menos à submissão do eu a um supereu legislador e controlador, como era o supereu vitoriano, e mais aos obstáculos à constituição de si. Com efeito, nos consultórios dos analistas de hoje, as dificuldades do funcionamento do psiquismo vêm sendo substituídas pelas insuficiências na constituição da subjetividade, esta sendo a condição daquele.

Concorrendo para o mesmo fim, a abundância de objetos tecnocientíficos, pretensamente habilitados a saciar os desejos mais raros, torna a interdição psíquica menos operante nas subjetividades que hoje em dia se produzem. Diante da miríade destes verdadeiros "objetos-fetiche", as subjetividades sofrem mais face aos substanciosos empecilhos à produção dos desejos e menos da frustração de não realizá-los. As robustas barreiras culturais que, em nossas sociedades de consumo, erguem-se como obstáculos à diferenciação das forças do corpo erógeno implicam a urgência do uso de manejos transferenciais com menor auxílio da linguagem, posto que o advento da subjetividade se passa num nível de extrema incipiciência simbólica.

Com o firme propósito de valorizar, mais do que nunca, a sensibilidade do analista nas análises atuais, recorro à gramática leibniziana das "pequenas percepções". Para Leibniz, a percepção propriamente dita tem como sua condição a apreensão de um campo de variações sutis e indeterminadas. Tais diferenças imperceptíveis seriam objeto de uma modalidade de apreensão que o filósofo do século XVII nomeia de pequenas percepções ou "sensibilidade maior", as quais, acrescentemos, seriam irrepresentáveis do ponto de vista psíquico.

O analista de hoje, mais do que em qualquer outro tempo, deverá possuir uma sensibilidade refinada, sendo capaz da apreensão das pequenas percepções que se produzem no encontro transferencial. Estas *percepções imperceptíveis* correspondem ao corpo erógeno do analista que se torna então operador da dilatação da transferência, ao propiciar a diferenciação subjetiva dos impulsos pulsionais do corpo erógeno do analisante. Tais manejos transferenciais suplementares, com nenhuma – ou muito pouca – mediação simbólica, estariam habilitados a lidar, *diretamente*, com as forças do corpo erógeno com vistas ao resgate do potencial criativo e desejante da subjetividade.

Por último, no quinto capítulo, apresento algumas situações ocorridas na análise de Pedro. Ao fazê-lo, procuro apoiar nas elaborações teóricas desenvolvidas nos capítulos precedentes os manejos clínicos dos quais lancei mão em combinação com as tradicionais interpretações das resistências inconscientes.

Meu analisante dizia-se deprimido, tendo se mostrado, na realidade, acometido por um sofrimento de grave compulsão que, após poucos meses, desaguou em intensa prática de drogadição. Sob forte pressão das forças do corpo erógeno, o jovem sentia-se constantemente invadido pela angústia automática, o que não lhe permitia buscar outra alternativa senão entrar "de cabeça" no uso de substâncias entorpecentes.

Quando o gozo avança com tamanha intensidade, a utilização pura e simples da interpretação seria de pouca valia, caso o analista não se lançasse nos manejos preliminares de evocar a diferenciação do *modo corporal* em *modo representativo* da subjetividade do analisante. Estas práticas clínicas dão-se praticamente sem o auxílio da linguagem. Observa-se com clareza que, com muito mais frequência do que em outros períodos, o que se demanda dos analistas de hoje é que se guiem pela sensibilidade à "atmosfera" que envolve os protagonistas da transferência. Nestas ocasiões, o analista se sente invadido por uma vivência imediata da força irrepresentável. A sensibilidade do analista açambarca a vivência de sensações sutis e amorfas, bem como de sentimentos indiscriminados, transitórios e irrepresentáveis. Nestes momentos cruciais, o analista não é capaz de lançar mão da contratransferência, posto ser esta prática de caráter eminentemente representativo. Impõe-se primeiramente o trabalho das pequenas percepções, cujo manejo não tem por objetivo atenuar o sintoma senão subsidiar a dimensão puramente afetiva da transferência, condição da produção do inconsciente do analisante.

Entretanto, algum gozo restará sempre. A força que se diferencia mantém-se, ao mesmo tempo, indiferenciada, residual, na medida em que esta é a condição daquela. O analista não pode negligenciar este remanescente de gozo, devendo ser capaz de reservar-lhe um importante espaço de compartilhamento, onde o analisante poderá lançar-se com segurança à experimentação de sentimentos e sensações desmesuradas.

Caberá ao analista o adequado agenciamento dos procedimentos transferenciais combinados, utilizando-se tanto de manejos clínicos diretos, quanto da interpretação do desejo, seja nas análises dos compulsivos e adictos, mas, também, na clínica da neurose. Eis por que se exige cada vez mais dos analistas. Além do constante recurso à re-análise pessoal e do domínio da teoria psicanalítica, do analista contemporâneo, mais do que antes, demanda-se estar disponível para a sensibilidade dos afetos circulantes.

Pode-se dizer que, atualmente, o interesse pelos manejos transferenciais diretos se amplia, com muita frequência centrando-se a prática clínica na maneira de ser – também chamada de estilo – do analisante. Estas estratégias analíticas, podemos relacioná-las ao que Foucault denominava de "estilística da existência", isto é, a constituição de novos modos singulares de viver. Hoje em dia, trata-se, amiúde, da estilização analítica do analisante. Entretanto, é preciso salientar a associação desta com a *estilização do analista*. Somente condições redobradas, reclamadas ao psicanalista, dentre as quais destaca-se a sensibilidade, poderiam contribuir para o manejo clínico "além do princípio de prazer", sem que, inadvertidamente, se recaísse em exercícios de empirismo ingênuo.

Nesta perspectiva, o que está em jogo é uma modalidade de subjetivação que implica a potência de ir além de si, sem, no entanto, deixar de ser aquilo que se é, tendendo a subjetividade a não ficar aquém da sua potência. "Tornar-se aquilo que se é" seria, portanto, uma boa descrição dos objetivos de uma análise com tais características.

Capítulo 1

DE QUE CORPO TRATA A PSICANÁLISE?[1]

A tópica negativa da pulsão

O objetivo principal deste capítulo é discutir o estatuto do corpo em psicanálise. Buscar a singularidade psicanalítica do corpo significa determinar a modalidade de sofrimento corporal que pode, de fato e de direito, ser tratado em análise. E isto não é pouco, tanto mais quando se considera a extrema medicalização das sociedades atuais e, por conseguinte, o uso constante e indiscriminado dos antidepressivos e ansiolíticos que fazem os analisantes.

O pensamento psicanalítico apresenta-nos um saber sobre a subjetividade que se articula a um exercício subjetivo, denominado de análise, sendo a contribuição central da psicanálise tratar o sofrimento psíquico. Para lográ-lo, seria preciso descrever e implementar um processo através do qual seríamos capazes de dilatar nossa capacidade criativa de obter prazer. Deste modo, pela via do "processo de subjetivação" em psicanálise, deixaríamos de nos sujeitar a nossas próprias forças psíquicas constituintes. No nível do indivíduo, o efeito do referido processo seria o de nos afastar da submissão aos poderes coercitivos da sociedade, permitindo-nos um desempenho mais inventivo e agradável das diversas práticas sociais. Nesta perspectiva, a capacidade do exercício prazeroso e criativo da subjetividade deve ser dita como

[1] Alguns tópicos abordados neste capítulo foram discutidos em artigo por mim publicado sob o título E. Rozenthal, "A potência do encontro: sobre o silêncio do corpo na análise". Contudo, para a inserção na problemática do presente livro, tais temas foram devidamente revistos e modificados.

resistência subjetiva – no sentido foucaultiano – aos dispositivos sociais de poder, os quais ameaçam, exatamente através do sofrimento que estimulam, tornar os corpos dóceis[2] ou submeter as subjetividades. Na acepção que lhe empresta Michel Foucault, resistência é força, da mesma ordem que o poder que ela enfrenta, não havendo anterioridade lógica ou cronológica, nem qualquer espécie de dialética entre ambas. Para o filósofo, as resistências podem desbaratar as relações de poder vigentes ao suscitar o surgimento de novas práticas normativas[3].

A proposta freudiana do inconsciente e da divisão estrutural da subjetividade singulariza o saber psicanalítico, determinando a especificidade do trabalho analítico. É assim que a psicanálise se afasta das psicologias da consciência, racionalistas ou mecanicistas, da época de Freud. Para estas, o poder de gerenciar o psiquismo recairia sobre um "eu", equivalente à consciência racional, fundamentado pela fisiologia do sistema nervoso[4]. Rompendo com estes postulados, Freud dedica-se à descrição de uma subjetividade dividida, que desloca a prevalência do eu, da razão e da consciência e cuja força motriz encontra-se no "corpo". Contudo, as teses freudianas não se ocupam expressamente do corpo de que se trata.

Se não formos capazes de explicitar as características de tal corpo, exclusivas aos enunciados psicanalíticos da subjetividade, corremos o risco de comprometer a capacidade de a psicanálise tratar o sofrimento psíquico dos analisantes. Sendo o corpo a fonte potencial do processo de subjetivação, ao não lhe outorgar os atributos eminentemente subjetivos, a dimensão corporal que interessa à subjetividade em psicanálise acabaria reduzida ao sistema neuronal. Deste modo, a capacidade do saber psicanalítico de enunciar a subjetivação e de tratar a subjetividade se veria enfraquecida, aproximando-se aquele das ditas psicologias da consciência com seus respectivos fundamentos biológicos. Será preciso, ainda mais, estabelecer os atributos eminentemente subjetivos do corpo, posto que, não o logrando, se enfraquece o potencial de resistência do projeto psicanalítico ao poder "normatizante" da sociedade. A

2 M. Foucault, *Vigiar e punir: nascimento da prisão*, terceira parte, cap. 1.
3 Cf. M. Foucault, "Le sujet et le pouvoir".
4 P.-L. Assoun, *Introdução à epistemologia freudiana*, introdução.

não discriminação de um sofrimento corporal subjetivo contribui para a medicalização exacerbada da sociedade atual e para o avanço insidioso dos fármacos sobre a clínica analítica.

Para o encaminhamento da discussão a respeito do corpo em psicanálise seguiremos a via axial do processo de subjetivação, o qual coincide com a dinâmica da pulsão em sua proposta de articulação entre as dimensões corporal e representativa da subjetividade. No texto que lhe dedica, Freud afirma que "a pulsão seria um estímulo para o psíquico", mas que "provém [...] do interior do próprio organismo". Integrando em seu enunciado corpo e psiquismo, a definição da pulsão exprime as linhas mestras do processo de subjetivação, fazendo jus ao seu respectivo estatuto de conceito básico[5]. No mesmo texto, Freud declara que a pulsão é "um conceito fronteiriço *entre o anímico e o somático*"[6].

Não obstante, ao estipular os quatro atributos fundamentais da pulsão, Freud designa que a "fonte" e a "força" pertencem ao organismo, enquanto o "objeto" e o "objetivo" são psíquicos[7]. Tornava-se praticamente inevitável atribuir ao pensamento psicanalítico o caráter de um dualismo substancial, supondo-lhe implícito o postulado da separação ontológica entre o corpo – biológico – e a alma – subjetiva.

De fato, nas teses contidas na síntese metapsicológica de 1915, a descrição do corpo coincidiria, no mais das vezes, com a do organismo biológico, respaldando a separação ontológica entre o corpo e a subjetividade ou – o que dá no mesmo – desconsiderando uma dimensão subjetiva do corpo. Somente nos trabalhos dos anos vinte, ainda que diante das constantes oscilações teóricas do texto de Freud, a especificidade psicanalítica do corpo lhe seria, finalmente, facultada. Esta *démarche* começa a se viabilizar com a introdução do conceito de narcisismo em 1914[8], mas só se consubstancia a partir dos referidos enunciados, estabelecidos de 1920 em diante. Antes da década de vinte, a despeito de certas afirmativas de Freud que apontam para o contrário, os argumentos constantes dos "Trabalhos de metapsicologia" de 1915,

---

5 S. Freud, "Pulsiones y destinos de pulsión" (1915), pp. 113-114.

6 Idem, p. 117, itálico meu.

7 Idem, pp. 117-119.

8 S. Freud, "Introducción del narcisismo" (1914).

bem como a clínica correspondente, não deixam muita margem para outras considerações. Sem os conceitos ulteriores de pulsão de morte[9], de Isso[10] e de angústia como fenômeno automático[11], o processo de subjetivação que então se enunciava seria capitaneado, na ausência de um registro corporal pertencente à subjetividade, pela redução biologista, acabando por inclinar a psicanálise de acordo com os ventos da poderosa linhagem dualista.

Contudo, sob o signo da insuficiência da psicanálise em tratar os casos de psicose[12] à época de Freud ou, atualmente, em minorar o sofrimento das compulsões ou, ainda, sob os indícios do enfraquecimento social do projeto psicanalítico na contemporaneidade, o que se interroga é a impotência da subjetividade diante da sua própria constituição. O âmago da questão não é outro senão a incapacidade de autoprodução da subjetividade. Neste sentido, não é a interpelação do dualismo freudiano o que mais importa[13].

O que está em pauta é a crítica do processo de subjetivação de caráter transcendente e a busca de subsídios teóricos para o encaminhamento do pensamento da imanência em psicanálise. Incapaz de extrair de si mesma a potência que a constitui, a subjetividade que se produz pela via de um processo de cunho transcendente encontra-se inevitavelmente *aquém do que ela pode*. Sob tais condições teóricas e clínicas, a análise perderia boa parte de sua capacidade de tratar o sofrimento psíquico e a psicanálise veria comprometido seu caráter de resistência aos subjugantes dispositivos sociais de poder. É o que ocorre, majoritariamente, até meados da segunda década do século passado. Somente a partir do enunciado do conceito de narcisismo e, principalmente, com aqueles que foram criados a partir da "virada teórica" dos anos vinte, a subjetivação em psicanálise poderia vir a ser lida como um processo de cunho imanente. Neste último caso,

---

9 S. Freud, "Más allá del princípio de placer" (1920).

10 S. Freud, "El yo y el ello" (1923).

11 S. Freud, "Inhibición, síntoma y angustia" (1926 [1925]).

12 S. Freud, "Recordar, repetir y reelaborar (nuevos consejos sobre la técnica del psicoanálisis, II)" (1914), p. 156; S. Freud "Análisis terminable e interminable" (1937), p. 237.

13 É preciso notar que da obra freudiana não se poderia dizer tratar-se, de forma absoluta, *qualquer que seja o momento considerado*, de um dualismo. Em função da complexidade teórica das respectivas teses, o mais sensato seria admitir que, ao nos debruçarmos sobre o trabalho de Freud, nos vemos diante de variados dualismos, monismos e pluralismos. A este respeito, recomendo o artigo de M. Winograd, "Freud é monista, dualista ou pluralista?".

o potencial de produção de si recairia sobre a própria subjetividade, dilatando a abrangência operatória da psicanálise sob as perspectivas teórica, clínica e de resistência criadora aos ditames do comando da sociedade.

Até esta etapa, contudo, em decorrência da redução biologista do corpo e da subjetivação, pode-se reconhecer um importante signo teórico da diminuição da capacidade operatória da psicanálise: a *tópica* da pulsão se enunciaria sob forma negativa. A despeito da ousadia teórica de Freud ao buscar povoar o território "entre o anímico e o somático", o modelo de subjetivação de 1915 não conseguiria afastar-se do contexto teórico da transcendência, no interior do qual a interseção entre o corpo e a alma equivale ao conjunto vazio. Neste referencial de leitura, estaríamos diante de um corpo/biologia que condiciona e potencializa a subjetivação, sem, no entanto, pertencer à alma/subjetividade, em vias de produção. Na ausência dos conceitos elaborados a partir de 1920 que pavimentam o caminho da sua positivação, a pulsão se descreve por uma tópica negativa. *Nem psíquica, nem corporal*, a dita pulsão acaba por definir-se pelo que ela *não é*[14], enquanto que a subjetividade se encontra inexoravelmente aquém do que ela pode.

Transcendência e imanência em psicanálise

Tendo por meta discutir o estatuto do corpo em psicanálise, não é, portanto, a crítica ao dualismo freudiano "corpo/alma", ou, para utilizar uma gramática menos antiga, "força/representação", que deverá ser destacada. Para o que diz respeito aos atributos do corpo na obra psicanalítica, interessa a questão da alternativa entre a transcendência ou a imanência do dito corpo ao psiquismo. Com efeito, tais modalidades de processo de subjetivação privilegiam as maneiras de articular corpo e psiquismo, em detrimento das características que separam ou opõem os ditos elementos, o que já seria admitir, intrinsecamente, o dualismo.

[14] Para comentários a respeito das pulsões e do Id (Isso) como um "não-lugar", indico L. A. Garcia-Roza, *Acaso e repetição em psicanálise: uma introdução à teoria das pulsões*, p. 49.

Para Freud, a força ou a potência de constituição da subjetividade pertence ao corpo[15]. As diferentes hipóteses quanto à solução de continuidade entre o corpo e o psiquismo, isto é, a consideração da transcendência ou da imanência do processo de subjetivação, implicam os diferentes estatutos do corpo que importa para as teses psicanalíticas[16]. Ao aproximarmos o modelo freudiano de subjetividade, proposto em 1915, do processo transcendente, enquanto as teses derradeiras dos anos vinte as descrevermos pelas considerações do processo imanente, o que ressalta é a mudança sofrida pelas características do corpo na obra de Freud. É preciso fazer a ressalva de que, considerando-se a alternativa da imanência, a própria linguagem nos obriga à imprecisão, posto que neste caso não haveria duas entidades – corpo e subjetividade –, mas somente o processo imanente de subjetivação.

O estudo exaustivo dos conceitos de transcendência e de imanência em muito ultrapassaria o escopo deste capítulo. Faremos, portanto, um recorte do tema de forma a permitir uma mais clara visibilidade teórica das modificações havidas no estatuto do corpo, bem como no tipo de vínculo entre este e a alma no decurso da obra de Freud. De acordo com esta perspectiva esquemática, devemos afirmar que, do ponto de vista epistemológico, transcendente diz respeito a pretensas "relações fixas, de direito e de verdade" que condicionam a experiência, mas não dependem dela[17]. Sob a perspectiva ontológica, sujeito transcendente é aquele que não é o titular das condições potenciais de sua constituição. Não sendo o detentor das condições de seu próprio advento, pode-se dizer que o sujeito transcendente encontra-se aquém do que ele pode[18][19].

---

[15] Ver, por exemplo, S. Freud, "Pulsiones y destinos de pulsión" (1915).

[16] Para uma abordagem ampla do tema, que não se reduz ao processo de subjetivação, recomendo F. Laruelle, "La méthode transcendantale", pp. 693-700; A. Lalande, *Vocabulário técnico e crítico da filosofia, vol. I*, pp. 614-618; A. Lalande, *Vocabulário técnico e crítico da filosofia, vol. II*, pp. 642-644.

[17] A. Lalande, *Vocabulário técnico e crítico da filosofia, vol. II*, p. 642; F. Laruelle, "La méthode transcendantale", p. 694.

[18] F. Laruelle, "La méthode transcendantale", p. 694.

[19] Da transcendência haveria, ainda, um sentido desde a perspectiva teológica. De tal ponto de vista, o transcendente se refere a uma ordem sublime de realidade e a um ser infinito que excede o homem em sua finitude, estabelecendo-se, dessa maneira, uma hierarquia absoluta. A respeito desta perspectiva, o leitor interessado poderá procurar em idem, ibidem.

O modelo freudiano de subjetivação, no qual o corpo biológico seria considerado o polo potencial e autônomo da subjetividade, implica o pensamento da transcendência. Nesta hipótese, o organismo, separado e irredutível ao domínio da subjetividade, é o precedente externo e a-histórico que lhe serve de fundamento. Em decorrência das bodas entre a psicanálise e o pensamento da transcendência, a subjetividade aliena-se da força de autoprodução. Para tais enunciados freudianos o lugar da pulsão, entre o psíquico e o somático, seria um não-lugar, expressão da interseção vazia entre os domínios em relevo. Nem psíquica, nem somática, a pulsão se veria descrita pelo que ela não é.

Sujeito imanente, ao contrário, é aquele que produz, do seu capital, as condições do próprio funcionamento[20]. Para o pensamento da imanência, a "causa se diferencia nos seus efeitos", sendo a *diferenciação*, portanto, um processo imanente[21]. Para este tipo de processo de constituição da subjetividade, não há nenhuma identidade ou fundamento universal externo ou a-histórico que preceda o psiquismo e que detenha a potência de sua produção. É de si mesma que a subjetividade extrai a capacidade de produzir-se, tratando-se, pois, de um processo de autoconstituição.

Em seu trabalho a respeito do antigo conceito filosófico de "virtual", Pierre Lévy o insere no interior das concepções contemporâneas de tempo e de espaço. Para Lévy, cujas teses sobre o atual e o virtual partem do trabalho de Deleuze[22], a diferenciação ou "atualização" de certa entidade equivale à criação de novas competências, isto é, de novas qualidades e finalidades inéditas da entidade considerada, a partir de um "virtual imanente", isto é, de potência ou forças[23]. Contudo, acrescenta ele, a criação só se passa em presen-

---

20 F. Laruelle, "La méthode transcendantale", p. 699.

21 G. Deleuze, *Foucault*, pp. 46-47. A concepção de imanência, a utilizamos tão somente para descrever uma das modalidades de leitura do processo de subjetivação em psicanálise. Não seguimos, portanto, a importante noção deleuziana de "plano de imanência". A quem se interessar por esta, recomendo G. Deleuze, "L'immanence: une vie...".

22 Para o processo de atualização do virtual, indico G. Deleuze, *Diferença e repetição*, pp. 339-341.

23 Pierre Lévy ensina que, etimologicamente, "virtual" deriva do latim medieval, *virtualis*, o qual, por sua vez, dá origem a *virtus*, que quer dizer força ou potência. Cf. P. Lévy, *O que é o virtual?*, p. 15.

ça das "circunstâncias que encontrar"[24]. Sob esta perspectiva é que Lalande adverte que a efetividade do processo imanente depende da "intervenção de um outro ser"[25]. Quanto ao que nos interessa, pode-se dizer que as condições "circunstanciais" dos processos de subjetivação imanentes referem-se ao encontro intersubjetivo. A imanência da autoprodução subjetiva somente pode se implementar em presença da dimensão alteritária ou social, isto é, no interior de um encontro.

Entretanto, a dita alteridade não representa nenhuma espécie de novo fundamento universal transcendente da subjetividade. Em absoluto. É da potência do encontro – mas não da alteridade, como agente distinto – que, em última análise, o processo imanente se nutre[26]. Admitir que o encontro, ou seja, o núcleo das relações sociais de poder, é a condição da subjetivação imanente significa que em tais processos a subjetividade não é pura e simplesmente produzida pelos poderes, considerada aquela como exterior a estes.

Esta é a posição de Foucault a partir da inovadora argumentação que tece em sua derradeira compreensão a respeito das práticas sociais. Nesta perspectiva, o filósofo nos apresenta a proposição de que seria preciso "fazer a história da subjetividade [...] através do empreendimento e das transformações, na nossa cultura, das relações consigo mesmo". Seria necessário, continua ele, "retomar num outro aspecto a questão da 'governamentalidade': o governo de si por si na sua articulação com as relações com o outro"[27]. Nesta nova direção de pensamento, Michel Foucault viria a descrever os "modos de subjetivação", que seriam as maneiras segundo as quais o sujeito constitui a si mesmo, ao agir em referência aos outros ("aos códigos")[28]. O que assim se concebe é uma subjetividade agenciadora, no interior mesmo das relações de poder, cuja força de transformação de si dá-se no núcleo da própria relação normativa em que aquela se encontra engajada. Trata-se, portanto, de uma subjetividade que possui potência de autoconstituição, que se aufere a

---

24 P. Lévy, *O que é o virtual?*, p. 16.

25 A. Lalande, *Vocabulário técnico e crítico da filosofia, vol. I*, p. 614.

26 Idem, ibidem.

27 M. Foucault, "Subjetividade e verdade", p. 111.

28 M. Foucault, *História da sexualidade*, vol. 2 – *o uso dos prazeres*, pp. 27-31.

partir das relações entre sujeitos. Para Foucault "onde há poder há resistência e, no entanto (ou melhor, por isso mesmo), esta nunca se encontra em posição de exterioridade em relação ao poder"[29]. O dito poder deveria ser pensado adiantando-se um passo além de Maquiavel, que concebera o poder do Príncipe em termos de correlações de forças. Foucault conclui, então, que seria preciso decifrá-lo "a partir de uma estratégia *imanente* às correlações de força"[30].

Neste sentido é que deveríamos compreender a referência foucaultiana à "teimosia do querer e [à] intransitividade da liberdade" existentes "no coração da relação de poder, provocando-a sem cessar"[31]. Eis como poderia ser definida, em linhas gerais, a estrutura do processo de subjetivação de caráter imanente. No "coração" das práticas normativas de poder, encontraríamos a potência de autoprodução da subjetividade. Para Foucault, no interior das relações antagonistas de poder dá-se um processo de luta "agonista" que corresponde à "provocação permanente" daquelas pela insubmissão da liberdade ou pela insistência do desejo[32]. Por este motivo, a concepção da subjetivação de caráter imanente não admite, absolutamente, a ideia de uma subjetividade isolada em busca da transformação de si mesma. Muito pelo contrário, transformações subjetivas imanentes implicam necessariamente a ação social, demandando, portanto, intervenções políticas, compreendidas como sendo a responsabilidade social do indivíduo[33].

Para o filósofo francês, já o referimos, não haveria "relação de poder sem resistência"[34]. Sob a mesma perspectiva, pode-se afirmar que, no interior dos encontros, a subjetividade seria capaz da resistência pela via do processo imanente de subjetivação.

---

29 M. Foucault, *História da sexualidade*, vol. 1 – *a vontade de saber*, p. 91, parênteses do próprio Foucault.

30 Idem, p. 92.

31 M. Foucault, "Le sujet et le pouvoir", p. 238. Para comentários, indico o livro de Luís Ricardo Prado de Oliveira, *O sentido da amizade em Ferenczi: uma contribuição à clínica psicanalítica*, pp. 28-29.

32 M. Foucault, "Le sujet et le pouvoir", p. 239.

33 M. Foucault, "Le sujet et le pouvoir". Para comentários, o leitor deve procurar F. Gros, "O cuidado de si em Michel Foucault", pp. 131-132.

34 M. Foucault, "Le sujet et le pouvoir", p. 242.

Tal dinâmica implicaria o afastamento da subjetividade com relação às identidades sociais fixas, ditas fundamentos universais, que, na realidade, a submetem. O distanciamento dos universais corresponde ao correlativo direcionamento da subjetividade para o que lhe é singular. Não é outra a característica de uma análise quando se trata da prática clínica da subjetivação considerada como processo imanente. Neste caso, a centralidade da transferência enquanto encontro intersubjetivo permite à resistência forjar-se como potência de autoprodução de subjetividade, pode-se dizer, de singularidade.

Lacan, por sua vez, desde os primórdios de seu trabalho, pretendendo evitar a concepção de uma psicanálise de cunho adaptacionista, submetida, portanto, às relações de poder consideradas como exteriores à subjetividade, coloca-se na posição de crítico ferrenho de uma análise centrada na autonomia do eu e da realidade[35]. A tal experiência psicanalítica, da qual se diria indutora de um processo de subjetivação de caráter transcendente, corresponderia uma transferência como transmissão de informação. Nesta perspectiva clínica, a transferência se implementaria pela comunicação de um saber que se origina no analista transmissor e se destina ao analisante receptor, tendo o eu, a consciência e a realidade como pano de fundo[36]. Desta forma, associados o saber e os dispositivos sociais de poder, colocam-se ambos – saber e poder – em exterioridade com relação às subjetividades envolvidas no encontro transferencial.

Em tal situação analítica, o "outro" nada mais seria do que o "semelhante", simétrico ao sujeito, e a transferência se caracterizaria pela presença da *diferença relativa*, isto é, diferença por oposição entre semelhantes simétricos ou, ainda, diferença no interior da semelhança[37]. Sendo assim, a análise se veria reduzida ao confronto especular entre eus ou consciências, atravessado pela

---

[35] Por exemplo, J. Lacan, "La dirección de la cura y los principios de su poder" (1958).

[36] J. Lacan, "Función y campo de la palabra y del lenguaje en psicoanálisis" (1953).

[37] É interessante notar que, ao descrever o "recordar" e o "julgar", Freud nomeia o "outro" de "próximo" ou *Nebenmencsh*, cuja tradução literal seria a de "homem ao lado", mas que, contudo, teria em "semelhante" a melhor tradução para o português. Ver S. Freud, "Proyecto de psicología" [1950 (1895)], p. 376.

agressividade. A clínica que lhe corresponde acabaria, afinal, por induzir o antagonismo *moral* entre o analista e o analisante[38].

Para Lacan, entretanto, o pensamento psicanalítico não é moral, senão ético. A proposta teórica do Outro (grande outro), seja na sua versão anterior de "terceiro termo", seja na posterior, isto é, como "objeto a", indica o lugar preeminente ocupado na psicanálise pelo inconsciente. Para Jacques Lacan, "o Outro, é dele que se trata na função da fala"[39]. É também ao Outro que se refere a máxima de que "o desejo (do sujeito) é o desejo do Outro"[40]. Podemos remeter tais assertivas lacanianas ao encontro, tal como proposto por Freud, onde o desejo do infante[41] – e, com este, a respectiva subjetividade – advém a partir da interpelação desejante da "mãe"[42]. O inconsciente materno teria, portanto, a capacidade de *evocar* o inconsciente infantil.

Do mesmo modo, a introdução do Outro no contexto analítico afirma que a relação transferencial não se passa de forma primordial entre as consciências de analista e de analisante, não sendo a realidade aquilo que centralmente lhe diz respeito. A transferência propriamente dita consiste na relação entre inconscientes, entre as assim chamadas "realidades psíquicas" dos protagonistas. Como no interior do encontro mãe-infante, o inconsciente materno evoca o desejo infantil, o inconsciente do analista, mas não a sua vontade deliberada e consciente, seria capaz de evocar o desejo do analisante e colocar em movimento o processo de subjetivação correspondente. Antes de mais nada, a análise se dá como um *encontro inconsciente*.

Para Lacan, "a função da linguagem não é informar, mas evocar"[43]. No contexto de uma análise, a fala do analista teria o condão de, ao evocar, induzir o investimento de uma "nova realidade psíquica" – pelo analisante, mas também

---

38 J. Lacan, "La agresividad en psicoanálisis" (1948).

39 J. Lacan, *O Seminário. Livro 2: o eu na teoria de Freud e na técnica da psicanálise* (1954-1955), p. 297.

40 J. Lacan, *O Seminário. Livro 11: os quatro conceitos fundamentais da psicanálise* (1964), p. 223.

41 Do ponto de vista etimológico, "infante" deriva do latim *infantem*, cujo nominativo *infans* se constitui da partícula negativa *in*, que designa oposição, mais *fans*, de *fari*, que se traduz por "falar". Assim, infante quer dizer "inepto a falar". Ver "Online etymology dictionary".

42 S. Freud, "Proyecto de psicología" [1950 (1895)], pp. 362-364.

43 J. Lacan, "Función y campo de la palabra y del lenguaje en psicoanálisis" (1953), p. 288.

pelo próprio analista. Eis por que o que está em jogo na transformação engendrada na transferência não diz respeito prioritariamente à vontade do analista, ainda que se a reduza à vontade de curar, de manter em curso o processo analítico ou à simples deliberação de analisar. Trata-se, antes de tudo, do inconsciente do analista, do chamado "desejo do analista", que se acha alocado nas lacunas silenciosas do discurso deste[44]. É a isto que Lacan se refere quando assegura que "o desejo do analista [é] o que em última instância opera na análise"[45]. O desejo operante do analista como evocação inconsciente do desejo do analisante é a condição do processo de subjetivação de cunho imanente. Desta perspectiva, a potência de autoprodução da subjetividade do analisante surgiria no coração mesmo do encontro analítico. Quer se considere a situação do infante, quer a do analisante, o desejo advém a partir da resistência (no sentido foucaultiano) às relações de poder presentes. Estes seriam, em linhas gerais, os atributos da dimensão ética da transferência introduzida pelo pensamento de Lacan[46].

Ao considerarmos, com Lacan, que o encontro clínico implica o Outro, evitamos a redução da transferência à relação entre consciências, de analista e de analisante, de cunho moral e agressivo, presidida pela rivalidade. Nesta relação, somente a subjetivação *do analisante* estaria em jogo, uma vez que ao analista caberia tão somente transferir àquele, sob forma de comunicação, o saber do qual este seria o detentor. Ao não resumir a transferência pura e simplesmente ao encontro entre "outros", o que se coloca é a transformação do inconsciente *de ambos os protagonistas da análise*.

Deste modo, nos afastamos da diferença no interior da semelhança, apresentando-se, na transferência, uma diferença especial, denominada de *diferença pura*. Não mais diferença relativa, confronto agressivo entre eus, entre consciências, ou oposição moral entre semelhantes, estamos agora frente à potência operativa da *diferença entre diferentes*. Esta diferença coincide – como Freud havia mostrado muito bem no artigo sobre "o estranho" –, com aquilo que é mais intimamente subjetivo, ou seja, a diferença que se denomina de

---

44 Para a complexidade do conceito lacaniano de "desejo do analista", ver, por exemplo J. Lacan, *O Seminário. Livro 11: os quatro conceitos fundamentais da psicanálise* (1964), pp. 218-223. Para comentários, consultar S. Cottet, *Freud y el deseo del psicoanalista*.

45 J. Lacan, "Del *Trieb* de Freud y del deseo del psicoanalista" (1964), p. 833.

46 J. Lacan, *O Seminário. Livro 7: a ética da psicanálise* (1959-1960).

singularidade[47]. Esta diferença é incomparável, uma vez que a singularidade só permite que se a remeta a si mesma. De fato, não se pode cotejar a "foucaultidade" com a "lacanidade"[48]. Posto isto, pode-se compreender que a análise como processo imanente de subjetivação não diz respeito a nenhuma forma de comunicação de saber entre analista e analisante com vistas a mudanças exclusivamente no funcionamento da subjetividade deste último. A consideração da preeminência da singularidade na transferência aponta para o relevo da diferença pura, implicando, ao mesmo tempo, a constituição das subjetividades de analisante e analista em suas respectivas singularidades.

É preciso que se repita que o outro não é o Outro. Ao contrário do semelhante e da diferença relativa, que se estabelece como diferença entre outros semelhantes, o Outro seria o diferente como diferença pura, isto é, como diferença a si mesmo. O ensinamento de Lacan é bem claro: "O Outro, esse lugar onde vem se inscrever tudo que se articula de significante, é, em seu fundamento, radicalmente Outro". O que Lacan quer nos dizer é que ao outro correspondem inúmeros outros, mas que, em contrapartida, o Outro é singular, posto que "não há Outro do Outro"[49].

De acordo agora com os enunciados freudianos, anteriores à admissão de um eu sexualizado[50], temos que o analista, tendo levado a termo sua análise pessoal, seria o legítimo possuidor de insofismável "saber de si"[51]. A valorização da razão do psicanalista caucionaria como critério de fim de análise a identificação do eu do analisante ao eu do analista[52]. Desta maneira, se esta-

---

47 S. Freud, "Lo ominoso" (1919).

48 O próximo capítulo aborda detalhadamente a questão da diferença em psicanálise.

49 J. Lacan, *O Seminário. Livro 20: mais, ainda* (1972-1973), p. 109.

50 S. Freud, "Introducción del narcisismo" (1914).

51 Sobre o "saber de si", em oposição ao "cuidado de si", na referência à pesquisa de Foucault, o leitor encontrará subsídios no capítulo 3.

52 Cf. J. Breuer, e S. Freud, "Estudios sobre la histeria" (1893-1895). Para comentários, ver L. Chertok e I. Stengers, *O coração e a razão: a hipnose de Lavoisier a Lacan*, p. 249. Para estes autores, a despeito do conceito de "sobredeterminação", a tarefa analítica seria a de permitir que, progressivamente, o analisante aprendesse o "dizer exato do afeto" do analista que seria, "supostamente, o do analisando". Recomendo também, sobre o desenvolvimento da transferência na obra de Freud, a leitura do ensaio de J. Birman e C. A. Nicéas, "Constituição do campo transferencial e o lugar da interpretação psicanalítica: um estudo sobre o pensamento de Freud".

belecia uma transferência de cunho moral e da ordem da rivalidade, correspondente a um processo de subjetivação de características transcendentes. Neste encontro analítico, baseado em critérios de identidade e de diferença relativa ou oposição, mas não de diferença pura, o valor da fala do psicanalista não emergiria das frestas inconscientes do discurso deste, de onde os sons do silêncio manifestam o desejo do analista. Ao contrário, tal encontro analítico ocorreria sob o signo da prevalência das relações egoicas conscientes e da realidade consensual, admitindo-se, portanto, a primazia analítica das práticas de saber e poder, a um só tempo coercitivas e normativas. Claro exemplo de tais transferências são as análises didáticas, cuja implementação atende a objetivos de preservação de mercado e de perpetuação do comando do poder vigente[53].

Neste contexto, a intervenção do analista possui *força de reação*, criando obstáculos ao implemento de um processo de subjetivação imanente do analisante. Deveras, reação não é resistência, uma vez que esta, enquanto "prática de si", surgindo no âmago do encontro, corresponde à força subjetiva autocriadora[54]. Sabemos desde Newton que a força de reação é perfeitamente simétrica à da ação, isto é, oposta a esta e de igual "módulo" (quantidade de força), sendo, portanto, nula a "resultante" do respectivo somatório destas forças[55]. Por conseguinte, no interior do modelo de transferência onde o analista "reage", mas não "resiste", o relevo não se coloca sobre a evocação da subjetividade do analisante pela intervenção do analista.

Uma vez que no pensamento freudiano o encontro não teria sido destacado em sua centralidade, a interpretação dirigia-se exclusivamente à subjetividade do analisante, sem levar em conta as implicações da – e para a – subjetividade do analista. Não é de se estranhar, portanto, que, desde os primórdios da obra de Freud, ao analisante seria prescrita a regra fundamental da associação livre, enquanto ao analista a submissão à prática da atenção igualmente flutuante só viria a ser requisitada no ano de 1912[56].

---

53 Cf. D. Kupermann, "Transferências cruzadas, transferências nômades. Sobre a transmissão da psicanálise e as instituições psicanalíticas".

54 Cf. M. Foucault, *História da sexualidade, vol. 2 – o uso dos prazeres*.

55 Cf. I. Newton, *Principia: princípios matemáticos de filosofia natural – livro 1* (1687).

56 S. Freud, "Consejos al médico sobre el tratamiento psicoanalítico" (1912), p. 112.

O que se apresentava, então, era uma psicanálise mais identificada aos propósitos comunicacionais na análise, na qual se veriam valorizados os aspectos do saber de si, da consciência e da realidade, cuja contraparte seria a consideração do trauma enquanto realidade objetiva. Sob a *hegemonia da representação*, que vigorou no pensamento ocidental desde os primórdios da filosofia até fins do século XIX e início do século passado, a interpretação analítica priorizaria o fato material do trauma, deixando à deriva a invasão traumática da força corporal, impassível de diferenciação[57]. O tratamento correspondente teria na rememoração da materialidade do trauma pelo analisante a sua condição, exercício baseado na meta da transformação do recalcado inconsciente em eu consciente. Ainda que tal referencial teórico e correspondente instrumental analítico tenham tido o seu apogeu durante o chamado "período do método catártico", estes continuariam presentes em graus variados, consoante os tipos de analisantes e suas descargas afetivas, durante toda a primeira etapa da obra de Freud, a bem da verdade não tendo nunca sido abandonados de todo[58].

Ocorria que o instrumento central da interpretação do analista não privilegiava a dimensão social do inconsciente. Ao não destacar o lugar do encontro como condição central da constituição da subjetividade, a interpretação não priorizava as implicações do inconsciente do analista sobre o inconsciente do analisante. Tal temática viria mesmo a constituir um dos polos centrais da desavença teórica entre Freud e Sándor Ferenczi com sua "técnica ativa"[59].

No interior dos enunciados da primeira tópica, a interpretação, ao preterir as características sociais da subjetividade, impunha uma outra consequência ao processo de subjetivação. A dita interpretação reduzia-se ao contexto da alma do analisante considerada em seus atributos representativos, deixando de fora o corpo deste. Não é por acaso, portanto, que, se considerarmos os

---

[57] S. Freud, "Sobre el mecanismo psíquico de fenómenos histéricos: comunicación preliminar" (1893). Dentre inúmeros exemplos de tais ocorrências nos casos clínicos de Freud, o leitor poderá conferir em S. Freud, "De la historia de una neurosis infantil" (1918 [1914]).

[58] Para comentários, indico J. Laplanche, e J.-B. Pontalis, *Vocabulário da psicanálise*, p. 23.

[59] Sobre a diferença de argumentos entre os autores, ver, dentre outras tantas referências, S. Ferenczi, "A técnica psicanalítica" (1919), e S. Freud, "Análisis terminable e interminable" (1937).

textos, cuja síntese seria exposta nos trabalhos de metapsicologia, dificilmente se poderia identificar a subjetivação como um processo da imanência da força corporal à subjetividade. Tanto é que, no artigo "Pulsões e destinos de pulsão"[60], os "destinos de pulsão" ali tratados indicavam muito mais as vicissitudes *psíquicas* da pulsão do que os destinos da força corporal. Nesta perspectiva, pode-se dizer também que, ao revés da alma, o corpo, sem uma descrição psicanalítica que o singularizasse, se veria afastado da análise, restrito, portanto, ao tratamento pela medicina e pelo medicamento[61].

Ao admitir, ao contrário, o caráter da imanência da força do corpo ao funcionamento psíquico, vê-se que os ensaios da "segunda tópica" teriam a capacidade, afinal, de afirmar a subjetividade efetivamente pelo que ela pode. Finalmente, o corpo, erigido com os atributos específicos ao pensamento psicanalítico, seria integrado à subjetividade como a dimensão corporal desta. Com efeito, desde a concepção do eu sexualizado, ainda em pleno ano de 1914[62] e, mais adiante, ao estabelecer o eu como diferenciação do Isso[63], a dimensão da análise enquanto encontro analítico viria ganhar, cada vez mais, inequívoca centralidade.

A afirmação da potência de autocriação da subjetividade exigia inexoravelmente a consideração da mudança de estatuto do corpo em psicanálise. De fato, nos enunciados ulteriores a interseção entre o corpo e a alma deixaria, enfim, de equivaler ao conjunto vazio e a pulsão poderia, finalmente, ser compreendida pelo que ela é. Somente então o pensamento psicanalítico permitiria a leitura imanente de um corpo que fosse exclusivo à subjetividade.

---

60 S. Freud, "Pulsiones y destinos de pulsión" (1915).

61 Cumpre lembrar, contudo, que o corpo das histéricas foi, nos primórdios, o catalisador da constituição do pensamento psicanalítico. De fato, a afirmação de que a representação histérica do corpo, baseada na erogeneidade, diferia da organização anatomofisiológica marcou, desde as suas origens, os enunciados psicanalíticos. Ver S. Freud, "Algunas consideraciones con miras a un estudio comparativo de las parálisis motrices orgánicas e histéricas" (1893 [1888-93]).

62 S. Freud, "Introducción del narcisismo" (1914).

63 S. Freud, "El yo y el ello" (1923); S. Freud, "Inhibición, síntoma y angustia" (1926 [1925]), p. 90 e S. Freud, "Nuevas conferencias de introducción al psicoanálisis - 31ª. Conferencia: La descomposición de la personalidad psíquica" (1933-1932), p. 71.

Unicamente *este corpo*, ou melhor, o sofrimento associado a tal dimensão corporal pode, efetivamente, ser tratado na clínica analítica.

Neste ponto, uma última ressalva se faz necessária. Quando me refiro às diferentes "leituras" freudianas, seja a da síntese dos anos quinze, seja a dos anos vinte ou, ainda, quando aludo às correspondentes "etapas" do trabalho de Freud, não viso nenhuma divisão acabada ou determinada com exatidão da obra que nos ocupa. Mesmo quando apresento de modo mais formal os "modelos" freudianos de subjetividade e de subjetivação ou, ainda, quando utilizo a tradicional nomenclatura "primeira tópica" ou "segunda tópica", tampouco procuro indicar conjuntos ou sistemas teóricos fechados ou considerados em sua suposta univocidade. Ao contrário, as proposições de Freud se desenvolvem segundo uma trama de grande complexidade, tornando-se impossível fixar quer etapas estanques ou sistemas definitivos, quer modelos prontos ou "tópicas" absolutamente distintas. O que se pretende com tais denominações é identificar no trabalho de Freud as transformações e acréscimos, mas também as oscilações e repetições a respeito do conceito de corpo em psicanálise.

O estatuto subjetivo do corpo

Não obstante as primeiras escolhas teóricas, dominadas pela marca da transcendência, renovadas inferências conceituais permitiriam outras compreensões a respeito da dimensão corporal de que trata a psicanálise e, correlativamente, da subjetividade e da subjetivação. O conceito de narcisismo, antes, e os de pulsão de morte, de Isso e de angústia em regime automático, depois, abrem as portas para novas leituras do corpo e da subjetividade em psicanálise, tanto quanto de suas articulações recíprocas.

O texto de introdução do conceito de narcisismo na obra de Freud lança os dados de uma nova proposta para o processo de produção de si[64]. Até então, Freud considerava que o eu seria potencializado por pulsões do mesmo

[64] S. Freud, "Introducción del narcisismo" (1914).

nome[65]. Uma vez que tais pulsões egoicas, conceitualmente, equivaleriam a funções fisiológicas[66], o estatuto do eu se veria reduzido a uma constelação inicial, espontânea ou imediata, do organismo biológico. Neste contexto, a economia do funcionamento da subjetividade se estruturava pelo confronto entre as pulsões do eu e as pulsões sexuais autoeróticas, enquanto a dinâmica subjetiva apresentava-se pelo conflito entre o eu não-sexual e a sexualidade recalcada[67]. O caráter fisiológico do eu não deixava dúvidas a respeito da natureza biológica do corpo. "A psicanálise nunca oculta que o anímico descansa no orgânico", admitiria Freud[68]. E, ainda: "quero confessar aqui expressamente que a hipótese de pulsões do eu e sexuais separadas [...] assenta minimamente em bases psicológicas, e no essencial se apoia na biologia", confessaria Freud[69].

Ao enunciar o narcisismo, o pensamento psicanalítico viria questionar frontalmente a origem biológica da subjetividade, na medida em que, quanto ao eu, Freud admitiria o oposto do que anteriormente afirmara. Sua proposta teórica se modifica radicalmente para afirmar que "não est[á] presente desde o início [...] uma unidade comparável ao eu", sendo que, para a sua produção, a partir do autoerotismo, seria necessária a intervenção de um outro fator, desconsiderado até então. Eis o que leva Freud à conclusão de que, para a criação da subjetividade, seria necessária "uma nova ação psíquica"[70].

A introdução da "nova ação psíquica" é, portanto, a condição para o advento de um eu que, deste modo, não mais existiria desde o começo, deixando, por conseguinte, de coincidir com uma emergência inicial e espontânea do organismo. O que se inscreve teoricamente é o investimento "materno" inconsciente, enquanto "ação psíquica" sobre o organismo infantil sem a qual o eu não poderia existir, absolutamente. O essencial do texto sobre o narcisismo afirma que o eu é sexualizado desde a origem, de fio a pavio, isto é, a

---

65 S. Freud "La perturbación psicógena de la visión según el psicoanálisis" (1910), pp. 211-212.

66 Para comentários, indico J. Laplanche e J.-B. Pontalis, *Vocabulário da psicanálise*, pp. 521-522.

67 S. Freud, "La perturbación psicógena de la visión según el psicoanálisis" (1910), p. 213.

68 Idem, p. 215.

69 S. Freud, "Introducción del narcisismo" (1914), p. 76.

70 Idem, p. 74.

subjetividade é tributária de um encontro no qual o inconsciente infantil se vê condicionado, evocado pelo investimento operado pelo "desejo da mãe". Não são mais as funções biológicas de autoconservação que potencializam o eu, senão a sexualidade ou a erogeneidade de um encontro. O que se passa, então, é que o território da sexualidade se dilata para abranger a totalidade da subjetividade, ou seja, a dinâmica psíquica não mais se dirá como representação do confronto entre a sexualidade inconsciente e o eu não-sexual, posto que o eu, com as novas teses, adquiriria também o caráter sexual.

Com estas modificações teóricas, torna-se indefinida a relação do corpo à subjetividade ou, por outra, coloca-se uma interrogação sobre as características do corpo que diz respeito à subjetividade e cujo sofrimento pode – e deve – ser tratado em análise. O que há desde o início não é mais, simplesmente, o eu biológico, constelação imediata do organismo. Trata-se, então, de um encontro, ou melhor, dos permanentes encontros que deverão manter-se, garantindo a potenciação contínua do eu. Tais modificações de grande envergadura conceitual colocam em suspensão o estatuto do corpo em psicanálise. Ao não mais admitir a existência de um fundamento biológico da subjetividade, a psicanálise interroga a linhagem da transcendência. Eis que a imanência bate à porta do pensamento freudiano.

Já foi dito que a dinâmica dos processos imanentes implica a mediação pela intervenção alteritária. Nesta perspectiva, no interior da leitura dos enunciados freudianos propiciada pela introdução do conceito de narcisismo, a "nova ação psíquica" designaria que, para a criação do eu a partir da dispersão das pulsões autoeróticas, tornava-se imprescindível a via erógena da demanda alteritária. A força corporal da produção de si mesmo não surge de nenhum desenvolvimento biológico, monádico ou solipsista, emanando, ao contrário, do *coração* do encontro intersubjetivo. Mais adiante, no texto denominado "O eu e o Isso", Freud reafirmaria tais posições teóricas ao atestar que a diferenciação do Isso pulsional, que induz o advento da subjetividade, só se empreende frente à "influência direta do mundo exterior"[71].

Nestes textos seminais, o que está sendo valorizado é aquilo que na gramática de Jacques Lacan, já vimos, seria dito como a interpelação ou demanda

[71] S. Freud, "El yo y el ello" (1923), p. 27.

erógena do Outro. Em se tratando do Outro, mas não do outro, o que migra para o centro do pensamento psicanalítico da subjetividade é a dimensão ética do encontro e a diferença pura. Eis por que, no caso do processo de subjetivação de caráter imanente, trata-se das questões relativas à ética da psicanálise – mas não à moral ou ao outro. Com efeito, a partir dos textos em referência, não seria possível conceber a subjetividade sem a participação *constante e permanente*, "desde o início", da alteridade do Outro, ou seja, sem o encontro, condição da potência corporal de autocriação. Nesta hipótese, a subjetivação corresponde à diferenciação de um corpo "virtual" o qual "se atualiza" enquanto subjetividade representativa[72].

No ensaio em que efetua a introdução do narcisismo, Freud, ainda que de modo implícito, anuncia uma outra "novidade". A partir da elaboração do dito conceito, tornava-se possível compreender o enunciado do "conceito--limite" da psicanálise numa acepção radicalmente oposta às considerações anteriores, de cunho transcendente. No lugar da chamada tópica negativa – nem corpo, nem alma –, novas leituras, agora de feição imanente, permitiam definir, afirmativamente, aquilo que é da ordem da pulsão. A partir de então, a subjetividade poderia ser compreendida pelo que ela, efetivamente, pode.

Neste caso, a pulsão está entre o corporal e o somático não mais porque o seu é um não-lugar, senão pelo motivo de que, no que lhe diz respeito, agora do ponto vista da imanência, trata-se, *ao mesmo tempo*, de corpo e de alma. Torna-se possível afastarmo-nos da transcendência, sendo que, por conseguinte, corpo e alma não mais descrevem "substâncias" irredutíveis entre si, não havendo, portanto, uma separação ontológica entre eles. Alma e corpo referem-se, agora, aos "modos" da subjetividade, correspondentes, respectivamente, ao "modo representativo" e ao "modo corporal" da subjetividade[73].

---

[72] Ver, mais acima, o processo de diferenciação em sua equivalência à atualização do virtual.

[73] A respeito do tema dos "modos", remeto, enquanto fonte primária, a B. Espinosa, "Ética" (1677). Para uma interpretação original desta concepção espinosista, recomendo G. Deleuze, *Spinoza: philosophie pratique*, pp. 118-120. Para comentários, indico L. A. Garcia-Roza, *Acaso e repetição em psicanálise: uma introdução à teoria das pulsões*, p. 55. Sobre os modos da subjetividade, ver, mais adiante, neste capítulo.

Se, ainda assim, insistirmos na existência de um dualismo em psicanálise, como aliás o próprio Freud[74] fez, este seria um dualismo mitigado, ao qual se denominaria de "dualismo de modos". A referência ao corpo ou à alma não seria mais do que a alusão aos modos enquanto etapas respectivas e concomitantes, ainda que sem estabilidade e nenhuma fixidez, do mesmo processo imanente de subjetivação. A dicotomia "força/representação" transforma-se numa relação onde haveria apenas "pressuposição recíproca" entre ambas[75].

Deste outro modelo freudiano de subjetividade, que se encontra descrito principalmente nos artigos intitulados de "Além do princípio de prazer"[76], "O eu e o Isso"[77] e "Inibição, sintoma e angústia"[78], já se disse mais de uma vez que a respectiva subjetivação corresponde a uma diferenciação. Os enunciados da segunda tópica viriam reiterar o postulado do narcisismo. Ao contrário de uma ocorrência biológica inicial, o eu seria uma "instância" que se cria pelo processo da "diferenciação do Isso"[79]. O Isso, mas não mais o eu, é que, "em sua extremidade, está aberto para o somático"[80]. A contrapelo do pensamento da transcendência, no interior do qual o eu, reduzido à constelação imediata do biológico, corresponde à condição autonômica da subjetividade[81], a redefinição imanente desta não mais reenvia ao organismo como fundamento separado[82].

---

74 S. Freud, "Más allá del principio de placer" (1920), pp. 51-52.

75 G. Deleuze, *Foucault*, p. 46.

76 S. Freud, "Más allá del principio de placer" (1920).

77 S. Freud, "El yo y el ello" (1923).

78 S. Freud, "Inhibición, síntoma y angustia" (1926 [1925]).

79 S. Freud, "El yo y el ello" (1923).

80 S. Freud, "Nuevas conferencias de introducción al psicoanálisis – 31ª. Conferencia: La descomposición de la personalidad psíquica" (1933-1932), p. 68.

81 F. Laruelle, "La méthode transcendantale", p. 694.

82 Devemos ressalvar que, desde o início de sua obra, Freud se utiliza do processo de diferenciação para descrever a constituição do eu. Contudo, nestes primeiros momentos, na ausência do conceito de pulsão de morte e de Isso, não se poderia extrair de tais descrições toda a envergadura possibilitada pela introdução posterior dos ditos conceitos. Ver S. Freud, "Proyecto de psicología" [1950 (1895)], pp. 343-346, onde Freud procede à descrição da memória "pelas diferenças dentro das facilitações". Para comentários, ver L. A. Garcia-Roza, *Introdução à metapsicologia freudiana 1*, pp. 98-101.

Decorre deste novo posicionamento teórico da obra de Freud que a condição imanente da subjetividade é um corpo cuja determinação deverá pertencer exclusivamente aos enunciados psicanalíticos. Detentor da fonte e da força da pulsão, o estatuto deste corpo não mais coincide com a materialidade do organismo. Afastado dos universais biológicos, este corpo é histórico. A partir da demanda desejante da alteridade sobre o organismo infantil, o dito corpo corresponde à força constituinte da subjetividade. Tal seria a qualidade deste corpo subjetivo que, com os aportes teóricos havidos nos anos vinte, viria a ser singularizado pelo pensamento freudiano. A subjetividade tornava-se, assim, a titular das suas próprias condições de funcionamento, não mais alienada da força de, sempre no interior do encontro desejante, produzir a si mesma. Não haveria mais dependência subjetiva a nenhum irredutível eu/unidade inicial com potencial biológico espontâneo.

Na verdade, o que estava por trás das mudanças que se acentuavam na obra de Freud é que estas respondiam à demanda que emanava da clínica psicanalítica, ou seja, do confronto entre o que se passava nos consultórios dos psicanalistas e a teoria até então estabelecida. O sofrimento dos psicóticos, mas também dos compulsivos, o desprazer atinente a certas classes de perversos e, ainda, o padecimento que surge em alguns momentos cruciais das análises dos neuróticos não encontravam tratamento adequado na clínica que se modelava em consonância com uma teoria transcendente da subjetivação[83]. De fato, as ditas patologias ligam-se *diretamente* à força pulsional. Sem uma teoria que singularizasse o corpo, as patologias em tela colocavam-se além das possibilidades descritivas da metapsicologia elaborada na primeira tópica[84]. O que se tornara imprescindível era incorporar a dimensão do corpo à subjetividade.

Com o conceito de narcisismo se anunciava um giro de cento e oitenta graus nas descrições da subjetivação, da subjetividade, do conceito de pulsão

---

[83] O eu dos psicóticos ultrapassava o limite da chamada "alteração do eu" que havia sido estabelecida por Freud como critério de "analisabilidade". Consultar S. Freud, "Análisis terminable e interminable" (1937), p. 237.

[84] Vale observar que o sofrimento dos compulsivos viria atingir inusitada difusão, intensidade e frequência na sociedade de consumo atual e, por conseguinte, nos consultórios dos psicanalistas de hoje em dia.

e, afinal, do corpo em psicanálise. Com a virada teórica dos anos vinte, tal giro viria se consubstanciar. Coloca-se, só então, a possibilidade de leitura do caráter da imanência do processo de subjetivação e de compreensão de que a força corporal efetivamente integra a subjetividade. As proposições que se enunciam na década de vinte permitem, afinal, a descrição de um corpo que pertence com exclusividade à subjetividade, sendo pertinente à análise o tratamento do sofrimento que lhe diz respeito. Só então a pulsão poderia ser descrita pelo que ela é, bem como a subjetividade, pelo que ela pode.

O ser no gerúndio: o que pode o corpo[85]

Ao aproximar-se da imanência, o pensamento psicanalítico valoriza o encontro, no interior do qual a força corporal se torna potencial de constituição da subjetividade. De Foucault já aprendemos que a produção de si decorre da capacidade de transformação pertencente à própria subjetividade, potência esta que se aloja no âmago mesmo das práticas sociais[86]. Não é de nenhuma necessidade de ordem biológica que decorre a força de constituição e transformação de si. Eis por que esta força não coincide com o instinto. Para este, sim, o objeto está determinado *a priori*, sendo o processo instintual necessário e intermitente. Apenas lipídios, glicídios ou proteínas satisfazem a fome, a qual só irá cessar – ainda que por um tempo limitado – uma vez satisfeita a respectiva *necessidade* do organismo. Já a força da pulsão não corresponde a qualquer objeto pré-determinado, dizendo respeito à potência contínua – e não necessária – de criação de *objetos subjetivos*, ou seja, à aptidão da força para a constante produção subjetiva de si pela via da diferenciação.

A dita força jamais se divorcia da subjetividade, sendo até mesmo aquela um modo desta, a saber, o modo corporal da subjetividade. Nesta hipótese de leitura imanente das teses freudianas, estamos sempre no tempo do movimento contínuo do processo de subjetivação. Tal temporalidade enuncia-se

85 Alusão à passagem do texto de Espinosa, onde o filósofo, ao discorrer a respeito do dualismo cartesiano, lança a sua conhecida invectiva: "Ninguém, é verdade, até o presente determinou isto que pode o corpo". Ver B. Espinosa, Éthique (1661-1665), pp. 137-138.

86 M. Foucault, "Le sujet et le pouvoir", p. 238.

como transformação permanente da subjetividade, do modo corporal ao modo representativo ou vice-versa. Neste caso, afastando-se do pensamento dualista, é Freud quem nos alerta para o fato de que "não devemos exagerar em demasia a separação entre ambos [o Isso e o eu]", isto é, entre as forças pulsionais e a subjetividade representativa, em dois domínios ontológicos irredutíveis[87]. Considerando a subjetivação como diferenciação do Isso, Freud assevera que o eu é também, às avessas, capaz de aplicar sua influência sobre o Isso ao se impor a este como objeto de amor[88].

As proposições freudianas dos anos vinte permitem dizer que a força da pulsão aponta para um "devir" subjetivo, sempre no presente, mas um presente permanente, que nunca passa. Devir não é o mesmo que porvir ou futuro. Neste caso, a pulsão não aponta para o futuro, reservando-se este tempo ao instinto. Assim é que a biologia da fome como fundamento condicionaria o processo instintual da alimentação, acarretando o desenvolvimento anatômico e fisiológico que envia ao futuro do indivíduo. Da pulsão, com efeito, não se diz que é o fundamento, mas, sim, o conceito básico da psicanálise[89]. Qualquer objeto pode servir a sua satisfação. Ao contrário do processo instintual, associado ao corpo biológico, a diferenciação da pulsão envolveria o corpo subjetivo. Nesta perspectiva, o tempo da força pulsional é o permanente presente, que não passa, mas que é a condição do passar (cronológico) do tempo. Da força aos "representantes de pulsão"[90], o tempo da subjetivação se diria no gerúndio. Da pulsão não se deveria, portanto, admitir que ela "é", mas sim que "seu ser" se concebe como "sendo", conjugando-se no tempo permanente do gerúndio[91].

Tal modalidade imanente de subjetividade se afasta da concepção platônica de alma, a qual remete à absoluta autonomia do mundo das Ideias como

---

87 S. Freud, "Nuevas conferencias de introducción al psicoanálisis – 32ª. Conferencia: Angustia y vida pulsional" (1933-1932), p. 86.

88 S. Freud, "El yo y el ello" (1923), p. 32.

89 S. Freud, "Pulsiones y destinos de pulsión" (1915).

90 Idem.

91 Ver, no capítulo 2, os postulados de Heráclito que, como lá discorremos, é o pensador pré-socrático da continuidade infinita do movimento e da criação constante. O dito pensador considera que não há ser, mas, sim, "sendo", isto é, o ser deverá sempre conjugar-se no tempo do gerúndio.

condição transcendente do mundo sensível[92]. Ao mesmo tempo, a descrição imanente da subjetividade em psicanálise se distancia do eu da razão universal de Descartes, isto é, da "substância pensante", ontologicamente separada do corpo enquanto "substância extensa"[93]. Ao contrário, para *este* Freud corpo e alma reenviam-se mutuamente enquanto modos do mesmo processo de tornar-se subjetividade. Neste caso, criação de si corresponde a um processo imanente em que a subjetividade não se coloca aquém do que ela pode, posto que "implica-se totalmente a si própri[a] em cada um dos seus momentos ou graus"[94]. De acordo com Gros, a imanência não se refere a qualquer processo isolacionista de "introspecção, [...] decifração ou [...] hermenêutica de si". Trata-se mais da "intensificação da presença para si", isto é, de permanecer totalmente presente a si mesma[95].

O que está em jogo é uma modalidade de subjetivação que implica a potência de ir além de si, sem, no entanto, deixar de ser aquilo que se é. Ao invés de crescer para além de si, o que ocorre é que este "si" se produz e, por assim dizer, se expande continuamente, tendendo a subjetividade a não ficar aquém da sua potência. Para a clínica que se lhe associa, o alcance da força subjetiva se dá no interior do encontro analítico e pela via do processo de subjetivação, no interior do qual a subjetividade volta-se sobre si para criar a própria potência. "Tornar-se aquilo que se é" seria, portanto, uma boa descrição dos objetivos de uma análise com tais características.

Obviamente, nenhum pensamento "essencialista" encontra-se envolvido nestas considerações. Ao contrário, "tornarmo-nos nós mesmos" pretende definir uma "direção" do processo de subjetivação em psicanálise, ou seja, o processo imanente, cuja temporalidade é a do gerúndio, mas não a do futuro. Neste contexto, a proposição utilizada quer privilegiar a diferença pura que, como já se disse, afirma que somos mudança constante, processo necessariamente inacabado de subjetivação ou movimento constante de tornarmo-nos subjetividade. "Tornar-se aquilo que se é" intenciona aproximar-nos de uma concepção de subjetividade cuja instabilidade é a sua própria estrutura.

---

92 Cf. J. A. Motta Pessanha (cons.), "Platão: vida e obra".

93 Por exemplo, R. Descartes, "As paixões da alma" (1649).

94 A. Lalande, *Vocabulário técnico e crítico da filosofia, vol. I*, p. 614.

95 F. Gros "O cuidado de si em Michel Foucault", p. 130.

Dito de outra forma, a subjetividade se manteria, continuamente, em vias de constituir-se, o inacabável sendo o distintivo de sua potência. Desta perspectiva, é preciso insistir que, para o tempo da subjetividade, devemos conjugar o gerúndio "sendo", tempo da potência imanente, com todas as implicações teóricas e clínicas que se lhe associam.

O caráter da imanência da força do corpo à subjetividade implica o processo de subjetivação em psicanálise como diferenciação do Isso. Tal processo equivale à chamada *distinção unilateral*, sendo que o que lhe diz respeito não é a diferença dialética, senão a diferença pura. Para apreciarmos aquilo que é próprio à dinâmica da distinção unilateral, apresentarei um exemplo, retirado da filosofia deleuziana, de um relâmpago que surge no céu negro como diferenciação. Para o que o filósofo pretende mostrar, não se trata, absolutamente, da questão da "figura e fundo". Para a dita diferenciação, não interessa, absolutamente, a ideia *gestáltica* – e estática – da figura e do fundo. Esta é mais compatível com a diferença dialética entre opostos, ditos contraditórios, cuja totalidade unitária, fixa ou imutável, dará a cada um dos opostos as respectivas condições, isto é, a razão suficiente para o advento tanto da figura, quanto do fundo[96]. Pois bem, não é nada disso que está em pauta.

Na perspectiva deleuziana, o relâmpago surge como diferenciação do céu negro, isto é, como força do céu negro de diferenciar-se *de si mesmo*. Assim sendo, ao tornar-se "outro" de si mesmo, concomitantemente o céu irá manter-se enquanto tal. Tudo se passa como se o céu negro, enquanto fundo, subisse à superfície, como relâmpago, sem, no entanto, deixar de ser fundo. Na distinção unilateral, é como se o relâmpago se distinguisse do céu negro, enquanto este não se distingue do primeiro, ao permanecer em seu estado de céu negro, condição imanente do relâmpago. Pode-se dizer, com o lirismo lúdico de Deleuze, que o "fundo [...] continua[ndo] a esposar o que dele se divorcia"[97].

---

[96] Sobre a dialética dos contraditórios, o leitor poderá pesquisar em H. Vital Brasil, "Contradição e contrariedade". Para comentários a respeito da antiga questão da "figura e fundo" e algumas implicações no campo da pulsão, remeto a L. A. Garcia-Roza, *Acaso e repetição em psicanálise*, pp.66-69.

[97] G. Deleuze, *Diferença e repetição*, pp. 63-65.

Nesse contexto de diferenciação, nada é fixo, todos os elementos se movem. Não há qualquer identidade universal antecedente como garantia de origem, nem meta teleológica adaptativa ou utilitária. Ao contrário, este tipo de subjetivação encontra-se sempre "pelo meio", sem verticalidade – sem fundação, nem telhado – mas em eterno processo horizontal de construção. É nada mais do que a própria transformação que está sendo visada. O gerúndio aponta, então, para o tempo não cronológico da mudança ou para a força constante da perpétua mobilidade.

A diferenciação não altera quer o céu negro, do exemplo citado, quer a força imaterial do corpo subjetivo. O céu negro continuará impassível, acompanhando o relâmpago, bem como a força corporal da subjetividade se manterá na constante insistência de diferenciar-se. A respectiva distinção unilateral consistirá na força que se transforma em subjetividade representativa sem, no entanto, deixar de ser força.

Indicando a mesma problemática, é, outra vez, no texto de Deleuze que se lê a crítica ao conceito freudiano de "ligação" (*Bindung*). Ainda que admitindo "a complexidade dos textos de Freud" e apontando neles três possíveis compreensões diferentes do tema, o assim cognominado "filósofo do desejo" empreenderá a crítica do dito enunciado da ligação. Deveras, Deleuze vai questionar a ligação da força à representação psíquica como condição da constituição da subjetividade. A leitura atenta do texto freudiano empreendida pelo filósofo observa que, para Freud, sem a ligação, "haveria descargas e prazeres na vida psíquica, mas esparsos", isto é, "sem valor sistemático". Somente a partir da ligação o psiquismo se veria regulado, de modo irrestrito, pelo princípio de prazer[98].

Pode-se afirmar que não é o prazer que se encontra sob a mira de Deleuze, nem mesmo o princípio de prazer está sendo visado pela crítica referida. O que será problematizado pelo filósofo é aquilo que submete o prazer ao respectivo princípio. Para Deleuze, quando Freud eleva a ligação da excitação à condição de possibilidade do princípio de prazer, regulador da subjetividade, é Eros que se encontra alçado ao lugar de fundamento identitário do psiquismo. De fato, como adiantamos, seria este o caso dos textos freudianos referentes à primeira tópica, nos quais o eu estaria fundado sobre

---

[98] G. Deleuze, *Apresentação de Sacher-Masoch: o frio e o cruel*, pp. 121-123.

a universalidade transcendente do organismo. Diante de tais enunciados, Deleuze é levado a afirmar que Freud não teria ainda reconhecido a força de desligamento da excitação, isto é, a força de Tanatos como um sem-fundo, "além do fundo" ou além do "fundamento" da subjetividade.

Face aos trabalhos dos anos vinte, especialmente o artigo sobre a pulsão de morte, o filósofo francês estabelece uma leitura das teses freudianas radicalmente diferente. Sua conclusão é de que nestes novos textos a subjetividade se encontra submetida a um processo no qual seus diferentes estados corresponderiam à "diferença de ritmo e de amplitude", indicando, então, a diferenciação como processo imanente de subjetivação[99]. A consideração do dito processo permitiria colocar "lado a lado" a força e seus "representantes" subjetivos, sendo possível remeter, como já aludido, à "pressuposição recíproca" entre elas.

Daniel Stern utiliza-se do mesmo expediente teórico do pensamento da imanência para a compreensão da emergência das funções egoicas (subjetividade) do bebê. Para este autor, o "senso emergente de eu" nos recém-nascidos se constitui pela ação combinada, recíproca e concomitante da força do processo de produção do eu e dos próprios resultados deste, ainda que em estágios incipientes[100].

O que está sendo admitido é que o bebê é capaz de "experienciar" ao mesmo tempo tanto o processo da organização emergente, quanto o seu resultado. Colocando "lado a lado" as condições do seu advento e o respectivo funcionamento do eu, Stern não separa, nem no tempo, nem "ontologicamente", a potência de produção e o produto desta. Com efeito, para este psicanalista e médico, o "mundo subjetivo global de organização emergente é – e permanece sendo – o domínio fundamental da subjetividade humana"[101]. Assim, a subjetividade estaria sempre *se constituindo*, inexoravelmente no tempo do gerúndio[102].

---

99 Idem, pp. 122-123.

100 D. Stern, *O mundo interpessoal do bebê: uma visão a partir da psicanálise e da psicologia do desenvolvimento*, pp. 40-41. Para mais informações a respeito de Daniel Stern, sobre o "senso emergente de eu" e outros tópicos, o leitor deverá procurar nos capítulos 4 e 5.

101 Idem, p. 58.

102 Conferir, no capítulo 4, as considerações de Stern sobre os afetos de vitalidade.

Com base no que foi exposto, podemos afirmar que o processo de subjetivação como diferenciação articula o somático e o psíquico, ou melhor, associa o modo corporal ao modo representativo da subjetividade. Em franca oposição ao pensamento da transcendência, a pulsão não separa corpo e alma em universos ontológicos sem interseção. Não é difícil reconhecer que o crucial para o discernimento entre os dois principais modelos de subjetividade é a descrição do corpo em psicanálise. De fato, uma definição da pulsão capaz de afastar a subjetividade distanciando-a das poderosas concepções dualistas transcendentes exigia uma compreensão exclusivamente psicanalítica do corpo.

Sob o modo corporal, a força corresponde à dispersão pulsional no Isso. Ao mesmo tempo, a força se *representa* – do alemão, *Vorstellung*[103]. A representação da força corporal pelo respectivo "representante-representação" subjetivo equivale à diferenciação da força no Isso. O modo representativo abrange os representantes de pulsão, ou seja, representação investida pelo *quantum* de afeto. Enquanto distinção unilateral, a representação não suprime a presença da força, sendo esta imanente à subjetividade representativa. Já a apresentação ou "presentificação" – *Darstellung* em alemão – se refere ao excesso, à presença bruta, invasiva e traumatizante da força no interior do campo das representações psíquicas[104]. Tal *leitura diferencial* da psicanálise admite a subjetividade sob uma perspectiva modal, articulando no processo de subjetivação a força corporal a seus representantes psíquicos, consistindo ambos – força e representantes de força – nos modos da subjetividade.

No próximo tópico, aprofundaremos a problematização do corpo em psicanálise para encontrar deste uma formulação capaz de descrevê-lo como potência da subjetividade, sem, contudo, deixar de fora o lugar ocupado pela biologia no respectivo processo imanente de subjetivação.

---

[103] Para detalhes, indico o verbete "representação" em P. Kaufmann (editor), *Dicionário enciclopédico de psicanálise: o legado de Freud e Lacan*, pp. 453-457.

[104] Idem, ibidem. Neste sentido é que, para Monique David-Ménard, a "apresentação" seria uma forma arcaica da "representação", idem, pp. 456-457.

O corpo erógeno

Vimos que, em consonância com o pensamento da imanência, a definição afirmativa da tópica da pulsão permite que se descreva a subjetividade de acordo com a potência que esta efetivamente possui. Para tanto, contudo, seria necessário que o traçado do corpo em psicanálise buscasse a sua especificidade. É assim que o corpo de que Freud nos fala ao descrever o que é da pulsão demanda uma definição que teria de emergir exclusivamente do domínio conceitual psicanalítico. Neste tópico, pretendo encontrar uma formulação que nos permita descrever o corpo como potência de criação da subjetividade, isto é, como força corporal de produção da subjetividade e pertencente a esta.

Para tanto, lanço mão, outra vez, do argumento de Freud que, a contrapelo da estrutura predominante da primeira tópica e na continuação da proposta do narcisismo do eu, afirma que o objeto da pulsão é qualquer. Como já vimos, ao estabelecê-lo, Freud afronta a dimensão orgânica, vital e natural do corpo em psicanálise[105]. O dito argumento afirmaria que a pulsão não pertence propriamente à ordem da vida biológica, senão ao registro do erógeno. No rastro da tese sobre o narcisismo, o corpo em psicanálise possuiria, antes de mais nada, um caráter social. Tributário do investimento sexualizado por parte da alteridade e de seu desejo, o corpo, fonte e força pulsional, possuiria um indelével cunho erógeno. Este corpo aponta para o prazer e, no limite, para o gozo[106].

Por este motivo, Lacan afirma que a pulsão – e, acrescentemos, o respectivo corpo – se encontra "fora do mundo da natureza"[107]. Mais ainda, para o pensamento lacaniano a pulsão apresenta-se por seu aspecto "criacionista", sendo, então e acima de tudo, histórica[108]. É evidente, não obstante, que dito corpo não poderia prescindir da corporeidade material do biológico.

---

105 S. Freud, "Pulsiones y destinos de pulsión" (1915).

106 J. Lacan, *O Seminário. Livro 7: a ética da psicanálise* (1959-1960) e J. Lacan, *Le Séminaire. Livre 17: l'envers de la psychanalyse* (1969-1970). Para comentários, indico o trabalho de P. Valas, *As dimensões do gozo: do mito da pulsão à deriva do gozo*.

107 J. Lacan, *O Seminário. Livro 7: a ética da psicanálise* (1959-1960), p. 260.

108 Idem, p. 261.

Eis que, dentre os inúmeros méritos teóricos do psicanalista Serge Leclaire, reside o de descrever tanto o advento, quanto o funcionamento do corpo subjetivo, de acordo com uma leitura imanentista da subjetividade, sem, no entanto, descuidar do respectivo substrato material. Estabelecendo uma compreensão bastante clara do processo de subjetivação, Leclaire define com acuidade o lugar da anatomia e da fisiologia do sistema nervoso frente ao dito processo.

Seguindo, de modo particularmente criativo, o rastro das proposições freudianas e, principalmente, lacanianas, Leclaire constrói passo a passo os atributos do "corpo erógeno"[109]. Antepondo precisamente as proposições freudianas da primeira e da segunda tópicas, Leclaire daria destaque aos enunciados de Jacques Lacan. Para construir o corpo erógeno Serge Leclaire retoma os enunciados de Freud nos quais se lê, já em 1905, a respeito da existência de um corpo do prazer e do desprazer constituído pelo conjunto das zonas erógenas[110].

Leclaire afirma que a condição – necessária, mas não suficiente – para a constituição de tal corpo é a interpelação sexualizada "[d]aquele que alimenta" sobre a biologia infantil. A dimensão imaterial e erógena do corpo não poderia ser gerada sem a assimetria que, na situação do encontro inicial, consiste na *demanda desejante* da mãe, isto é, no investimento inconsciente de um sujeito propriamente dito sobre o organismo do infante[111] [112].

Ainda que o corpo erógeno não coincida com o biológico, aquele não poderia jamais se constituir sem a materialidade e a integridade deste. Admitamos, com Freud, que a situação assimétrica dos cuidados maternos deixa como legado no infante, associada à sensação de prazer que se lhe decorre, a constituição de um traço mnêmico[113]. É claro que não se poderia consentir na existência de qualquer sensação de prazer sem supor, antes, o funcionamento

---

[109] S. Leclaire, *O corpo erógeno: uma introdução à teoria do complexo de Édipo.*

[110] S. Freud, "Tres ensayos de teoría sexual" (1905), pp. 152-154.

[111] S. Leclaire, *Psicanalisar*, pp. 59-61.

[112] É preciso mencionar, no que diz respeito à valorização da assimetria do encontro intersubjetivo como condição da constituição da subjetividade, o trabalho de Ferenczi. Para este tema, indico, como exemplo emblemático, S. Ferenczi, "Confusão de língua entre os adultos e a criança", pp. 97-106.

[113] S. Freud, "Proyecto de psicología", pp. 362-364.

suficientemente íntegro do sistema nervoso do bebê. Ainda mais, somente a biologia humana, satisfatoriamente operante, permite associar à sensação a constituição de uma marca que funciona como uma espécie de memória. Tal marca se abre como potência ou apelo desejante de retorno (impossível) a uma situação anterior[114]. Desta maneira, o corpo erógeno seria o "duplo" do corpo fisiológico. A criação e manutenção daquele, enquanto permanente função do encontro, seria a condição da não superposição entre ambos. A insuficiência do corpo erógeno franquearia o avanço insidioso do organismo biológico sobre o dito corpo erógeno e, no limite, a sua anulação[115].

Partindo de tais premissas, Leclaire observa uma mãe que, inadvertida, acaricia seu pequeno bebê. Com a perspicácia que o distingue, sendo capaz de privilegiar o lirismo em nome da precisão, nosso autor nota que a brincadeira "inocente" da mãe, ao acariciar com ternura uma dobrinha do pescoço do bebê, recebe, em troca, "o brilho do sorriso" infantil, todo grato e cúmplice.

Leclaire assinala, então, outra condição para a criação do corpo erógeno. Além da integridade anatomofisiológica do bebê, é imprescindível que o "dedo acariciador" seja uma zona erógena para a mãe. O que se expressa nesta afirmativa é que a produção do corpo erógeno infantil depende das características do corpo erógeno da mãe, associado à economia libidinal desta. A assertiva do autor é de que, na subjetividade materna, a carícia efetuada não se separa do desejo e do sintoma, associados ao gozo enquanto excesso. O "valor sexual projetado" sobre o local anatômico visado pelo carinho da mãe teria a capacidade de induzir no infante uma "impressão" apta a evocar-lhe o brilho instantâneo de um sorriso[116].

A impressão que se produz no fundo da concavidade anatômica infantil corresponderia a uma zona erógena, possuidora de uma intensidade tal que não seria possível, em tempo algum, apagar-lhe a marca luminosa daquela gratidão primordial. Semelhante impressão, renascida a cada novo encontro,

---

114 Por exemplo, S. Freud, "La negación" (1925), pp. 255-256.

115 S. Leclaire, *O corpo erógeno: uma introdução à teoria do complexo de Édipo*, pp. 33 e 39-40.

116 S. Leclaire, *Psicanalisar*, p. 60. Note-se a semelhança entre esta impressão que a mão materna permite ao infante destacar da sua anatomia e aquilo que Freud denomina de "signos de percepção". Sobre os ditos signos de percepção, ver S. Freud, "Fragmentos de la correspondencia con Fliess: Carta 52" (1892-1899).

desde que o objeto "saiba" despertá-la, se apresentará, sempre, por um imperceptível sorriso cúmplice que evoca a intensidade da experiência infantil de outrora. A zona erógena será invocada a cada vez que um objeto "souber" atiçar o lugar certo[117]. Com efeito, certo ou pré-determinado é o lugar, sendo que o objeto – da pulsão – é qualquer um.

Toda vez que, por exemplo, no encontro amoroso, o objeto for capaz de reavivar a zona erógena sobre a epiderme, o "vivo biológico" se afasta, deixando o campo livre, por assim dizer, para o "vivo do prazer". Permitindo que uma marca intensiva, diáfana e irrepresentável seja novamente sentida, é o objeto que, para todos os efeitos, se constitui como condição do prazer. Tudo se passa como se o corpo erógeno fosse como uma lanterna acesa no vácuo, isto é, na ausência total de objeto. Dado que a luz não se propaga no vácuo, o facho da lanterna permaneceria invisível, em *estado virtual*. Assim que um objeto – qualquer – cruzar a virtualidade do feixe de luz, o brilho desta subitamente se *atualiza*[118].

Do mesmo modo, o corpo erógeno permanece em estado virtual até que um objeto tenha a "habilidade" de atualizar o "brilho de um sorriso" que, só então, se expressaria como sensações e sentimentos de prazer. É assim que se produz o momentoso brilho do olhar de gratidão do amante em fogo, cuja origem nada mais seria do que o cândido sorriso infantil que, uma vez, teria sido endereçado à mãe. Aos poucos, todo um mapeamento pulsional se decalca sobre a concretude da pele do infante. A carícia, impregnada de excesso, instiga a criação do corpo erógeno. Produção de uma cartografia pulsional, imaterial, invisível e, também, potencial ou virtual, o corpo erógeno se delineia sobre o corpo biológico infantil.

Leclaire argumenta que as zonas erógenas não delimitam nenhuma fronteira entre um interior e um exterior do organismo biológico. De modo diverso, o corpo erógeno indicaria a abertura da biologia infantil à produção de subjetividade. O texto de Leclaire nos coloca diante da dimensão corporal específica à subjetividade, cuja potência é capaz de produzir, por um lado, a

---

117 S. Leclaire, idem, ibidem.

118 Esta metáfora, recolhi-a de L. A. Garcia-Roza, *Acaso e repetição em psicanálise: uma introdução à teoria das pulsões*, p. 56, que a utiliza para descrever o campo da pulsão e de sua diferenciação.

realidade psíquica do inconsciente com seus fantasmas, bem como, por outro, de criar subjetivamente a realidade consensual[119]. No final de sua obra, é Freud mesmo quem admite que o corpo que interessa à psicanálise não é nenhum outro além do corpo erógeno. "Na verdade", dirá Freud, cabalmente, "o corpo inteiro é uma zona erógena"[120].

Dando seguimento ao argumento de Leclaire a respeito da imprescindível assimetria entre mãe e infante para a produção do corpo erógeno, digamos que no "coração" do encontro intersubjetivo, o dito corpo, mediado pelo Outro, será capaz de potencializar um processo imanente de subjetivação. Este processo de autocriação traduz-se pela diferenciação do corpo erógeno, que se atualiza como subjetividade representativa sem, no entanto, abandonar suas características potenciais.

A argumentação de Leclaire retoma a metáfora energética utilizada por Freud para descrever o prazer, enviando-a preferencialmente à ação da diferença. Lembremos do encadeamento do discurso freudiano. Para este autor, no decurso do funcionamento da subjetividade o prazer pressupõe a dissipação afetiva que se dá pela aproximação dos polos de uma *diferença semântica*. Para Freud, quanto maior for a diferença entre o significado de determinada representação e o do conteúdo moral da instância crítica do psiquismo, com a qual o eu se identifica, maior será o sofrimento frente àquela representação[121]. Tendo por objetivo diminuir o padecimento subjetivo, o eu deflagra o mecanismo do recalque, cuja dinâmica se dá por uma substituição significante. A representação desprazerosa torna-se inconsciente, sendo substituída por outra, chamada de sintoma, que apresenta menor dissonância cognitiva face às representações identitárias do eu. A redução de tal diferença proporciona a diminuição do incremento afetivo que investira a representação aversiva, ocasionando, afinal, prazer para a subjetividade[122].

119 S. Leclaire, *O corpo erógeno: uma introdução à teoria do complexo de Édipo*, pp. 58-59.

120 S. Freud, "Esquema del psicoanálisis" (1940 [1938]), p. 149.

121 Por exemplo, Cf. S. Freud, "La represión" (1915).

122 Idem. Para Freud, a diminuição da diferença tem como objetivo a busca, respectivamente, da "identidade de percepção" e da "identidade de pensamento" entre a representação dada e a unidade representativa do eu. Ver, a este respeito, S. Freud, "La interpretación de los sueños" (1900 [1899]), pp. 557-558.

Na medida em que a regulagem pelo princípio de prazer propõe que redução de incremento afetivo é o mesmo que produção de prazer, o sintoma que se estabelece equivale, paradoxalmente, à introdução do prazer na subjetividade. Há, neste caso, uma relação dita inversa: quanto menor for a diferença de que se trata, maior será a produção de prazer subjetivo.

Para Freud, o prazer se dá, portanto, pela dissipação de uma diferença relativa, entre um ponto de maior e outro de menor tensão. Leclaire dirá, então, que a zona erógena corresponde a um lugar na pele onde se marca a "síncope" ou a redução absoluta da dita diferença, surgindo, em seu lugar, a diferença pura. O conjunto aberto, sem identidade, nem unidade, das zonas erógenas chama-se corpo erógeno, sendo este a condição potencial do processo imanente de subjetivação. Entretanto, seria somente no contexto privilegiado de produção de uma zona erógena que um lugar do corpo anatomofisiológico teria acesso à diferença pura. Em qualqùer outra situação, corpo biológico e corpo erógeno devem, necessariamente, alternar-se, já que a superposição entre eles implicaria a ameaça de dissolução do psiquismo[123]. Nesta perspectiva, elevar ao máximo o prazer do eu, efetuar a redução absoluta da tensão psíquica ou fazer coincidir os polos da diferença significante levaria à falência do limite entre prazer e gozo. O efeito correspondente seria o desmantelamento de toda a erogeneidade, relativa ao primeiro, que se veria diluída na abrangência infinita do último. Fica, assim, evidente a assertiva de Leclaire de que *o prazer não é mais do que uma defesa contra o absoluto do gozo*[124].

Caso a fronteira entre prazer e gozo não seja preservada, ocorrerá a invasão do organismo sobre a imaterialidade subjetiva do corpo erógeno, o que quer dizer que este se veria paralisado em sua capacidade de produção do inconsciente significante, congelado frente à organização biológica açambarcadora, como é o caso da psicose ou das compulsões graves. A anulação total da tensão subjetiva corresponde à dominância do organismo sobre o corpo erógeno. Tal materialização orgânica do corpo erógeno corresponde ainda mais a uma outra invasão, isto é, à presentificação (*Darstellung*) da força que irrompe na subjetividade representativa, estabelecendo-se como

---

[123] S. Leclaire, *O corpo erógeno: uma introdução à teoria do complexo de Édipo*, p. 141.

[124] Idem.

angústia em regime automático, cuja tradução clínica seria "histeria de angústia", comumente conhecida, hoje em dia, sob a denominação de "síndrome do pânico".

Podemos encontrar uma situação que se lhe assemelha na literatura de Lewis Caroll[125]. Trata-se do sorriso do gato de Alice. Sorriso sem gato. "Estranho" sorriso que se reveste da materialidade do gato. No brilhante texto do poeta, romancista e matemático inglês, o terrível sorriso do gato de Alice, consistindo em uma súbita materialização do sorriso imaterial e erógeno, causa no leitor um indisfarçável sentimento de angústia e "estranheza"[126].

A adequada estruturação dos encontros, isto é, a participação convergente das funções materna e paterna, afastaria o corpo erógeno infantil para longe da naturalização biológica[127]. Com relação à função materna, esta deverá ser capaz de regular a alimentação infantil de forma a evitar os extremos. Por exemplo, seria preciso que a boca do infante não fosse entupida pela absoluta fartura orgânica, de tal forma que houvesse espaço para que a alimentação possuísse uma dimensão erógena. Entretanto, a dita erogeneidade, tampouco, deveria ser exclusiva[128]. Apenas a apropriada convergência entre as funções materna e paterna daria ensejo à potência imanente do corpo erógeno do infante ou ao que Lacan denomina – já o aludimos – de "perspectiva criacionista" da pulsão[129]. Encontros insuficientes, ao contrário, introduziriam o bloqueio do prazer com a gradativa imposição do domínio da compulsão e do gozo paralisantes.

Devemos acrescentar, finalmente, que o corpo biológico, à diferença do corpo erógeno, deverá buscar, nas diversas práticas dos saberes médicos e biológicos, possibilidades adequadas de atender às respectivas demandas ou sofrimentos. Cumpre também resistir à inclinação de identificar o corpo erógeno à imaterialidade dos gestos que embalam os discursos. Denominado pela fenomenologia de "horizonte de sentido", este domínio de manifestações se configura como uma espécie de contorno corporal para a linguagem

---

125 L. Carroll, *Aventuras de Alice*.

126 S. Freud, "Lo ominoso" (1919).

127 S. Leclaire, *O corpo erógeno: uma introdução à teoria do complexo de Édipo*, p. 140.

128 Idem, p. 69.

129 J. Lacan, *O Seminário. Livro 7: a ética da psicanálise* (1959-1960), p. 261.

falada. O horizonte de sentido abrange os movimentos do corpo, incluindo-se a máscara facial, consistindo em verdadeira coreografia que acompanha as práticas discursivas propriamente ditas[130]. Ainda que não enunciados verbalmente, os gestos são formais. Sendo assim, o horizonte de sentido *é enunciável*, pertencente, portanto, à ordem da linguagem representativa. É certo que o gestual oferece um leque infinitamente rico de informações para o aproveitamento clínico. Contudo, o corpo erógeno, específico à psicanálise, ao qual correspondem a fonte e o impulso da pulsão, é terminantemente irrepresentável.

O corpo erógeno é aquele de que trata a psicanálise, isto é, somente o padecimento deste corpo pode – e deve – ser objeto do tratamento analítico. Para além do medicamento e da medicação, o modo corporal da subjetividade deverá, cada vez mais, constituir-se como meta de trabalho clínico dos analistas. Nas sociedades contemporâneas, marcadas pela tirania dos corpos belos e saudáveis, é preciso que a psicanálise possa descrever e compreender o corpo erógeno, específico a seus enunciados teóricos, contribuindo, deste modo, para barrar o uso indiscriminado dos antidepressivos e ansiolíticos pelos analisantes de nossos tempos.

Corpo erógeno e contemporaneidade: diferenciação e acolhimento

A interpretação, que opera pela substituição das representações sintomáticas com a meta de diminuir uma diferença relativa, consiste em estratégia, amiúde ineficiente, frente ao sofrimento subjetivo típico da atualidade. A compulsão de consumir, a modelação exagerada do corpo ou as dietas radicais frequentemente não se submetem ao instrumento tradicional da análise. Dá-se o mesmo no que respeita aos adictos de hoje, quer às drogas sintéticas, quer ao trabalho, ao sexo ou à informática.

As patologias psíquicas características que assolam os jovens dos grandes centros urbanos das sociedades de consumo do mundo globalizado emanam

---

130 J. Gil, *Movimento total*, p. 85.

dos obstáculos à diferenciação subjetiva da força. Não se trata, por conseguinte, do sofrimento que advém da repetição sintomática que visa a preservação da identidade do eu na eterna e desalentadora comparação do significado das representações aos ideais superegoicos. O padecimento contemporâneo corresponde a uma repetição como potência, que estrutura a "compulsão de repetição" e se dá enquanto tentativa de promover a diferenciação subjetiva da força. Neste caso, não há nenhuma identidade superegoica que possa servir de modelo à repetição. Do resultado frustrado de tal repetição, face ao "nada" de referência, surge a dor insuportável da angústia automática ou o horror frente à presença da diferença pura no interior da subjetividade significante.

Entretanto, a despeito da veemência das patologias tipicamente atuais, a pauta da clínica contemporânea encontra-se, ainda, hegemonicamente ocupada pela interpretação, isto é, pelo tratamento que se instrumenta pela substituição das representações sintomáticas. Havíamos estabelecido a proposição de que a transferência se passa primordialmente como encontro inconsciente, isto é, entre os inconscientes de analista e analisante. Convém acrescentar-lhe que há um nível mais sutil do encontro transferencial que se efetiva entre os corpos erógenos dos protagonistas. É exatamente tal dimensão da análise que, com exagerada frequência, se vê deslocada para o centro da clínica atual.

Ao utilizar-se da interpretação, sem outra alternativa para lidar com os obstáculos à diferenciação da força do corpo erógeno do analisante, as análises de hoje tornam-se, amiúde, insuficientes. O uso indiscriminado da interpretação não permite que o analista venha a se ocupar prioritariamente do gozo perigoso, invasivo e alienante, mas apenas do chamado "gozo fálico"[131]. Entende-se que a interpretação não visa primariamente a angústia causada pelas barreiras à constituição da subjetividade representativa. A dor aguda correspondente aos distúrbios da produção do inconsciente só encontra atenuação pela dita interpretação, *de forma indireta*. Apenas quando a magnitude das quantidades de investimento drenadas para o desejo inconsciente

---

[131] Trata-se do gozo em sua dimensão significante, ligado à representação inconsciente do gozo corporal. J. Lacan, "Subversión del sujeto y dialéctica del deseo en el inconsciente freudiano" (1960). Para comentários, indico P. Valas, *As dimensões do gozo: do mito da pulsão à deriva do gozo*, pp. 59-65.

for de tal porte que implique a sua própria condição é que, indiretamente, a interpretação poderia vir a contribuir para deflagrar os efeitos de diferenciação da força, minimizando o sofrimento.

Eis por que o sofrimento subjetivo típico da juventude atual, que busca atenuação nos consultórios dos psicanalistas de hoje, encontra, muitas vezes, a inaptidão do tratamento analítico tradicional. A compulsão e a adição, bem como certas modalidades de perversão, bastante difundidas na contemporaneidade, não poderiam ser tratadas satisfatoriamente com o dito referencial analítico sem quaisquer ajustes complementares. Diante das patologias subjetivas distintivas de hoje, não se justifica a utilização indeterminada da escuta analítica, uma vez que o sofrimento psíquico de nossos dias está prioritariamente ligado ao que não pode ser escutado pelo analista porque, não sendo "estruturado como uma linguagem"[132], trata-se daquilo que não é nem escutável, nem dizível.

A interpretação das resistências deverá, pois, ser modulada em prol do manejo analítico não mediado pela linguagem, que envolve os corpos erógenos do analisante e o do analista. É importante ressaltar que não é o caso de *preferir* o dito manejo à utilização da interpretação. Não se trata de considerar obsoleto ou menor o instrumento da interpretação das resistências inconscientes. Não obstante, devido ao grande afluxo do excedente pulsional no cotidiano de nossas clínicas, a interpretação deverá, com frequência, ser precedida pelo trabalho direto com os corpos erógenos.

Na situação analítica que caracteriza os novos tempos, mais do que à época de Freud, devemos estar atentos aos sentimentos e às sensações corporais que se acham livres de vínculo representacional[133]. Para além do conteúdo semântico ou formal daquilo que é enunciado, é imprescindível que o interesse do analista recaia não apenas sobre os conteúdos – ainda, linguageiros

[132] J. Lacan, "Función y campo de la palabra y del lenguaje en psicoanálisis" (1953).

[133] Sentimento e sensação são noções complexas com longa tradição e diversas linhagens na história da filosofia e da psicologia. Para Costa, a sensação se refere a "respostas mentais a estímulos corporais" que se modelam, através da intensidade, duração e irrefletividade, como os estímulos corporais propriamente ditos. Já o sentimento diria respeito à resposta mental reflexiva, complexa e articulada à moralidade. Sem entrar no mérito de tais postulações, o uso que fazemos das ditas noções pretende tão somente apontar para o estado-limite da representação. Ver J. F. Costa, *Sem fraude nem favor: estudos sobre o amor romântico*, pp. 209-210.

– do inconsciente, mas, antes, sobre o silêncio absoluto dos corpos erógenos. Na clínica da atualidade, mais do que na de outrora, o analista deverá ser capaz de deslocar a atenção igualmente flutuante, desprendendo-se da fala sintomática, significante e desejante para *sentir e acolher* o silêncio do corpo erógeno do analisante, bem como o do seu próprio[134].

Para evitar a invasão do corpo biológico sobre o corpo erógeno ou, ainda, para impedir o trauma da força da pulsão a qual, na ausência da diferenciação, adentra inadvertidamente a subjetividade representativa, o que se requer é o acolhimento do corpo erógeno[135]. Afinal, a sensibilidade ao afeto destituído de representação e seu acolhimento na transferência é a condição da diferenciação da força[136]. Quanto ao excesso de força insuscetível de diferenciação, entendo que a transferência deverá destinar um lugar seguro para a possibilidade da efetiva fruição do respectivo gozo pelo analisante. Vejamos, a respeito, um pequeno extrato clínico da análise de Pedro, referido primordialmente à sensibilidade do analista, sendo este o requisito central que, cada vez mais, se demanda do psicanalista atual[137].

Uma ação aparentemente singela como a lenta mudança de posição de Pedro no divã, efetuada quase que em câmara-lenta, constela, não obstante, um domínio de sensações e de sentimentos. A este universo sem possibilidade de percepção formal ou representativa corresponde o corpo erógeno. As ditas sensações e sentimentos que se produzem, ainda que não sejam formalizáveis de maneira categórica, são também tributárias do encontro transferencial. Diante da ondulação do corpo de meu analisante, que se ajeitava no divã, *sinto* a atmosfera

134 Para Freud, a pulsão de vida, ligada à representação, seria da ordem do discurso e da fala. Ao contrário desta, a pulsão de morte corresponderia ao silêncio absoluto. Ver S. Freud, "Más allá del principio de placer" (1920).

135 Sobre a questão da falta de acolhimento das crianças como condição de trauma, sofrimento psíquico e também de doenças orgânicas, indico S. Ferenczi, "A criança mal acolhida e sua pulsão de morte" (1929).

136 A respeito da sensibilidade, do "tato" ou do "sentir com" como requisito imperativo ao analista, recomendo S. Ferenczi, "Elasticidade da técnica psicanalítica" (1928). Para comentários, sugiro D. Kupermann, "Presença sensível. A experiência da transferência em Freud, Ferenczi e Winnicott".

137 Este extrato foi retirado do caso clínico de Pedro F., cujos desenvolvimento e estratégias analíticas utilizadas constituem o tema central do capítulo 5.

irrepresentável que irrompe, inesperadamente, no interior da transferência[138]. Quando a força da pulsão impregna a cena transferencial, presentificam-se sentimentos e sensações irrepresentáveis que envolvem os protagonistas. Num dado momento, o irrepresentável pulsátil se precipita no cenário da transferência, tomando de sensações e sentimentos inefáveis tanto o corpo erógeno do analisante, quanto o do analista.

O *modo* como o analisante serpenteia o corpo e o *jeito próprio* de erguer o rosto para falar (Pedro deitava-se no divã, de frente para mim), mais do que seus movimentos propriamente ditos; a modulação inaudível da voz, mais do que a comunicação ou a significação do discurso; o brilho do olhar, mais do que os olhos avermelhados de sono; a estridência única do seu pigarrear alérgico; o vigor que se adiciona ao coçar do nariz; o desenho inadvertido da barba mal feita; o cheiro caseiro que exala e a palidez ímpar da tez, tais são os signos que *singularizam* a subjetividade e conferem um estilo à presença do analisante.

No breve instante em que Pedro apruma o corpo, eu *me deixo abandonar* às sensações, sendo tal expressão paradoxal signo da estratégia transferencial de acolhimento, em curso. O manejo direto da força exige que o analista possua, acima de tudo, sensibilidade para deixar-se afetar pela transferência, correspondendo tal atitude à convivência paradoxal, isto é, sem contradição, de atividade e passividade[139].

É assim que o analista empresta o seu próprio corpo erógeno para apetrechar o campo aberto da transferência, municiando-o para a diferenciação da força da pulsão pelo analisante. O acolhimento da atmosfera afetiva gerada no interior do encontro transferencial faz do analista um agente do processo de subjetivação, colaborando para que a força da pulsão se desvie do silêncio absoluto do gozo que paralisa o analisante. "Presentificando-se" enquanto sensação ou sentimento irrepresentáveis, a atmosfera transferencial pode ser compartilhada entre as subjetividades dos protagonistas do encontro analítico. Ao acolhê-la, o analista empenha o seu próprio corpo erógeno como

---

[138] Ainda que não se trate exatamente da noção que utilizo, sugiro a consulta ao conceito de "atmosfera psicológica" em S. Ferenczi, "Princípio de relaxamento e neocatarse" (1930), p. 60.

[139] M. Schneider, *Freud et le plaisir*, pp. 197-206.

complemento indispensável para a diferenciação da força do corpo erógeno do analisante. A partir de então, coloca-se, com propriedade, a possibilidade da utilização clínica da interpretação e suas estratégias.

Acolher a atmosfera afetiva tem, contudo, um efeito mais abrangente. Refiro-me à constatação de que a situação clínica de acolhimento pelo analista, além de colaborar para a diferenciação da força, engloba o excesso de força que não poderia, sob nenhuma hipótese, sofrer o processo de diferenciação. Deveras, trata-se da reserva que jamais se representa, sendo exatamente a esta que Freud nomeou de pulsão de morte[140].

Mobilizada, mais do que em outros contextos socioeconômicos, pelos dispositivos de poder da atualidade, tal força sem possibilidade de qualquer regulação simbólica encontra no interior da cultura contemporânea um destino perigoso. Intensificada ao extremo pelas estratégias do comando da sociedade, tal potência se vê reenviada para retroalimentar o consumo.

Entretanto, seu acolhimento pelo analista significa admitir um ambiente transferencial seguro para o gozo do analisante. Mais do que nunca, o acolhimento analítico da pulsão de morte apresenta-se como urgente necessidade da clínica transferencial dos novos tempos. Oferecer um espaço seguro para o gozo inexorável que, na sociedade de consumo contemporânea, só encontra o curto-circuito que o intensifica, é tarefa prioritária das análises de hoje, com mais forte razão do que no período freudiano do final do século XIX e primeiras décadas do século XX. Nas análises atuais, com frequência torna-se imperativo estabelecer um campo transferencial eminentemente afetivo no interior do qual o analisante possa compartilhar aquilo que não poderia ser quer falado ou escutado, quer simbolizado ou representado. Frente à angústia como fenômeno automático, mas não como sinal[141], a ordem do significante não é o que mais conta para o tratamento. Em tais condições seria preciso, antes do recurso interpretativo, amplificar a potência da escuta analítica.

O acolhimento analítico do excesso afetivo teria a capacidade de promover a remissão da angústia do analisante pelo compartilhamento de sua

---

140 S. Freud, "Más allá del princípio de placer" (1920).

141 S. Freud, "Inhibición, síntoma y angustia" (1926 [1925]).

expressão. O dito acolhimento pelo analista contribuiria para o desvio do silêncio absoluto do gozo que, à diferença do silêncio momentâneo da associação livre do analisante, ameaça calar, em definitivo, a respectiva subjetividade. Ao contrário, reduzir a transferência ao âmbito da subjetividade edipiana e à operação da interpretação no jogo entre recalcado e sintoma, não poderia atender adequadamente aos sintomas subjetivos típicos de nossos dias. Situações clínicas que envolvem problemas do excesso de força do corpo erógeno se tornaram triviais. Tais exigências requerem uma maior habilidade por parte do analista, demandando deste importantes deslocamentos, implicando, a um só tempo, a sua compreensão teórica e análise pessoal. Mas, antes de mais nada, o que está na berlinda hoje é a sensibilidade clínica do analista[142].

Bibliografia

ASSOUN, P.-L. *Introdução à epistemologia freudiana*. Rio Janeiro: Imago, 1983.

BIRMAN, J. e NICÉAS, C. A. "Constituição do campo transferencial e o lugar da interpretação psicanalítica: um estudo sobre o pensamento de Freud". In: BIRMAN, J. *et al.*. *Transferência e interpretação*. Rio Janeiro: Campus, 1982.

BREUER, J. e FREUD, S. "Sobre el mecanismo psíquico de fenómenos histéricos: comunicación preliminar" (1893). In: *Obras completas*, vol. II. Buenos Aires: Amorrortu, 1986.

BREUER, J. e FREUD, S. "Estudios sobre la histeria" (1893-1895). In: *Obras completas*, vol. II. Buenos Aires: Amorrortu, 1986.

CARROLL, L. *Aventuras de Alice*. São Paulo: Summus, 1980.

CHERTOK, L. e STENGERS, I. *O coração e a razão: a hipnose de Lavoisier a Lacan*. Rio Janeiro: Jorge Zahar, 1990.

COSTA, J. F. *Sem fraude nem favor: estudos sobre o amor romântico*. Rio de Janeiro: Rocco, 1998.

COTTET, S. *Freud y el deseo del psicoanalista*. Buenos Aires: Artes Gráficas Santo Domingo, 1984.

[142] Sobre a noção de sensibilidade na clínica analítica, o leitor deverá procurar no capítulo 5.

DELEUZE, G. *Apresentação de Sacher-Masoch: o frio e o cruel*. Rio de Janeiro: Taurus, 1983.

DELEUZE, G. *Diferença e repetição*. Rio de Janeiro: Graal, 1988.

DELEUZE, G. *Foucault*. São Paulo: Brasiliense, 1988.

DELEUZE, G. *Spinoza: philosophie pratique*. Paris: Les Éditions de Minuit, 1994.

DELEUZE, G. "L'immanence: une vie...". *Philosophie*, n. 47. Paris: Les Éditions de Minuit, 1 de setembro de 1995.

DESCARTES, R. "As paixões da alma" (1649). In: *Os pensadores*. São Paulo: Nova Cultural, 1987.

ESPINOSA, B. "Ética" (1677). In: *Os pensadores*. São Paulo: Nova Cultural, 1989.

ESPINOSA, B. Éthique (1661-1665). Paris: Flammarion, 1965.

FERENCZI, S. "A técnica psicanalítica" (1919). In: *Obras completas – Psicanálise II*. São Paulo: Martins Fontes, 1992.

FERENCZI, S. "Elasticidade da técnica psicanalítica" (1928). In: *Obras completas – Psicanálise IV*. São Paulo: Martins Fontes, 1992.

FERENCZI, S. "A criança mal acolhida e sua pulsão de morte" (1929). In: *Obras completas – Psicanálise IV*. São Paulo: Martins Fontes, 1992.

FERENCZI, S. "Princípio de relaxamento e neocatarse" (1930). In: *Obras completas – Psicanálise IV*. São Paulo: Martins Fontes, 1992.

FERENCZI, S. "Confusão de língua entre os adultos e a criança" (1933). In: *Obras completas – Psicanálise IV*. São Paulo: Martins Fontes, 1992.

FOUCAULT, M. *Vigiar e punir: nascimento da prisão*. Petrópolis: Vozes, 1977.

FOUCAULT, M. *História da sexualidade, vol. 2 – o uso dos prazeres*. Rio Janeiro: Graal, 1984.

FOUCAULT, M. *A arqueologia do saber*. Rio de Janeiro: Forense-Universitária, 1987.

FOUCAULT, M. *História da sexualidade, vol. 1 – a vontade de saber*. Rio de Janeiro: Graal, 1988.

FOUCAULT, M. "Le sujet et le pouvoir". In: *Dits et écrits*, vol. 4. Paris: Gallimard, 1994.

FOUCAULT, M. "Subjetividade e verdade". In: *Resumo dos cursos do Collège de France (1970-1982)*. Rio de Janeiro: Jorge Zahar, 1997.

FREUD, S. "Fragmentos de la correspondencia con Fliess: Carta 52" (1892-1899). In: *Obras completas*, vol. I. Buenos Aires: Amorrortu, 1986.

FREUD, S. "Algunas consideraciones con miras a un estudio comparativo de las parálisis motrices orgánicas e histéricas" (1893 [1888-93]). In: *Obras completas*, vol. I. Buenos Aires: Amorrortu, 1986.

FREUD, S. "Proyecto de psicologia" (1950 [1895]). In: *Obras completas*, vol. I. Buenos Aires: Amorrortu, 1986.

FREUD, S. "La interpretación de los sueños" (1900 [1899]). In: *Obras completas*, vol. V. Buenos Aires: Amorrortu, 1986.

FREUD, S. "Tres ensayos de teoría sexual" (1905). In: *Obras completas*, vol. VII. Buenos Aires: Amorrortu, 1986.

FREUD, S. "La perturbación psicógena de la visión según el psicoanálisis" (1910). In: *Obras completas*, vol. VII. Buenos Aires: Amorrortu, 1986.

FREUD, S. "Consejos al médico sobre el tratamiento psicoanalítico" (1912). In: *Obras completas*, vol. VII. Buenos Aires: Amorrortu, 1986.

FREUD, S. "Introducción del narcisismo" (1914). In: *Obras completas*, vol. XIV. Buenos Aires: Amorrortu, 1986.

FREUD, S. "Recordar, repetir y reelaborar (nuevos consejos sobre la técnica del psicoanálisis, II)" (1914). In: *Obras completas*, vol. XII. Buenos Aires: Amorrortu, 1986.

FREUD, S. "De la historia de una neurosis infantil" (1918 [1914]). In: *Obras completas*, vol. XII. Buenos Aires: Amorrortu, 1986.

FREUD, S. "Pulsiones y destinos de pulsión" (1915). In: *Obras completas*, vol. XIV. Buenos Aires: Amorrortu, 1986.

FREUD, S. "Lo inconciente" (1915). In: *Obras completas*, vol. XIV. Buenos Aires: Amorrortu, 1986.

FREUD, S. "La repressión" (1915). In: *Obras completas*, vol. XIV. Buenos Aires: Amorrortu, 1986.

FREUD, S. "Lo ominoso" (1919). In: *Obras completas*, vol. XVII. Buenos Aires: Amorrortu, 1986.

FREUD, S. "Más allá del princípio de placer" (1920). In: *Obras completas*, vol. XVIII. Buenos Aires: Amorrortu, 1986.

FREUD, S. "El yo y el ello" (1923). In: *Obras completas*, vol. XIX. Buenos Aires: Amorrortu, 1986.

FREUD, S. "La negación" (1925). In: *Obras completas*, vol. XIX. Buenos Aires: Amorrortu, 1986.

FREUD, S. "Inhibición, síntoma y angustia" (1926 [1925]). In: *Obras completas*, vol. XX. Buenos Aires: Amorrortu, 1986.

FREUD, S. "Nuevas conferencias de introducción al psicoanálisis: 31ª. conferencia. La descomposición de la personalidad psíquica" (1933 [1932]). In: *Obras completas*, vol. XXII. Buenos Aires: Amorrortu, 1986.

FREUD, S. "Nuevas conferencias de introducción al psicoanálisis: 32ª. conferencia. Angustia y vida pulsional" (1933 [1932]). In: *Obras completas*, vol. XXII. Buenos Aires: Amorrortu, 1986.

FREUD, S. "Análisis terminable e interminable" (1937). In: *Obras completas*, vol. XXIII. Buenos Aires: Amorrortu, 1986.

FREUD, S. "Esquema del psicoanálisis" (1940 [1938]). In: *Obras completas*, vol. XXIII. Buenos Aires: Amorrortu, 1986.

GARCIA-ROZA, L. A. *Acaso e repetição em psicanálise: uma introdução à teoria das pulsões*. Rio Janeiro: Jorge Zahar, 1986.

GARCIA-ROZA, L. A. *Introdução à metapsicologia freudiana 1*. Rio Janeiro: Jorge Zahar, 1991.

GIL, J. *Movimento total*. São Paulo: Iluminuras, 2004.

GROS, F. "O cuidado de si em Michel Foucault". In: RAGO, M. e VEIGA-NETO, A. (orgs.). *Figuras de Foucault*. Belo Horizonte: Autêntica, 2006.

KAUFMANN, P. (ed.). *Dicionário enciclopédico de psicanálise: o legado de Freud e Lacan*. Rio de Janeiro: Jorge Zahar, 1996.

KUPERMANN, D. "Presença sensível. A experiência da transferência em Freud, Ferenczi e Winnicott". In: *Presença sensível: cuidado e criação na clínica psicanalítica*. Rio de Janeiro: Civilização Brasileira, 2008.

KUPERMANN, D. "Transferências cruzadas, transferências nômades. Sobre a transmissão da psicanálise e as instituições psicanalíticas". In: *Presença sensível: cuidado e criação na clínica psicanalítica*, Rio de Janeiro: Civilização Brasileira, 2008.

LACAN, J. "La agresividad en psicoanálisis" (1948). In: *Escritos 1*. México: Siglo Veintiuno, 1987.

LACAN, J. "Función y campo de la palabra y del lenguaje en psicoanálisis" (1953). In: *Escritos 1*. México: Siglo Veintiuno, 1987.

LACAN, J. *O Seminário. Livro 2: o eu na teoria de Freud e na técnica da psicanálise* (1954-1955). Rio de Janeiro: Jorge Zahar, 1985.

LACAN, J. "La dirección de la cura y los principios de su poder" (1958). In: *Escritos 2*. México: Siglo Veintiuno, 1988.

LACAN, J. *O Seminário. Livro 7: a ética da psicanálise* (1959-1960). Rio de Janeiro: Jorge Zahar, 1988.

LACAN, J. "Subversión del sujeto y dialéctica del deseo en el inconsciente freudiano" (1960). In: *Escritos 2*. México: Siglo Veintiuno, 1988.

LACAN, J. *O Seminário. Livro 11: os quatro conceitos fundamentais da psicanálise* (1964). Rio de Janeiro: Jorge Zahar, 1985.

LACAN, J. "Del *Trieb* de Freud y del deseo del psicoanalista" (1964). In: *Escritos 2*. México: Siglo Veintiuno, 1988.

LACAN, J. *Le Séminaire. Livre 17: l'envers de la psychanalyse* (1969-1970). Paris: Éditions du Seuil, 1991.

LACAN, J. *O Seminário. Livro 20: mais, ainda* (1972-1973). Rio de Janeiro: Jorge Zahar, 1985.

LALANDE, A. *Vocabulário técnico e crítico da filosofia*, vol. I. Porto: Rés, 1985.

LALANDE, A. *Vocabulário técnico e crítico da filosofia*, vol. II. Porto: Rés, 1985.

LAPLANCHE, J. e PONTALIS, J.-B. *Vocabulário da psicanálise*. São Paulo: Martins Fontes, 1983.

LARUELLE, F. "La méthode transcendantale". In: Jacob, A. (org.). *Encyclopédie philosophique universelle, vol. 1: l'univers philosophique*. Paris: PUF, 1989.

LECLAIRE, S. *Psicanalisar*. São Paulo: Perspectiva, 1977.

LECLAIRE, S. *O corpo erógeno: uma introdução à teoria do complexo de Édipo*. São Paulo: Escuta, 1992.

LÉVY, P. *O que é o virtual?* São Paulo: Ed. 34, 1996.

MOTTA PESSANHA, J. A. (cons.). "Platão: vida e obra". In: *Os pensadores*. São Paulo: Nova Cultural, 1987.

NEWTON, I. *Principia: princípios matemáticos de filosofia natural – livro 1* (1687). São Paulo: Edusp, 2002.

OLIVEIRA, L. R. P. *O sentido da amizade em Ferenczi: uma contribuição à clínica psicanalítica*. Rio de Janeiro: Uapê, 2012.

"ONLINE ETYMOLOGY DICTIONARY", <www.etymonline.com>.

ROZENTHAL, E. "A potência do encontro: sobre o silêncio do corpo na análise". *Cadernos de psicanálise – CPRJ*, Círculo Psicanalítico do Rio de Janeiro, vol. 31, n. 22. Rio de Janeiro: O Círculo, 2009.

SCHNEIDER M. *Freud et le plaisir*. Paris: Denoël, 1980.

STERN, D. N. *O mundo interpessoal do bebê: uma visão a partir da psicanálise e da psicologia do desenvolvimento*. Porto Alegre: Artes Médicas, 1992.

VALAS, P. *As dimensões do gozo: do mito da pulsão à deriva do gozo*. Rio de Janeiro: Jorge Zahar, 2001.

VITAL BRAZIL, H. "Contradição e contrariedade". In: *Tempo psicanalítico*, v. VI, n. 1. Rio de Janeiro: Folha Carioca/Sociedade de Psicanálise Iracy Doyle, 1983.

WINOGRAD, M. "Freud é monista, dualista ou pluralista?". In: Ágora: estudos em teoria psicanalítica, v. 7, n. 2. Rio de Janeiro: Contra Capa/ Programa de Pós-graduação em Teoria Psicanalítica da UFRJ, julho/dezembro de 2004.

Capítulo 2

O CONTROLE DA DIFERENÇA E A DIFERENÇA SEM CONTROLE NA OBRA DE FREUD

Para Izaak, com saudades

A submissão da diferença

Neste capítulo, farei uma leitura da metapsicologia para identificar os mecanismos de controle sobre a diferença encontrados na obra de Freud. Veremos que as marcas deixadas nas proposições freudianas pelo monopólio da representação, pela hegemonia da identidade e pela Filosofia do Sujeito correspondem à ocorrência de um autêntico recalque conceitual da diferença pura pelo pensamento ocidental. A expressão desta diferença no território da psicanálise é a força – ou o afeto – impassível de representação psíquica.

O dito recalque, podemos reconhecê-lo nos enunciados psicanalíticos, principalmente naqueles concebidos até a virada teórica dos anos vinte[1]. Entretanto, a partir dos textos da segunda tópica, dá-se uma espécie de

[1] Ao referir-se à "edipianização" da psicanálise, Deleuze e Guattari introduziam sua crítica contundente à hegemonia da representação centrada, não obstante, apenas nos enunciados freudianos estabelecidos durante o período da primeira tópica. Para os argumentos dos filósofos, envio o leitor a G. Deleuze e F. Guattari, *O Anti-Édipo*, cap. II.

"retorno do recalcado" nas ideias freudianas, estabelecendo-se uma nova base conceitual da metapsicologia, compatível com o que Freud chama de "primado do afeto"[2]. Tal movimento dos argumentos freudianos permite uma releitura da totalidade da obra do psicanalista de Viena, reconhecendo-se, afinal, a importância por ele atribuída à assim denominada diferença pura. Contudo, é preciso asseverar que, desde o começo, pode-se identificar no texto de Freud certas chaves de leitura, ainda que esporádicas e laterais, que permitem o acesso à diferença pura[3]. Não obstante, somente com as formulações metapsicológicas avançadas a partir de 1920, o relevo desta diferença seria explorado de modo mais sistemático, tornando-se possível até mesmo proceder a uma *leitura diferencial* da psicanálise através da qual a subjetividade se veria constituída pela via de uma diferenciação[4].

De início, devemos descrever, ainda que de modo demasiado sucinto, o que é a diferença e por que a presença da diferença pura constitui ameaça ao pensamento ocidental de tal forma que se lhe oponham mecanismos de controle. Veremos esquematicamente que o que está em jogo, desde os poemas dos pensadores pré-socráticos, é a questão da existência das coisas e a possibilidade do conhecimento delas, isto é, quais seriam as condições do discurso verdadeiro, ou seja, a respeito da verdade das coisas.

Nos umbrais da filosofia propriamente dita, encontramos o pensador-poeta, Parmênides de Eleia, a quem se deve a proposição de que ser e pensar dão-se reciprocamente. Para ele, tudo o que somos capazes de pensar existe na realidade[5]. Para este pré-socrático, a direção da verdade, a encontraríamos através dos princípios do pensamento e não mais, como se buscara

---

2 S. Freud, "Presentación autobiográfica" (1925 [1924]), pp. 55-56.

3 Ver, dentre outros exemplos, a noção de "período" ou "ritmo", introduzida por Freud no texto dos primórdios intitulado de "Projeto de psicologia" com o intuito de esclarecer as sensações de prazer e desprazer. Tal noção foi retomada pelo autor, na sequência de sua obra, em 1920 e 1924. Ver, respectivamente, S. Freud, "Proyecto de psicología" (1950 [1895]), S. Freud, "Más allá del principio de placer" (1920) e S. Freud, "El problema económico del masoquismo" (1924). Para comentários esclarecedores, indico L. A. Garcia-Roza, *Introdução à metapsicologia freudiana 1*, pp. 114-116.

4 S. Freud, "El yo y el ello" (1923).

5 Ver o poema épico de Parmênides "Sobre a natureza". Para comentários, consultar L. A. Garcia-Roza, *Palavra e verdade: na filosofia antiga e na psicanálise*, pp. 39-40.

até então, na água, no ar ou no fogo, isto é, nos elementos da natureza[6]. É assim que, ainda nos primórdios da filosofia, já se pode reconhecer a força da abstração dos conceitos[7]. Para Parmênides, as coisas possuem um ser e "só o ser é". Com efeito, uma vez que aquilo que é – o ser das coisas – pode, também, ser pensado, fica garantida a estabilidade do conhecimento da verdade. Deveras, seria sempre ao mesmo ser a que nos referimos, quer se o veja, ouça, rememore, imagine, diga, quer se o pense. Eis, afinal, o enunciado parmenideano do "princípio de identidade universal": o ser é idêntico a si mesmo. *O conceito de ser se elevava à categoria de princípio universal.*

Todavia, a afirmação da identidade do ser reclamava o lugar do não-ser. Para a certeza do conhecimento, seria necessário afirmar, não somente que o ser é, mas que *apenas* o ser é. Portanto, o não-ser deveria equivaler àquilo que não possui identidade. Não sendo, portanto, idêntico a si mesmo, o não-ser corresponderia ao nada. Então, o não-ser não existiria, absolutamente, constituindo-se, por conseguinte, tanto o discurso, quanto o pensamento a seu respeito como impossibilidade. Deste modo, a proposição do eleata se completaria para erguer-se em toda a sua magnitude: "o ser é e o não-ser não é". Tal percurso lógico levaria o pensador pré-socrático a formular o "princípio da não-contradição", o qual cauciona e regula o que já poderíamos nomear de razão filosófica. O dito princípio dispõe que não se pode afirmar, simultaneamente, que o ser é e que o ser não é, ou, o que dá no mesmo, que o não-ser também é[8].

Para que se possa avaliar a grande repercussão e abrangência das assertivas de Parmênides, cujos desdobramentos viriam a ecoar, muitos séculos adiante, no pensamento da psicanálise, será preciso antepô-las às ideias de um outro pré-socrático grandioso. Trata-se de Heráclito de Éfeso, cujos postulados confrontam-se aos de Parmênides. Dos poucos extratos que possuímos dos trabalhos de ambos, pode-se observar que Parmênides contesta

---

6 F. Châtelet (org.), *História da filosofia: ideias, doutrinas – A filosofia pagã (do século VI a. C. ao século III d. C)*, pp. 34-45. Para comentários a respeito do tema, indico A. Maciel Júnior, *Pré-socráticos: a invenção da razão*, pp. 86-87.

7 M. G. Morente, *Fundamentos de filosofia: lições preliminares*, Lição 5.

8 F. Nietzsche, "A filosofia na época trágica dos gregos", pp. 92-100. Para interessantes comentários, ver A. Maciel Júnior, *Pré-socráticos: a invenção da razão.*

Heráclito pela defesa que este último empreendera do ser como transformação, ou melhor, como devir[9]. A afirmativa deste que era o maior pensador da escola jônica de que constantemente tudo muda implicava a concepção do ser como mudança e transformação. Para Heráclito, "aos que entram nos mesmos rios, outras e outras águas afluem"[10]. Dizendo-se sempre no gerúndio, o ser equivaleria, portanto, a "estar sendo"[11].

O eleata, em contrapartida, arguirá tal concepção como absurda porque se, como queria Heráclito, o ser está em transformação permanente, algo é, mas deixa de ser, para voltar a ser, continuamente. Em aberto confronto ao princípio de não-contradição, para o pensador de Éfeso *o ser é e, também, o não-ser é.* Na contramão das ideias de Heráclito, Parmênides extrai mais uma importante proposição, envolvendo, então diretamente, a questão da diferença. Segundo Parmênides, só o ser existe em si, o não-ser só podendo existir *em outro*[12]. Eis que a questão da diferença se vê lançada com todo o potencial trágico que a acompanharia durante milênios.

Para seguir com a introdução da questão da diferença que ora empreendemos, faz-se necessária uma pequena digressão. Há várias modalidades de diferença, as quais Aristóteles classificaria, distinguindo-as todas, no entanto, daquela que se denomina de diferença pura. Segundo Deleuze, para o filósofo grego só haveria diferenças relativas, cujos termos diferem "não por si mesmos, mas por alguma coisa; portanto, eles diferem quando convêm também em outra coisa". Esta "outra coisa" é a identidade comum aos termos que se diferenciam. Por exemplo, as "diferenças específicas" entre as espécies "racional" e "irracional" diferem, na medida em que convêm no gênero ou identidade "animal". Estas e todas as outras diferenças que há seriam diferenças relativas, isto é, diferenças em outro. Só a diferença pura seria diferença em si e, enquanto tal, não existiria[13].

---

9 Para a polêmica entre estes pensadores, ver M. G. Morente, *Fundamentos de filosofia: lições preliminares*, Lição 5.

10 Heráclito, "Fragmento 12", p. 52. Para os principais enunciados de Heráclito, ver Heráclito, "Fragmentos".

11 F. Nietzsche, "A filosofia na época trágica dos gregos", p. 100.

12 Cf. M. G. Morente, *Fundamentos de filosofia: lições preliminares*, Lição 5. Para apreciações críticas, recomendo A. Maciel Júnior, *Pré-socráticos: a invenção da razão.*

13 Cf. G. Deleuze, *Diferença e repetição*, pp. 66-67.

Nesta perspectiva, Parmênides admitiria implicitamente que a diferença pura equivale ao não-ser e que, como este, aquela não existe. De acordo com o pré-socrático, não haveria diferença em si, mas somente em outro. A conclusão é clara: a diferença só poderia ser relativa ao ser, isto é, a diferença não é ser, senão o "atributo" do ser. A diferença se veria referida – e submetida – à identidade do ser, identidade esta que sempre precede aquela. Afinal, a diferença seria relativa ao ser ou seu atributo ou, então, não seria diferença.

Ao seguir a axiomática de Parmênides, a linhagem dominante da filosofia ocidental anularia sumariamente toda e qualquer pretensão de autonomia da diferença. Como nos enunciados do antigo eleata, a tradição do pensamento não cogitaria a existência da diferença pura. A mera menção a tal diferença viria ameaçar a razão filosófica, posto que colocaria em questão a estabilidade do princípio universal de não-contradição e, portanto, a possibilidade do conhecimento verdadeiro. Para a garantia das condições do saber verdadeiro, a tradição filosófica "recalcaria" a diferença pura. Apenas a diferença relativa à representação – mais exatamente à identidade da representação – possuiria passaporte válido em território filosófico. Esta seria a ascendência do pensamento que viria a desaguar, muito tempo depois, na obra de Freud, especialmente na primeira etapa desta.

Não obstante, a dita diferença pura, recalcada desde os primórdios do pensamento, insistia em seu movimento de "retorno", assombrando o cenário do saber e ameaçando o conhecimento da verdade das coisas. Realmente, ao longo da história da razão, a diferença pura seria vista como uma espécie de potência oculta de destruição dos valores "inquestionáveis" do bom senso e do senso comum. Força que age sob a identidade, insistindo em interpelar o princípio de não-contradição, esta diferença "sorrateira" estaria sempre pronta a "dar o bote" na coerência da razão e na hegemonia da ordem[14]. Com efeito, a diferença pura não é oposição entre semelhantes *vis-à-vis* uma identidade comum, garantia e condição da comparação, senão, na mais pura contramão do princípio de identidade, *diferença entre diferentes*.

Efetivamente, a diferença pura nunca se ausentou da história da filosofia. Entretanto, somente com os chamados de "filósofos da diferença", com os

---

14 Idem, pp. 16-17.

alemães Nietzsche e Heidegger e, ainda, a partir dos pensadores franceses como Lyotard, Derrida, Foucault e Deleuze, a diferença viria a deslocar-se da submissão em que se achava para, só então, adquirir um modo próprio ou autônomo de expressão[15].

Entretanto, já nos enunciados do primeiro filósofo e, a despeito do zelo platônico pela segurança da *pólis*, a dita diferença exibia-se pelas frestas e arestas dos "diálogos". Platão reconhece, com bem mais cautela do que coragem, que haveria uma *diferença sem controle*, que não se subordina ao princípio de não-contradição de Parmênides. É com escândalo que o filósofo obriga-se a admitir a existência de uma diferença que não se dobra à coordenação pela identidade do ser das Ideias. Platão percebe, deste modo, a ação do "simulacro". Este não é, simplesmente, uma má cópia da Ideia que deveria servir-lhe como modelo. Não é nem mesmo a pior. Ao contrário, trata-se da cópia falsa que sequer se compara à Ideia, não lhe sendo análoga ou proporcional. Em suma, o simulacro não "participa" da Ideia[16]. Pode-se mesmo afirmar que a pretensão da filosofia platônica não era a de separar as boas, das más cópias, senão as cópias – boas ou más –, dos simulacros[17].

Foi, afinal, a perspicácia do filósofo de Atenas que contribuiu decisivamente para selar o destino da diferença. Deveras, de descendência platônica, o pensamento ocidental viria a estabelecer uma verdadeira hegemonia da representação, enquanto sólida garantia do recalque da diferença pura, com o firme objetivo de manter o equilíbrio da razão e a ordem do pensamento. Estas mesmas preocupações, interesses, estratégias e recalque, iremos reconhecê-las, ainda que modificadas de acordo com o contexto histórico-social dos séculos XIX e XX, nas teses freudianas, com inequívoca ênfase nos enunciados da primeira tópica.

No presente capítulo, veremos de que maneira o pensamento psicanalítico oscilaria entre a hegemonia da representação e a primazia da diferença pura. Sem nunca ter-se decidido cabalmente, a primeira inclinação dominaria as

---

15 Cf. F. Laruelle, *Les philosophies de la différence*, cap. 1.

16 Platão, "Sofista", pp. 150-154.

17 Idem, p. 153 e pp. 190-191. Para comentários, envio o leitor a G. Deleuze, "Platão e o simulacro". A respeito do simulacro como diferença pura na obra de Platão o leitor pode apreciar A. P. Sousa Dias, "A filosofia recente e o platonismo", p. 16.

teses de Freud até a síntese metapsicológica de 1915. Já o tempo de prioridade da diferença pura, denominado por Freud de primado do afeto, marcaria a obra do psicanalista a partir da virada dos anos vinte.

Representação, sujeito e conhecimento

A história da representação é tão longa quanto a da diferença. O estabelecimento da representação como prática de saber é tributária do princípio de identidade e do princípio de não-contradição. As chamadas "quatro raízes" da representação são os instrumentos que garantem o enunciado da verdade das coisas no interior do pensamento da representação. O dito pensamento se municia de quatro operadores, os quais preservam a razão filosófica na medida em que mantêm a diferença sob controle. (1) A oposição dos predicados, (2) a identidade do conceito, (3) a semelhança do percebido e (4) a analogia do juízo são os instrumentos representacionais para a transformação da diferença pura em diferença relativa à identidade. Cumpre esclarecer que a analogia do juízo, cujo enunciado não é autoevidente como o das demais raízes, constitui-se em técnica de controle da diferença através da distribuição da identidade, isto é, os polos da "diferença por analogia" serão, a um só tempo, parcialmente, diferentes e, parcialmente, semelhantes. Apenas na medida em que os termos que se diferenciam por analogia, também se assemelham, eles convêm na identidade que lhes é comum, a diferença apresentando-se como relativa a esta[18].

Inicialmente, na Grécia arcaica, de tradição quase exclusivamente oral, para os pensadores-poetas as palavras e as coisas formavam um todo unitário. Tanto quanto estas, as palavras também faziam parte da *physis* ou natureza[19]. Nesta perspectiva, Parmênides nos oferece uma reflexão sobre a verdade enquanto relação entre as palavras e as coisas. Para o pensador de Eleia, a concordância entre as palavras e as coisas, ou seja, a verdade, não elimina

---

[18] G. Deleuze, *Diferença e repetição*, pp. 71-73. A respeito das estratégias da representação com o objetivo da subordinação da diferença, o leitor poderá ver mais adiante, neste mesmo capítulo.

[19] Cf. M. Detienne, *Os mestres da verdade na Grécia arcaica*, cap. VI.

a sombra ou o silêncio. Ao contrário, seriam estes que, na medida em que ultrapassam a verdade, ao mesmo tempo a condicionam, isto é, a *garantia* da verdade encontra-se além da relação entre as palavras e as coisas[20]. Afinal, é disso que se trata, ou seja, de estabelecer as condições para a garantia da verdade. Passados dois mil anos, Descartes se veria ainda diante desta mesma necessidade da garantia da verdade, ao atestar que não há nenhum "Gênio maligno" que nos conduziria, sistematicamente, ao engano[21].

Heidegger, em seu estudo sobre Parmênides, irá dizer que para este o que está em jogo é – como, aliás, já aludimos acima – que ser e pensar dão-se reciprocamente. Porém, como condição de tal reciprocidade, reconheceria ainda o filósofo alemão, a enunciação da coisa possuiria uma "abertura" para a coisa propriamente dita, de tal modo que, por este motivo, esta seria passível de ser "expressa". Para Heidegger, no pensamento de Parmênides "expressão" não seria nenhuma "representação" da coisa, pois equivaleria à "apresentação" desta, isto é, a deixar surgir a coisa enquanto tal[22]. Mais adiante, com os sofistas, a relação entre as palavras e as coisas tomaria um rumo radicalmente diferente, na medida em que a palavra, que para os pensadores-poetas habitava o mundo da *physis*, torna-se, então, a pura convenção da "palavra-diálogo". O sofista simplesmente não busca a verdade, interessando-lhe tão somente uma pragmática da opinião, utilitária e eficiente[23].

É, afinal, Platão quem, opondo-se expressamente à sofística, acaba, no entanto, por propor uma solução de compromisso, localizando a palavra entre a *physis* e a convenção. Deste modo, introduz-se a noção de representação[24]. De acordo, por um lado, com os enunciados dos sofistas, para Platão as palavras possuem um estatuto convencional, na medida em que teriam

---

20 Cf. J. Beaufret, "O poema de Parmênides".

21 L. A. Garcia-Roza, *Palavra e verdade: na filosofia antiga e na psicanálise*, p. 43. A este respeito conferir a seguir, ainda neste tópico.

22 M. Heidegger, "O fim da filosofia e a tarefa do pensamento" (1964). Sobre a distinção entre "apresentação" ou "presentificação" (*Darstellung*) e "representação" (Vorstellung), consultar o capítulo 1.

23 L. A. Garcia-Roza, *Palavra e verdade: na filosofia antiga e na psicanálise*, pp. 55 a 63.

24 Cf. Platão, *Crátilo: diálogo sobre a justeza dos nomes*, pp. 423-424. Para comentários, ver L. A. Garcia-Roza, *Palavra e verdade: na filosofia antiga e na psicanálise*, pp. 67-72.

sido inventadas pelos "artesãos" dos nomes ou "legisladores"[25]. Entretanto, tal invenção não seria totalmente arbitrária, posto que haveria uma certa medida de conformação entre as palavras e as coisas a qual, deveras, o legislador teria a competência de saber respeitar. Não obstante, tal concordância não seria mais natural, uma vez que, no pensamento platônico, as palavras não mais pertencem à *physis*. A condição da dita conformação é que tanto as palavras, quanto as coisas, participam das Ideias universais. As palavras participam das Ideias, mas não pertencem à *physis*.

Neste contexto, as palavras, finalmente, viriam representar as coisas, sendo que a medida da verdade da representação corresponderia ao grau de participação da coisa representada na Ideia correspondente[26]. Com efeito, os enunciados platônicos já implicam a operação das quatro raízes da representação, objetivando, como dito acima, a transformação da diferença pura em diferença relativa à identidade. Sob tal perspectiva, entende-se que a representação platônica viria a encontrar a sua condição de possibilidade na identidade universal da Ideia. Sendo que só a Ideia é absolutamente idêntica, a palavra representa a coisa na medida da comparação da coisa à Ideia. Isto quer dizer que o alcance da verdade da representação será indicado pela proporção da semelhança entre as palavras e as coisas, sendo que tal proporção se mede pela dita comparação entre estas e as respectivas Ideias.

Embora o primeiro pensador da representação propriamente dita não tenha sido Platão, mas sim Aristóteles, os argumentos platônicos já se estruturam claramente pelos operadores da representação[27]. Nas origens da filosofia, lançavam-se os dados, selando o destino da diferença pura, que não seria outro senão o de permanecer calada. Encerrada na caverna platônica, recalcada sob o controle da representação, eis que a diferença pura jaz nas profundezas da terra[28]. No rastro de Platão, mas, principalmente, no de Aristóteles, o pensamento ocidental, com o objetivo de assegurar a manutenção do recalque da dita diferença, entronizava a representação, que se tornaria hegemônica. Às expensas da diferença pura, o monopólio da identidade dominaria o

---

[25] Platão, *Crátilo: diálogo sobre a justeza dos nomes*, pp. 21-28.

[26] Idem.

[27] Para a abordagem desta questão, recomendo G. Deleuze, *Diferença e repetição*, pp. 110-125.

[28] Platão, *Diálogos III: a república*, pp. 181-184.

cenário do pensamento, determinando a supremacia da representação, cujo domínio seria herdado, afinal, pelos enunciados psicanalíticos.

Segundo Foucault, a representação teria tido a sua Idade Clássica muito adiante, após o período do Renascimento. O filósofo ensina que teria havido um "período clássico da representação" ao qual ele denomina de "*episteme* da representação". Durante os séculos XVII e XVIII, as palavras separam-se das coisas, deixando a linguagem de fazer parte dos seres empíricos, como ainda sucedia no pensamento renascentista[29]. Na Idade Clássica, as palavras passariam então a *traduzir* as coisas[30]. Contudo, tal tradução não seria, ainda, o trabalho de um sujeito.

O período clássico da representação associa-se à chamada Filosofia do Sujeito. Em linhas gerais, esta tradição filosófica propõe que um sujeito ideal do conhecimento seria o possuidor de uma suposta natureza originária, pré-estabelecida e essencial. Irredutível a um sujeito histórico, o sujeito da filosofia do mesmo nome coloca-se como fundamento universal do conhecimento verdadeiro. Os mais distintos exemplos desta linhagem filosófica seriam a alma platônica e a substância pensante cartesiana[31 32].

Descartes é, então, a referência básica, comum à Filosofia do Sujeito, como também ao período clássico da representação. Ao formular o "eu penso" do seu "Cogito", Descartes se debruça sobre a descrição do pensamento da consciência e suas representações, mas, ao fazê-lo, deixa para trás exatamente a questão do sujeito. O "eu" cartesiano não é um sujeito propriamente dito, em sua individualidade, ou mesmo em sua singularidade ou sensibilidade, tratando-se, ao contrário, de uma "substância pensante" genérica. O filósofo postula o eu enquanto essência universal, origem e fundamento da consciência, entretanto nenhum eu individual estaria sendo visado.

---

29 M. Foucault, *As palavras e as coisas*, cap. III.

30 Idem, p. 59.

31 F. Gros, "O cuidado de si em Michel Foucault", pp. 127-128. O sujeito transcendental kantiano será também mencionado por Gros.

32 A Filosofia do Sujeito vem sofrendo críticas e modificações, prolongando-se até os dias atuais. Para comentários, indico J. Birman, *Estilo e modernidade em psicanálise*, pp. 16-18.

Como Parmênides e Platão, o interesse de Descartes não é outro, senão dar uma garantia de verdade ao conhecimento[33]. Para o filósofo francês, Deus teria dotado a substância pensante da certeza das ideias claras e distintas, garantindo ao eu o não isolamento do mundo. Com este expediente, a verdade da representação das coisas estaria assegurada. É ainda Platão quem inspira o projeto cartesiano. É fato que, com Descartes, não há mais a Ideia, mantendo-se, não obstante, a garantia para o conhecimento verdadeiro. Tal garantia dá-se, portanto, pela universalidade do pensamento e da consciência, afastando-se, em contrapartida, a singularidade do eu cartesiano[34].

Associando a Filosofia do Sujeito ao período clássico da representação, Foucault dirá que, ao representar, a "representação clássica" indica "um vazio essencial" a partir do qual "a representação pode se dar como pura representação"[35]. É o desaparecimento do sujeito histórico que, paradoxalmente, funda a Filosofia do Sujeito e também a representação clássica, não havendo, por conseguinte, um lugar para o dito sujeito singular no interior da *episteme* da representação[36]. Assim, seria o elemento da representação – mas não o sujeito – que permite, no âmbito desta *episteme*, a interpretação do mundo. Somente o eu como *pensamento puro*, sujeito ideal do conhecimento, subtraído da singularidade, seria capaz de conhecer a verdade *clara e distinta* da ciência. Apenas o dito eu, como pensamento puro, teria a capacidade de voar até o sol para de lá observar, como propusera Copérnico, que é aquele astro – e não a Terra – o centro em torno do qual giram os planetas[37].

Esta etapa seria sucedida, ainda que de forma descontínua, pela "*episteme* da Modernidade", isto é, a nova configuração das condições do sujeito, do conhecimento, da verdade e da representação[38]. Iniciada na virada para

---

[33] A este respeito, recomendo, L. A. Garcia-Roza, *Freud e o inconsciente*, pp. 14-15.

[34] Idem, p. 9.

[35] M. Foucault, *As palavras e as coisas*, p. 31.

[36] Idem, p. 326.

[37] F. Châtelet, *Uma história da razão: entrevistas com Émile Noël*, pp. 63-64. Sobre o tema, indico ainda, para uma abordagem mais ampla, M. Foucault, *As palavras e as coisas*, p. 326.

[38] A investigação de M. Foucault em *As palavras e as coisas* estabelece a história como uma sucessão descontínua das *epistemes*, sendo mesmo a análise destas descontinuidades aquilo que interessa ao filósofo. Sobre tal perspectiva, ver o interessante trabalho de F. Marques de Carvalho Souza, "Las meninas de Velásquez na arqueologia de Michel Foucault", pp. 119-120.

o século XIX, teria havido, na cultura ocidental, uma reorganização epistêmica, dando ensejo ao surgimento das "ciências humanas". Nelas o "homem" aparece como objeto das diversas ciências, na medida em que estas referem-se às atividades humanas. Ao mesmo tempo, nas ciências humanas, o homem se coloca como sujeito singular, sendo que, portanto, pode-se dizer que, nesta nova *episteme*, o sujeito propriamente dito teria saído das sombras em que se encontrava na Idade Clássica para emergir como a condição explícita do saber[39]. Nesta perspectiva, a certeza absoluta sobre a existência do mundo de Deus se perde. O sujeito na sua singularidade não equivale mais ao eu do pensamento puro, capaz de conhecer a correspondente verdade clara e distinta da ciência. A representação deixa de ser o simples reflexo consciente das coisas, cuja existência, outrora indubitável, tornava-se incerta na *episteme* da Modernidade[40]. Kant é o filósofo que questiona o cartesianismo e a possibilidade do conhecimento absoluto[41].

Na Modernidade, as palavras enquanto signos deixam de representar as coisas na sua materialidade, a qual se tornara questionável, as representações não podendo mais refletir as coisas como num espelho. Dissipa-se irrevogavelmente *a noção de origem*, perdendo-se, com ela, a certeza do eu do *Cogito* cartesiano e da Filosofia do Sujeito. O colapso da estrutura da consciência como reflexo do mundo é iminente, colocando-se em xeque a consciência racional[42]. Na *episteme* da Modernidade, a interpretação, não possuindo mais a ancoragem sobre a origem pétrea das coisas, torna-se infinita[43]. As palavras não remetem mais às coisas, senão a outras palavras. Nesta sucessão interminável, uma interpretação envia sempre a outra. A linguagem torna-se autônoma com relação à materialidade duvidosa do mundo, sendo que o princípio da interpretação desloca-se para se fixar finalmente sobre as características singulares do próprio sujeito intérprete[44].

---

39 Para comentários, consultar idem, p. 120.

40 M. Foucault, *As palavras e as coisas*, pp. 71 e 327.

41 Cf. M. S. Chauí, "Kant: vida e obra".

42 Cf. M. Foucault, M. *Nietzsche, Freud & Marx – Theatrum Philosoficum*.

43 Idem, p. 20.

44 Idem, p. 26.

Tal linhagem viria desaguar no pensamento psicanalítico e na interpretação do inconsciente como instrumento analítico prevalente. Ao introduzir o território do inconsciente na subjetividade, Freud enuncia explicitamente a divisão desta e o consequente descentramento do eu, da razão e da consciência. Ao reconhecer atributos especificamente psicanalíticos ao inconsciente, os quais se expressam, por um lado, na relação entre o dito inconsciente e o consciente e, por outro, entre aquele e as forças, Freud "autografa" o respectivo conceito, apondo-lhe o selo da autoria e do inédito. Contudo, ainda que a psicanálise entronizasse a interpretação do inconsciente, ainda assim pode-se constatar, especialmente nos enunciados da primeira tópica, a persistência da marca da hegemonia da representação. Deveras, representação inconsciente não é o mesmo que interpretação infinita.

Nos enunciados da primeira etapa da obra de Freud, a interpretação psicanalítica remetia ao evento traumático recalcado ou inconsciente, admitindo-se que o mesmo tivesse ocorrido na sua materialidade, sem sombra de dúvida. Ainda que o apogeu de tal prática tenha se reduzido ao "período do método catártico", o ideal clínico da transformação do inconsciente recalcado em eu consciente, isto é, da rememoração da factualidade do trauma, nunca foi definitivamente abandonado por Freud[45]. Deste modo, e a despeito da impactante novidade do inconsciente tal qual Freud o concebera, as quatro raízes da representação encontravam-se em franca operação no pensamento psicanalítico e na respectiva clínica. Até que os ventos de renovação da virada dos anos vinte soprassem, os enunciados de Freud aproximavam-se da organização epistêmica da representação clássica e da interpretação fundada no signo enquanto representação das coisas[46].

A partir dos argumentos avançados, pode-se afirmar que, a despeito da crítica da psicanálise aos postulados da representação clássica, as proposições da primeira tópica acabariam por manter a diferença pura sob o efeito de recalque teórico, em prol da valorização da identidade, da semelhança e da proporção. Submetida à hegemonia da representação, a meta da interpretação

---

45 J. Breuer e S. Freud, "Estudios sobre la histeria" (1893-95), p. 32. Indico, para comentários críticos, J. Laplanche e J.-B. Pontalis, *Vocabulário da psicanálise*, p. 23.

46 S. Freud, "Recordar, repetir y reelaborar (nuevos consejos sobre la técnica del psicoanálisis, II)" (1914).

das resistências inconscientes não seria outra senão a de restituir ao eu, a razão enfraquecida pela interferência da sexualidade recalcada. A oposição dos significados entre uma representação dada e a unidade semântica do eu, face à identidade universal de Édipo, corresponderia à estrutura do funcionamento da subjetividade. Até o ano de 1914, apesar da clivagem da subjetividade, esta se veria fundada - e fundamentada - num corpo biológico material, a partir do que a suposição da materialidade do evento traumático se contextualizava.

Só muito mais tarde a psicanálise se afastaria – ainda assim com retrocessos – da ancoragem da representação na ocorrência de uma verdade objetiva. Apenas na virada dos anos vinte é que a interpretação se tornaria aberta e infinita, descentrando a representação. Então, não haveria mais qualquer garantia da verdade factual do trauma, sendo que se uma interpretação, por qualquer hipótese, se avizinhasse de um pretenso termo material correspondente, o que estaria em jogo seria a experiência da psicose[47]. Somente com os conceitos cunhados a partir de 1920 a teoria psicanalítica viria a fornecer o arcabouço teórico que permitiria a inserção da interpretação infinita na clínica analítica. Sob tais condições, a representação perderia a primazia, em função da força do corpo erógeno, de tal modo que a diferenciação desta força equivaleria à própria subjetividade. Desaparecida a noção de origem ou de fundamento, a subjetividade poderia, afinal, conjugar-se no tempo do gerúndio.

O controle da diferença no pensamento de Freud: o problema da angústia

Até a primeira grande síntese metapsicológica, a obra de Freud seria tributária da hegemonia da representação e suas quatro raízes operatórias e da correlativa submissão da diferença pura. Ainda que com momentos de inspiração prospectiva, tal inclinação marcaria os argumentos freudianos até os ensaios da década de vinte, quando a psicanálise toma um novo rumo, na

[47] M. Foucault, *Nietzsche, Freud & Marx – Theatrum Philosoficum*, p. 22.

direção da valorização da dimensão afetiva da subjetividade. Nesta nova etapa, a força se torna a condição imanente da subjetividade e a interpretação analítica adquire caráter infinito. Não obstante, nos enunciados da primeira tópica, ainda que submetidos aos operadores da representação, mesmo assim a diferença pura não deixava de apresentar-se no cenário teórico e clínico da psicanálise.

Por esta razão, até a virada teórica não param de surgir na obra de Freud inevitáveis problemas, aporias ou contradições. Estes acabariam por desenhar uma espécie de picotado de um papel que demarcasse, através dos furos de um pontilhado, uma linha de ruptura do pensamento psicanalítico com a hegemonia da representação. A despeito, portanto, do movimento pendular de seus enunciados, as ideias de Freud gradativamente operariam um afastamento mais efetivo com relação ao monopólio da representação. Deste modo, os furos dispersos, constituídos pelos referidos problemas que surgiam, multiplicavam-se e aprofundavam-se, fragilizando cada vez mais as versões teóricas iniciais. Os ditos problemas e aporias seriam o embrião dos deslocamentos teóricos que estavam por vir e que se sucederiam no trabalho de Freud. No presente tópico, iremos nos dedicar mais detidamente ao "problema da angústia" que, ao lado de algumas outras contradições, marcaria o movimento insistente da diferença pura em apresentar-se no campo psicanalítico do período considerado.

Nos enunciados conceituais da primeira fase da obra de Freud, o interesse do pensamento psicanalítico se concentraria sobre o inconsciente e o funcionamento representativo do recalque. Como fundamento potencial do funcionamento subjetivo, o corpo acabaria, no mais das vezes, reduzido ao organismo biológico, inscrevendo psicanaliticamente pela sua materialidade, e ainda como representação inconsciente, notadamente na histeria de conversão. Neste contexto de hegemonia da representação, o corpo erógeno do analisante, ou seja, as sensações e sentimentos sem qualquer possibilidade de representação, não seria considerado dentre os objetivos do trabalho transferencial. Acrescentando-se a tal carência o fato de que o encontro, isto é, a dimensão social do inconsciente, não havia adquirido o lugar de proeminência que ocuparia na segunda tópica, temos que os manejos clínicos não diriam respeito, em hipótese alguma, tampouco ao corpo erógeno *do analista*. Pior, as sensações e sentimentos do analista encontravam-se na "lista negra" das "compulsões defensivas", as quais deveriam ser barradas como condição da adequada escuta analítica[48].

Esta ausência do interesse psicanalítico pelo corpo erógeno acarretaria o aparecimento de poderosas resistências ao tratamento analítico. Esta privação de consideração quanto às exigências do corpo subjetivo acabaria por colocar em xeque momentos cruciais da análise das neuroses, além de em nada contribuir para o tratamento da psicose e da compulsão. Da mesma forma, a toxicomania, a anorexia nervosa, a bulimia, a obesidade mórbida e, também, algumas formas de perversão, dada a centralidade da força do corpo erógeno na dinâmica destas patologias, não encontravam acolhida suficiente no tratamento analítico desta época. Os ecos da hegemonia da representação na obra de Freud reverberariam, em alto e bom som, nos enunciados lacanianos da teoria do significante. Endossando a dita hegemonia, Jacques Lacan apostaria no relevo teórico do isomorfismo estrutural entre inconsciente e linguagem[49].

Outra importante ocorrência da insistência do afeto irrepresentável em apresentar-se diante da teoria freudiana marcada pela prevalência da representação, fazia-se notar com grande ruído. Refiro-me ao enunciado do princípio de prazer que afirma que o incremento da quantidade de afeto possuiria um inequívoco caráter desprazeroso. Não obstante, a despeito do aumento de tensão que provocam, verifica-se, com clara evidência, que os momentos que antecedem o intercurso sexual causam prazer ao sujeito. Não resta dúvida de que os "prazeres preliminares" seriam, como enuncia a própria expressão, produtores de prazer. É Freud quem o reconhece num pequeno texto intitulado "O problema econômico do masoquismo"[50] que, exatamente por estas novas observações contraditórias, viria a ameaçar toda a construção teórica pregressa a respeito do princípio de prazer[51].

---

48 Sobre o tema, conferir, por exemplo, a questão da transferência negativa em S. Freud, "Sobre la dinámica de la trasferencia" (1912), p. 103. Para comentários, indico J. Laplanche e J.-B. Pontalis, *Vocabulário da psicanálise*, p. 76.

49 J. Lacan, "Función y campo de la palabra y del lenguaje en psicoanálisis" (1953).

50 S. Freud, "El problema económico del masoquismo" (1924).

51 Esta argumentação encontra-se em G. Sissa, *O prazer e o mal: filosofia da droga*, pp. 146-148.

Inserindo-se nesta discussão, Monique Schneider compreenderia a origem desta aporia mediante a crítica de que Freud, ao desenvolver as teses das primeiras etapas de sua obra, teria se interessado muito mais pelo afeto correspondente à "fase terminal" do ato sexual ou, até mesmo, pelo prazer posterior ou *post coitum*. Para o Freud da primeira tópica, o prazer (do homem) associado à relação sexual teria sido considerado como articulado à emissão de substâncias sexuais e, por isso seria um prazer de dissipação da quantidade de tensão. A autora observa que, neste caso, Freud daria ênfase ao prazer que diz respeito à evacuação ou à perda, prazer que aparece sob a égide da identidade universal da castração[52]. Ao contrário, o relevo do despertar sexual como prazer de potência, de extensão erétil do corpo ou prazer do ilimitado se encontraria ausente das teses do psicanalista, pelo menos até a década de vinte[53]. Às avessas do prazer como dissipação da quantidade ou redução do sofrimento, sob todos os aspectos, *um prazer negativo*, a partir de 1923 Freud admitiria um processo imanente de diferenciação, no qual o afeto, ao dilatar o seu *grau de intensidade*, produziria prazer[54].

Ao contrário da diminuição da quantidade, a "intensificação da presença para si", isto é, "concentrar-[se] em [si] e [...] acompanhar-[se]", em resumo, a dilatação da permanência e da implicação a si, corresponderiam à produção de prazer enquanto prazer de produção de subjetividade[55]. De fato, quantidade não é o mesmo que intensidade. Aquela se encontra associada a uma representação, estabelecendo, portanto, a "medida" desta, aferida como diferença relativa à representação ou a sua identidade. Já a intensidade não é mensurável, sendo o afeto que lhe concerne impassível de qualquer tipo de categorização psíquica[56].

Além destas e de outras incoerências que surgiam diante da valorização conceitual da representação, uma outra contradição de vulto se impunha,

---

52 M. Schneider, *Freud et le plaisir*, pp. 97-102.

53 Idem.

54 S. Freud, "El yo y el ello" (1923).

55 F. Gros, "O cuidado de si em Michel Foucault", pp. 130-131.

56 Sugiro, a respeito da oposição entre quantidade e intensidade, a consulta a G. Deleuze, *Diferença e repetição*, pp. 357-359. Para comentários referentes à intensidade em psicanálise, ver L. A. Garcia-Roza, *Introdução à metapsicologia freudiana 1*, pp. 82-87.

interpelando a psicanálise das primeiras etapas. Aos poucos, o picotado que fragilizava a teoria estabelecida iria ganhando mais densidade e, deste modo, antecipando o primado do afeto, possibilitando a tomada em consideração – teórica e clínica – da diferença pura em psicanálise.

Para introduzir esta contradição maior, consideremos o uso da interpretação analítica para o tratamento do sofrimento da neurose. Nesta situação, o escopo de tal instrumento clínico seria de estabelecer novas determinações representativas da quantidade de afeto liberada pela dinâmica do recalque. Encetando novos recalques, as insistentes interpretações do analista iriam gradativamente dissipando a pressão afetiva através da oferta de outras e outras representações, cada vez mais em sintonia com a identidade semântica do eu. A quantidade de afeto desgarrado se veria diminuída, a cada interpretação, pela (re)conversão da referida quantidade a *atributo* das novas representações sintomáticas. Estas, gradativamente menos incongruentes com a unidade egoica, acabariam sendo integradas à malha associativa que constitui o eu.

Contudo, propiciar a redução do afeto com o objetivo de mitigar o sofrimento subjetivo não se mostraria indicado em toda e qualquer situação analítica. Representar a quantidade que se tornara indeterminada, com a finalidade de sanar a angústia, tampouco seria o melhor caminho a seguir em todos os momentos de uma análise. O controle do afeto não seria apanágio constante ou bálsamo genérico inerente ao tratamento analítico. Há situações clínicas em que de pouco adiantaria ofertar ao afeto uma nova representação. Nestes casos, a interpretação das resistências inconscientes não surtiria o esperado efeito de alívio. Somente os enunciados desenvolvidos desde os anos vinte permitiriam, finalmente, a redução da aporia, a revisão dos conceitos e a ampliação da abrangência da psicanálise. Com o primado do afeto, a ruptura com o pensamento da representação chegava ao seu ponto máximo, embora nunca tenha havido um rompimento total ou definitivo.

O surgimento e desenvolvimento do que chamei de problema da angústia evidencia o movimento dos conceitos freudianos na direção do primado do afeto. Observaremos, pois, o trajeto desta problemática, desde o aparecimento da aporia, no período dominado pela hegemonia da representação, até a criação dos novos conceitos, a partir de 1920, os quais permitiriam

– senão exigiriam – a reformulação da totalidade da teoria estabelecida até então. É assim que, pela via do aprofundamento dos *furos*, ou seja, através da multiplicação das contradições que surgem, a psicanálise aproxima-se, cada vez mais, da ruptura com o pensamento da representação, rompimento que, todavia, nunca viria a ocorrer na sua integralidade.

Para introduzir a temática em relevo, nada melhor do que um exemplo. Admitamos, por hipótese, a representação – na realidade, uma associação complexa de representações – "desejo minha mãe", manifestando-se subjetivamente diante de um eu vitoriano, cuja sólida estrutura representativa foi edificada *vis-à-vis* as rigorosas prescrições morais do final do século XIX. Ao tentar integrar a representação em tela, cujo significado apresenta grande diferença relativa a sua unidade semântica, o eu enfrenta uma séria dissonância entre a dita representação e a coesão significativa da identidade que o caracteriza face aos rígidos ideais da chamada Modernidade. Quanto maior for esta diferença semântica, tanto maior será a quantidade de afeto que se acrescentará ao investimento sobre a representação em referência. Conforme os enunciados da primeira tópica, que prescrevem a regulação da subjetividade pelo princípio de prazer, tal incremento da quantidade afetiva causará sofrimento ao eu que, para atenuar o padecimento que o avassala, será o agente da dinâmica do recalque[57].

A contraparte inconsciente do recalcamento equivale à drenagem de uma quantidade de afeto que viria incrementar o investimento sobre a respectiva representação recalcada. Vejamos, a propósito, o que nos diz o texto freudiano. Referindo-se à complexidade da dinâmica que associa o recalque e o retorno do recalcado, Freud considera que seria como se "a resistência que o consciente [...] opõe [aos derivados do "recalque originário"] fosse uma função [inversa] do [...] distanciamento [da representação recalcada] com relação ao originariamente recalcado", distanciamento provocado por "desfigurações" ou "elos intermediários", isto é, deslocamentos, condensações, etc. Quanto menor for esta *diferença inconsciente*, isto é, após o trabalho de disfarce efetuado pelo inconsciente, quanto menos desfigurada achar-se a representação recalcada, maior o incremento da quantidade de afeto que a

---

57 S. Freud, "La represión" (1915), pp. 144-147.

investe. Seria maior, portanto, a resistência a sua admissão ao consciente sob forma de "formação substitutiva" ou sintomática. Neste caso, desvirtuada a função defensiva do recalque e do retorno do recalcado, o eu se veria ainda assolado pelo sofrimento, o qual corresponderia, por exemplo – aliás, bastante adequado à época da hipótese que escolhemos –, ao sentimento inconsciente de culpa.

Quer se considere o território do eu consciente, quer o do recalcado inconsciente, a quantidade de afeto corresponde à expressão da diferença na subjetividade, cujo destino seria regulado pelas respectivas representações sobre as quais a dita quantidade investe. Neste contexto, o *quantum* de afeto – baseando-nos nas já abordadas teses de Parmênides e Aristóteles – se reduziria a atributo da representação, enquanto a diferença que lhe corresponde deveria ser convenientemente denominada de diferença relativa. Considerando-se os trabalhos escritos até 1915, observa-se que, salvo em esparsas ocasiões e sem suficiente consistência teórica, o afeto irrepresentável, isto é, a diferença pura, teria tido seu acesso vedado à participação nas descrições conceituais da psicanálise. Entretanto, esta diferença não permanecia inerme, impondo-se à teoria estabelecida sob forma de aporias e problemas.

Antes de mais nada, devemos afirmar que não há, em psicanálise, representação sem investimento afetivo, isto é, desprovida de quantidade libidinal. Para Freud, a condição do funcionamento da subjetividade – e do recalque propriamente dito – é o recalque originário, cuja descrição teórica, no entanto, deixaria muitas lacunas[58]. Tal conceito associa-se, amiúde, às noções de "fixação" ou "ligação" da força pulsional a uma representação, ou seja, à "inscrição" subjetiva da dita força, estas noções fazendo parte da inequívoca influência da hegemonia da representação sobre o pensamento freudiano[59]. Contudo, a despeito da pertinência de tal observação crítica, o enunciado do recalque originário pode ser lido como um primeiro momento da diferenciação da força que se atualiza como *modo representativo* da subjetividade. Sob tal perspectiva, compreende-se que o recalque originário traduziria

58 J. Laplanche e J.-B. Pontalis, *Vocabulário da psicanálise*, pp. 558-559.

59 S. Freud, "Más allá del principio de placer" (1920). Sobre a crítica deleuziana ao conceito de "ligação", ver capítulo 1.

a atualização do *modo corporal* da subjetividade, dando ensejo às primeiras organizações significantes do inconsciente. Seja como for, a partir do argumento do conceito em tela, compreende-se que a constituição do inconsciente representativo se dá pelo investimento da força da pulsão[60]. Chega-se, por este caminho, à conclusão de que representação em psicanálise será afetada ou não será representação subjetiva. A recíproca, contudo, não é verdadeira.

Sob certas circunstâncias, o investimento afetivo se desliga da representação. O desligamento do afeto ocorre, de acordo com os ensinamentos de Freud, como uma das etapas constituintes da dinâmica do recalque. Já vimos que, no decurso do recalcamento, seria em nome do princípio de prazer que se dissociam uma representação causadora de sofrimento ao eu e seu respectivo investimento afetivo. Desta maneira, a representação dissociada "converte-se" ao inconsciente, onde recebe nova carga de afeto. Por sua vez, ao desligar-se, o afeto, desprovido, então, de toda a qualidade representativa, passa a pressionar o eu, sob a forma de angústia[61]. Neste momento da dinâmica do recalque, o combate ao sofrimento causado pelo incremento da quantidade afetiva lavraria um gol contra, na medida em que o padecimento a sanar seria substituído pela dolorosa angústia. A emenda saíra pior do que o soneto e, por este motivo, o processo do recalque teria de seguir adiante.

Entretanto, o surgimento da angústia suscitaria uma aporia, cuja tradução poderia enunciar-se através de uma série de questões. O afeto desgarrado, privado de toda identidade representativa, estaria além do princípio de identidade de Parmênides? Autônomo frente à representação, o dito afeto coincidiria com a diferença pura? A despeito dos enunciados freudianos deste período sobre a quantidade de afeto, os quais resumiam-se a apresentá-la enquanto diferença relativa à representação, a diferença pura teimava em insinuar-se em pleno território subjetivo? Enquanto Freud asseverava nos enunciados da primeira tópica que o *quantum* de afeto seria sempre medido pela identidade, resumindo-se a atributo da representação, tal afeto solto corresponderia à rebelde insistência da diferença sem medida possível?

---

60 S. Freud, "La represión" (1915), p. 143.

61 S. Freud, "La represión" (1915), pp. 147-148.

Apenas a produção dos conceitos de pulsão de morte, de Isso e de angústia automática, pelo amplo confronto que impõem ao pensamento da representação, permitiriam a redução da aporia da angústia e a maior abrangência da teoria psicanalítica e da análise. Para que possamos seguir de perto o movimento das teses de Freud que autorizariam, afinal, uma maior independência da psicanálise com relação ao pensamento da representação e suas quatro raízes operativas, bem como a redução da extensão das aporias surgidas, devemos, antes de mais nada, complementar a descrição do ciclo do recalque.

Para atenuar o sofrimento causado pela angústia, o seguimento da dinâmica do recalque viria administrar uma nova representação ao afeto desinvestido. A renovada associação que, então, se constitui, já vimos, denomina-se sintoma, formação psíquica em que o afeto que se liberara torna-se, outra vez, subordinado à identidade e à unidade da trama associativa das representações do eu[62]. Notemos que, ainda que possa encontrar-se desligado da representação, o dito afeto não é irrepresentável. A bem da verdade, digamos que este afeto já "se representara", inicialmente, ao investir a representação aversiva e, a seguir, tornara a representar-se, na continuação do recalcamento, carregando a representação sintomática substitutiva. Estamos, pois, credenciados a afirmar categoricamente que, diante do afeto desgarrado não nos encontrávamos frente à diferença pura em psicanálise, uma vez que tal diferença *jamais* se representa. Sob nenhuma hipótese, quaisquer que fossem as condições consideradas, a diferença pura seria passível de tornar-se um atributo da representação subjetiva.

Tais observações, não obstante, não reduzem a aporia. Ao contrário, aprofundam-na. Com efeito, o afeto dissociado, não sendo irrepresentável, não pode corresponder à diferença pura. Entretanto, na medida em que o dito afeto não investe nenhuma representação, parece não dizer respeito, tampouco, à diferença relativa. Sob tal perspectiva, a modalidade de diferença que seria expressa pelo afeto em tela exigia construções conceituais mais elaboradas.

Antes, porém, de buscar os enunciados freudianos que permitiriam a efetiva redução da aporia e o maior afastamento da hegemonia da representação,

62 Idem.

devemos reiterar que a origem do problema da angústia se encontra nos efeitos do controle da diferença pura em psicanálise. Na verdade, a subordinação da diferença insuscetível de representação apresenta-se no pensamento de Freud desde os seus primórdios, expressando-se mais enfaticamente nos trabalhos metapsicológicos de 1915. Nos artigos deste período, o monopólio da identidade e da representação acarretaria a descrição psicanalítica do dinamismo subjetivo na *invisibilidade* dos efeitos da diferença pura. Ao descrever o funcionamento da subjetividade, os enunciados da primeira metade do pensamento de Freud não estabelecem a sua condição, qual seja, a diferenciação da força do corpo erógeno enquanto pressuposto da constituição do inconsciente[63]. A atualização da diferença pura, cujo efeito seria o advento da subjetividade representativa, não despertara ainda o interesse de Freud. A diferença autônoma, diferença do diferente ao diferente – e não, do diferente à identidade – não conseguira encontrar um lugar ao sol no interior destas tramas conceituais anteriores. O preço a pagar por tal ausência se faria sentir na insuficiência da clínica analítica em tratar o sofrimento da psicose e também das compulsões.

No modelo de subjetividade sintetizado pelas proposições da primeira tópica, o trânsito intersistêmico das representações acabava por preponderar e recobrir o afeto em sua dinâmica autonômica, quer do ponto de vista teórico, quer sob a perspectiva da clínica[64]. Nesta etapa, o afeto se entende apenas em sua faceta de aprisionamento à representação, imobilizado, reduzido a termo de comparação entre estados subjetivos. O desaparecimento conceitual da diferença pura não permite que Freud estabeleça, então, uma teoria da produção do inconsciente, mas somente uma compreensão do funcionamento do psiquismo. Por estes motivos, a aporia da angústia, enunciada como quantidade que se separa da representação no interior da subjetividade, permaneceria sem solução, pelo menos até os textos da virada. Uma nova perspectiva compreensiva só viria a explicitar-se com o artigo sobre a pulsão de

[63] S. Freud, "El yo y el ello" (1923).

[64] Sobre o tema, enviamos a M. Henry que em seu *Généalogie de la psychanalyse* defende a hipótese de que Freud, a despeito de ter conferido ao afeto um lugar decisivo, jamais teria se libertado de uma "metafísica da representação". Recomendamos, sobre a mesma questão, a leitura de M. Borch-Jacobsen, "Dispute".

morte[65], seguido do trabalho a respeito do Isso[66], os quais encontrariam no texto sobre a angústia em regime automático[67] o seu coroamento.

Da crítica à hegemonia da representação ao primado do afeto em psicanálise

Dissemos que a origem do problema da angústia encontra-se no fato de que a diferença pura teria sido mantida sob controle nas teses da primeira tópica. Somente nos enunciados de 1920, com a concepção da pulsão de morte, a teoria psicanalítica abriria espaço à presença do afeto com autonomia em função da representação. Entretanto, mesmo após a admissão deste nos enunciados da psicanálise, teríamos ainda de aguardar o ano de 1925, quando então a descrição de uma angústia *diretamente* ligada à força do corpo erógeno permitiria um novo encaminhamento da aporia que nos interessa. Tal movimento da obra freudiana equivale à inquestionável ampliação teórica e clínica da psicanálise. Este percurso, podemos referi-lo como sendo aquele que vai da simples crítica ao pensamento da representação, que, não obstante, não a destitui do lugar de hegemonia que ocupa na obra de Freud, até o efetivo primado do afeto e consequente ruptura com o monopólio da representação.

Contudo, ainda que as teses anteriores de Freud estejam marcadas pela prevalência da identidade e pelo respectivo controle da diferença pura, devemos observar que, ao mesmo tempo, *desde os primórdios da pesquisa do psicanalista*, a crítica ao monopólio da representação encontra-se presente. É preciso, pois, afirmar categoricamente que, qualquer que seja a hipótese teórica ou o modelo de subjetividade considerados, a importância crucial do afeto não deixaria, em momento algum, de ser reconhecida por Freud.

Entretanto, pelo menos até a década de vinte, no mais das vezes a leitura freudiana acabaria recoberta por enunciados baseados nas quatro raízes do

65 S. Freud, "Más allá del principio de placer" (1920).

66 S. Freud, "El yo y el ello" (1923).

67 S. Freud, "Inhibición, síntoma y angustia" (1926 [1925]).

pensamento da representação, bem como no postulado central da Filosofia do Sujeito, a saber, a admissão da razão e da consciência como fundamentos universais do sujeito. A interpretação analítica, operador que caracteriza a clínica deste período, apresenta-se estruturada pela representação, cujos pressupostos são a universalidade de Édipo e o saber de si. Ainda que certamente de forma ambígua e sem univocidade, mesmo assim devemos admitir que, até os anos vinte, os enunciados psicanalíticos a respeito do funcionamento interarticulado de inconsciente e consciente mantinham controle sobre a diferença pura. É certo que, desde o início do percurso freudiano, com a clivagem da subjetividade, as representações psíquicas tornam-se também inconscientes, mas isto não implica nem a força do corpo subjetivo como condição imanente de subjetivação, nem a interpretação infinita.

Somente com o empreendimento das várias frentes de problematização da força no trabalho da segunda tópica, Freud se afastaria da hegemonia da representação para, finalmente, estabelecer a positivação da pulsão e o cuidado de si como pressuposto analítico. O derradeiro primado do afeto em psicanálise corresponde à admissão da diferença autonômica como condição potencial do processo de subjetivação.

Porém, com este novo posicionamento teórico, Freud não viria pura e simplesmente erguer o afeto à posição que até o ano de 1915 fora da representação. Os novos argumentos do psicanalista não pretendem elevar o afeto ao posto de fundamento da metapsicologia ou de identidade universal da subjetividade, garantindo a configuração de uma "hegemonia do afeto". Nada disso. O primado do afeto implica a refração da diferença pura para o interior da trama teórica dos conceitos psicanalíticos da qual aquela se achava alijada, sustentando a compreensão da subjetividade como processo imanente de diferenciação da força do corpo erógeno.

O escopo do presente tópico é apresentar os elementos centrais da crítica ao pensamento da representação que vinha sendo edificada nos enunciados de Freud desde o começo da sua obra. Ainda que, no mais das vezes, recoberta pelo monopólio da identidade, a dita crítica tornava-se gradativamente crescente. O que se depreende do movimento de construção conceitual das hipóteses de Freud é que a diferença pura, recalcada que teria sido pelo pensamento ocidental, esforçava-se por retornar em meio à teoria psicanalítica.

Eis que esta diferença, ao pressionar os limites do saber psicanalítico, exigia a renovação dos enunciados teóricos e, no âmbito do tratamento analítico, demandava a presença de práticas inéditas. A crítica à hegemonia da representação é a paulatina resposta de Freud, que vai se tornando mais intensa diante da insistência de retorno da diferença pura em psicanálise.

Para começar, lancemos nosso olhar sobre o estatuto da representação na metapsicologia. Enquanto representante ideativo da pulsão na subjetividade, a dita representação será nomeada de "representante-representação"[68]. Ao utilizar-se de tal denominação composta, Freud, a despeito da dominância do pensamento da representação sobre suas teses, afasta-se da concepção de afeto exclusivamente como atributo da representação. Nesta perspectiva, correspondendo à representante da força, o caráter da representação seria até mesmo prioritariamente o de sub-rogado do afeto. Ainda que se refira à percepção da realidade, o representante ideativo se veria afastado da semelhança a uma suposta identidade material originária do objeto, equivalente à que se dá com o objeto sensível platônico, tributário da semelhança, pela via da participação, à Ideia imutável que não é somente imaterial, senão real[69]. Sob esta ótica, o representante-representação não diria respeito a nenhuma identidade universal fixa do objeto que, repetindo-se a cada percepção, outorgaria à representação a quantidade de sua verdade.

Deslocada de qualquer que seja a origem natural, nesta acepção a representação psíquica assumiria o caráter de "representação-coisa" e não representação *de* coisa[70]. Em tal contexto, o vínculo mais íntimo da representação não se faria com a realidade material do objeto, senão que aquela representaria a força corporal da pulsão[71]. Partindo-se desta premissa, pode-se afirmar que toda e qualquer representação consciente viria a sofrer a mediação determinante da força, que se efetiva psiquicamente pela via da associação daquela com a representação inconsciente. Atravessada que se acha, de forma inexorável, pelo desejo inconsciente, a representação consciente não poderia jamais corresponder à semelhança do percebido.

---

68 S. Freud, "La represión" (1915), p. 147.

69 Platão, *Phédon*.

70 S. Freud, "Lo inconciente" (1915), p. 207.

71 Idem, p. 173.

Lembremos da fábula da raposa que, ao contemplar um cacho de uvas maduras no alto de uma parreira, verifica que lhe falta a competência motora para abocanhar as apetitosas frutas. Para evitar a frustração, ao abandonar o empreendimento, a raposa diz a si mesma, com desdém e absolutamente convencida do que vê, que aquelas uvas se encontravam verdes[72]. A representação, representante da força do corpo erógeno, se modulara pelo desejo e suas vicissitudes e não pelas regras de semelhança à percepção.

Conforme ilustrado acima, as teses de Freud viriam a valorizar a dimensão da realidade do desejo ou "realidade psíquica", deslocando de forma crucial a sólida naturalidade, objetividade e racionalidade do mundo. Para o pensamento psicanalítico, a existência do objeto, independente do sujeito e de seu desejo, é, para dizê-lo de forma cautelosa, um "falso problema", isto é, um problema inexistente ou mal colocado[73]. Decorre daí a desconcertante máxima freudiana de que o processo inconsciente é "menos incognoscível que o mundo exterior"[74].

Os efeitos deste posicionamento crítico à hegemonia da representação se desdobram em um importante corolário que se pode enunciar com a proposição de que os enunciados metapsicológicos colocam em xeque a possibilidade do saber absoluto[75]. Para Freud, o saber total sobre as coisas seria impossível, uma vez que no ato da representação a "percepção-consciência" se associa ao desejo inconsciente, desviando inelutavelmente o conhecimento objetivo ou verdadeiro do mundo. Tal crítica de Freud estabeleceria que a representação em psicanálise não se dissocia jamais dos investimentos desejantes do sujeito, sendo a excitação "corporal" a fonte destes e daquela.

Não julgo demasiado reiterar que, a despeito de tais construções críticas que vinham sendo elaboradas pelo pensamento de Freud enquanto respostas à insistência de retorno da diferença pura em psicanálise, o monopólio da representação perseverava na metapsicologia. Do mesmo modo, a análise

---

72 Esopo, "La zorra y las uvas".

73 A respeito dos "falsos problemas", indico H. Bergson, *La pensée et le mouvent: essais et conférences*, p. 105.

74 S. Freud, "Lo inconciente" (1915), p. 167.

75 A respeito do tema, o leitor deve pesquisar S. Freud, "Nuevas conferencias de introducción al psicoanálisis: 35ª Conferencia. En torno de una cosmovisión" (1933 [1932]).

mantinha-se submetida às pressões da identidade, correspondentes às versões iniciais dos enunciados freudianos sobre a clínica. Entretanto, como efeito da insistência da diferença pura, que, pela sucessão dos problemas teóricos que induzia, aproxima os pequenos furos que constituem o respectivo picote constituinte de minha metáfora, a crítica de Freud se densificava, apontando para a linha de ruptura do pensamento psicanalítico com a hegemonia da identidade. Não obstante, nos "trabalhos de metapsicologia" do ano de 1915, o monopólio da representação na obra de Freud acabaria por alavancar uma descrição da subjetividade em termos de diferenças relativas. Pela via de opor, coordenar, assemelhar ou, ainda, comparar, enquadrar, reduzir, identificar ou classificar a diferença pura, a representação lograria submetê-la para transformá-la em diferença relativa.

Somente a partir dos enunciados produzidos nos anos vinte viria a se tornar possível empreender uma leitura que efetivamente contextualizasse a diferença pura, levando-a a ocupar o lugar de primazia no interior das teses da psicanálise. Com a subversão da hegemonia da representação e a correlativa valorização da força, Freud, finalmente, seria capaz da consideração teórica e clínica do primado do afeto[76]. Com os novos aportes conceituais, a psicanálise se interessaria não mais apenas pelo funcionamento do inconsciente recalcado, mas, também, pela constituição deste. Com esta reorientação, as teses psicanalíticas passariam, cada vez mais, a focar as condições para o funcionamento subjetivo centradas no conceito de pulsão de morte. Postulada por Freud no trabalho intitulado de "Além do princípio de prazer", a dita pulsão, enquanto força, não investe nenhuma representação. Sob hipótese nenhuma este afeto seria passível de ser representado no psiquismo, apontando, assim, para a introdução da diferença pura na obra de Freud[77].

Mais adiante, a pulsão de morte viria receber o aporte de duas importantes proposições freudianas. Primeiramente, o conceito de Isso que, ao não se submeter a nenhum princípio regulador, se opõe frontalmente aos

---

[76] S. Freud, "Presentación autobiográfica" (1925 [1924]), pp. 55-56.

[77] S. Freud, "Más allá del princípio de placer" (1920).

sistemas psíquicos representativos[78]. Com efeito, inconsciente e consciente se organizam, respectivamente, pelos princípios de prazer e de realidade. Pode-se dizer, portanto, que o Isso se contrapõe à hegemonia da representação e suas regras de organização e funcionamento. Em acréscimo a este primeiro aporte, a angústia em regime automático se associaria aos dois conceitos anteriores – pulsão de morte e Isso –, pavimentando o solo para a contextualização da diferença pura em psicanálise[79]. Tais enunciados conceituais traduzem o deslocamento do pensamento freudiano na direção da força irrepresentável, atingindo o monopólio da representação em seu cerne. Correlativamente, o Isso seria apresentado como condição da construção do inconsciente e este, como produto da diferenciação da força.

Mesmo considerando-se a perspectiva tardia do primado do afeto na obra de Freud, ainda assim não se poderia dizer que o trabalho do psicanalista viria a se estabelecer, afinal, como crítica formal, constante ou linear à hegemonia da representação. Nem mesmo com o surgimento das proposições teóricas e clínicas da segunda tópica, centradas sobre a pulsão de morte, o Isso e a angústia automática, semelhante estatuto poderia ser outorgado à obra de Freud. Em nenhum momento do percurso teórico de Freud teria havido uma ruptura definitiva com a representação moderna. Assim é que frequentemente, as teses freudianas posteriores desembocam nas postulações iniciais, as quais se poderia supor que já tivessem sido "superadas". Neste sentido, me parece exagerada a posição de Derrida ao afirmar que Freud teria sido um pensador da diferença pura[80].

Estamos agora em condições de retornar ao problema do estatuto da angústia como afeto desgarrado da representação. Encontramo-nos, afinal, apetrechados para acompanhar o novo encaminhamento da questão do afeto que lhe dá Freud com os argumentos da segunda tópica.

---

78 S. Freud, "El yo y el ello" (1923).

79 S. Freud, "Inhibición, síntoma y angustia" (1926 [1925]).

80 J. Derrida, *A escritura e a diferença*, pp. 191-192.

O "simulacro" freudiano: a angústia em regime automático

A despeito da insistência da diferença pura em apresentar-se, multiplicando os "furinhos do picotado", à época da primeira grande síntese metapsicológica, a dita diferença encontrava-se anestesiada, controlada pelos operadores da representação. Para o pensamento psicanalítico destes tempos, o afeto via-se subordinado à identidade, não tendo adquirido a autonomia que viria a possuir a partir dos anos vinte. A contrapartida clínica do recalque teórico da diferença pura se expressaria através dos obstáculos impostos à análise do sofrimento causado pelo afeto excessivo. Estas barreiras levariam a psicanálise a uma fronteira clínica com severas consequências. Deveras, neste contexto, aqueles que exibiam com preponderância afetos sem qualidades psíquicas não teriam indicação de análise.

Para que se pudesse aquilatá-lo, a psicose se estabelecia como medida do limite. Freud chegara à conclusão de que o "eu do psicótico" deveria ser classificado para além do termo extremo da série de "alterações do eu", série esta que conteria as "subjetividades analisáveis"[81]. Para os psicóticos, a dita alteração seria de tal envergadura que nem mesmo o recalque originário teria se efetuado[82]. Neste caso, o próprio conceito de subjetividade seria inadequado, uma vez que, na hipótese da "foraclusão" psicótica da castração, o investimento do representante ideativo pela quantidade de afeto não teria, sequer, sido levado a efeito ou, por outra, a divisão da subjetividade não teria ocorrido[83]. Para uma psicanálise marcada pela hegemonia da representação, o eu do psicótico não seria "eu" coisa nenhuma, colocando-se a respectiva patologia muito além do limite do analisável. De acordo com Freud, nos casos de psicose a aliança entre o analista e o eu do analisante "comumente" fracassa[84].

---

[81] De acordo com S. Freud, "Análisis terminable e interminable" (1937), pp. 236 e 237, as "alterações do eu" e a "intensidade relativa das pulsões" seriam indicadores decisivos para o êxito terapêutico.

[82] A respeito do recalque originário como condição do recalque propriamente dito, ver S. Freud, "La represión" (1915).

[83] J. Lacan, *O Seminário, livro 3, As psicoses* (1955-1956), pp. 89-105.

[84] S. Freud, "Análisis terminable e interminable" (1937), p. 237.

Sob esta perspectiva, nas primeiras etapas do trabalho de Freud a psicanálise propunha basicamente o acolhimento clínico dos neuróticos, posto serem estes os que se submetem ao recalque, cuja dinâmica consiste na estrutura do funcionamento subjetivo propriamente dito. Já os desajustes atinentes à constituição da subjetividade não seriam privilegiados, quer nas teses freudianas, quer nos consultórios dos analistas deste período. Além dos psicóticos, tampouco os compulsivos ou os adictos encontrariam tratamento suficiente pelo método analítico praticado na época. Somente com os enunciados da chamada "segunda teoria da angústia", com o enunciado da angústia em regime automático, a análise se habilitaria a acolher de modo adequado o sofrimento da psicose e das compulsões.

A questão da angústia é muito precoce nos escritos de Freud. Podemos identificar um primeiro estudo sistemático a respeito deste tema ainda no ano de 1894. No respectivo ensaio, ao estudar as "neuroses de angústia", Freud chegara à conclusão de que a angústia corresponde à força do organismo biológico que invade a subjetividade. Segundo ele, uma vez ultrapassado certo "umbral" a "excitação sexual somática" viria dotar de "excitação psíquica" o "grupo de representação sexual presente na psique". Contudo, na ausência de tais representações, a excitação sexual orgânica invadiria a subjetividade que, sem possibilidade de defesa, se veria à mercê da angústia[85]. Diferentemente da angústia enquanto afeto que, em nome do princípio de prazer, se separa da representação, no texto citado, a angústia seria afeto irrepresentável. Nos termos propostos no artigo de 1894, a angústia escapava, com escândalo, ao onipotente enunciado do princípio de prazer, fugindo às possibilidades compreensivas do modelo freudiano de subjetividade do período correspondente.

Da mesma forma que Platão entrevira o simulacro, Freud, a seu modo, teria sido capaz de vislumbrar a presença incômoda de uma modalidade de diferença que não seria atributo da representação. Assim como a pretensão filosófica do pensador de Atenas seria a de separar as cópias, distanciando-as dos simulacros, dos quais o filósofo não queria nem mesmo ouvir falar, Freud

---

[85] S. Freud, "Sobre la justificación de separar de la neurastenia un determinado síndrome en calidad de 'neurosis de angustia'" (1895 [1894]), pp. 108-109.

acabaria por recalcar conceitualmente a concepção de angústia enquanto afeto irrepresentável. Como verdadeiro "simulacro psicanalítico", a descrição da hipótese de transposição *direta* da excitação sexual – ainda que biológica – em libido psíquica, sem a mediação da representação, não era outra coisa senão o eco da diferença pura batendo às portas do pensamento psicanalítico das primeiras etapas. Desta angústia e de seu surgimento na clínica, a psicanálise dos primeiros tempos teria pouco a dizer e, menos ainda, a fazer.

Tal abordagem inicial do tema da angústia, sem possibilidade de contextualização nos enunciados de Freud da época, viria a sofrer grandes modificações, até atingir, em 1915, o formato da "primeira teoria da angústia", a qual apresentei mais acima, sob a rubrica de aporia. Neste caso, a angústia seria descrita como *efeito* do mecanismo do recalque, correspondente ao desligamento da quantidade de afeto que se separava da representação aversiva. Está claro que este enunciado não coincide com a descrição de 1894, onde a angústia havia sido reconhecida como transposição direta da força do organismo. Nesta formulação anterior, a força não emana de nenhuma dissociação com relação à representação, mas, bem às avessas, trata-se da força enquanto excesso com relação às possibilidades simbólicas da subjetividade.

Mais adiante, em 1925 Freud admitiria que a angústia passava de efeito a causa – digamos melhor, condição – do recalcamento. Estes argumentos definiriam a chamada segunda teoria da angústia. Reconhecendo a angústia como fenômeno automático[86], as teses de 1925 acabariam por contextualizar as proposições precoces de 1894. Finalmente, Freud se veria habilitado a uma compreensão do que se tornara o simulacro psicanalítico e que, por ter sido recalcado na sua obra, se produzira como aporia nos idos de 1915[87]. A nova conclusão freudiana é que o afeto órfão no interior da subjetividade – desligado, ainda que passível de representação – funcionava como sinalização da proximidade da ocorrência psíquica do afeto irrepresentável. O primeiro seria, então, denominado de "angústia-sinal", sinal de advertência para que a subjetividade pudesse preparar-se para a ameaça maior de invasão pelo afeto

---

86 S. Freud, "Inhibición, síntoma y angustia" (1926 [1925]), p. 130.

87 Freud definirá, então, os postulados de 1915 como descrição "fenomenológica" e os de 1925, como exposição "metapsicológica" da angústia. Ver idem, p. 89

sem possibilidade de representação, invasão esta que seria nomeada, por sua vez, de angústia em regime automático. O preparo subjetivo para contraditar o episódio de angústia automática seria levado a efeito com o seguimento do processo de recalque[88].

A angústia automática se veria elevada à condição do recalque, enquanto a angústia-sinal seria seu efeito. Contrapartida do recalque originário, aquela se refere aos limites da subjetividade e corresponde à invasão da força desmesurada sobre o terreno psíquico representativo. Nesta situação, a subjetividade, pilhada em vias da sua própria constituição, não seria capaz de oferecer, como no caso do recalque propriamente dito, um sinal de angústia. Assim, a angústia se produziria como correlata do processo imanente de subjetivação ou diferenciação do modo corporal em modo representativo da subjetividade, dando-se, ela também, como processo. Uniam-se, afinal, as várias concepções da angústia ao descrever-se esta, de modo abrangente, como processo. Lembremos dos escritos de Widlöcher, onde a angústia é nomeada de "afeto puro", anterior logicamente a toda e qualquer representação[89]. Devemos então discriminar o afeto puro de Widlöcher como aquele que diz respeito à angústia automática, isto é, ao afeto purificado de toda e qualquer representação que invada a subjetividade inadvertida, mas não ao afeto desligado da representação que constrange o eu.

Nas propostas conceituais que antecedem o enunciado da pulsão de morte ou ainda mais cedo, antes da introdução do narcisismo do eu, no mais das vezes a força orgânica do corpo biológico consistia no polo potencial da subjetividade, separado e irredutível a esta, definindo-se a subjetivação como processo transcendente. A constituição da subjetividade se compreendia, neste período, através da noção de ligação, ou seja, simbolização da força biológica do corpo. Sob tal perspectiva, a deflagração da angústia era função das impossibilidades simbólicas da subjetividade, mas não remetia aos obstáculos à diferenciação da força da pulsão. Lembremos que a ligação pertence

---

88 Idem.

89 D. Widlöcher, *Métapsychologie du sens*, p. 105.

a Eros[90], que, então, se veria alçado ao lugar de fundamento identitário do domínio irrestrito do princípio de prazer.

Tais opções teóricas indicam um Freud que não teria ainda reconhecido o privilégio da força de desligamento da excitação pulsional. Nos primeiros estudos sobre a angústia, Freud desconsideraria a subjetivação de caráter imanente. Somente com a virada, Freud seria capaz de instrumentar-se conceitualmente pela diferenciação da força do corpo erógeno. Apenas então seria possível uma leitura imanente do processo de subjetivação em psicanálise, este processo induzido pela diferença pura, força indiscriminada e irrepresentável de Tanatos, insuscetível de simbolização. Além de todo fundo ou qualquer que seja a concepção do fundamento da subjetividade, haveria sempre o "sem-fundo" de Tanatos[91].

O retorno do recalcado, ensejando o primado do afeto na teoria freudiana, teria de esperar a década de vinte e, no caso da angústia, precisamente o ano de 1925, até que Freud fosse capaz de empreender a totalidade das ampliações conceituais que se impunham. Só então Freud moveria para o centro dos seus interesses teóricos a força corporal que potencializa o inconsciente e o desejo, passando o dito corpo erógeno a integrar a subjetividade. Freud tornava-se finalmente capaz de compreender a subjetividade como processo de subjetivação de caráter imanente. Deste modo, a diferença pura, autônoma quanto à representação, poderia colocar-se como a condição imanente da subjetividade simbólica e da diferença relativa. A força do corpo erógeno diferencia-se em subjetividade representativa, no interior da qual a quantidade de afeto pode investir – e, portanto, desinvestir – a representação. O afeto desgarrado corresponderia à angústia como quantidade que assola o eu, enquanto o afeto que adentra a subjetividade desavisada seria equivalente à angústia como intensidade, aquele colocando-se como sinal, possibilitando a evitação desta[92].

---

90 S. Freud, "La negación" (1925), p. 256.

91 Para este tema, ver a crítica deleuziana em G. Deleuze, *Apresentação de Sacher-Masoch: O frio e o cruel*, que abordei, ainda que de forma esquemática, no capítulo 1.

92 A respeito da diferença entre intensidade e quantidade, o leitor pode consultar mais acima, neste mesmo capítulo.

Não mais restrito à descrição do funcionamento psíquico, Freud lança seu olhar psicanalítico sobre o advento da subjetividade. A compreensão da angústia automática coroa os esforços de Freud no sentido de estabelecer uma prática clínica mais ampla, capacitada a livrar a subjetividade do sofrimento do corpo erógeno, corpo de que se trata em psicanálise e do qual se pode tratar na análise. A dita abrangência incluiria o tratamento não somente do sofrimento da psicose e da compulsão, mas também um melhor acolhimento das situações-limite, presentes em toda e qualquer análise.

Utilizando os argumentos de Leclaire[93], no caso de tais padecimentos parece-me lícito afirmar que o que se passa é que os limites entre o corpo erógeno e o organismo biológico não se consubstanciam adequadamente. Nas ocorrências da psicose e da compulsão, a anatomia e a fisiologia invadem o corpo erógeno, ao mesmo tempo que o gozo avança insidiosamente, procurando impor-se ao prazer. Na ausência do sinal de angústia, a angústia automática submete e traumatiza a subjetividade inadvertida. É assim que, ao integrar-se ao pensamento de Freud, o simulacro permite – e até mesmo exige – a releitura da totalidade de sua obra.

Bibliografia

BEAUFRET, J. "O poema de Parmênides". In: *Os pré-socráticos: fragmentos, doxografia e comentários – Os pensadores*. São Paulo: Nova cultural, 1989.

BERGSON, H. *La pensée et le mouvent: essais et conférences*. Paris: Quadrige/PUF, 1999.

BIRMAN, J. *Estilo e modernidade em psicanálise*. São Paulo: Editora 34, 1997.

BORCH-JACOBSEN, M. "Dispute". In: CHERTOK, L. (org.). *Hypnose et psychanalyse: réponses à Mikkel Borch-Jacobsen*. Paris: Dunod, 1987.

BREUER, J. e FREUD, S. "Estudios sobre la histeria" (1893-95). In: *Obras completas*, vol. II. Buenos Aires: Amorrortu, 1986.

CHÂTELET, F. (dir.). *História da filosofia: idéias, doutrinas – A filosofia pagã (do século VI a. C. ao século III d. C.)*, vol. 1. Rio de Janeiro: Jorge Zahar, 1973.

---

[93] S. Leclaire, *O corpo erógeno: uma introdução à teoria do complexo de Édipo*, p. 141.

CHÂTELET, F. *Uma história da razão: entrevistas com Émile Noël*. Rio de Janeiro: Jorge Zahar, 1994.

CHAUÍ, M. S. (cons.). "Kant: vida e obra". In: *Kant I – Os pensadores*. São Paulo: Nova Cultural, 1987.

DELEUZE, G. *Apresentação de Sacher-Masoch: o frio e o cruel*. Rio de Janeiro: Taurus, 1983.

DELEUZE, G. *Diferença e repetição*. Rio de Janeiro: Graal, 1988.

DELEUZE, G. "Post-scriptum: sobre as sociedades de controle". In: *Conversações, 1972-1990*. Rio de Janeiro: Ed. 34, 1992.

DELEUZE, G. "Platão e o simulacro". In: *Lógica do sentido*. São Paulo: Perspectiva, 1998.

DELEUZE, G. e GUATTARI, F. *O Anti-Édipo*. Rio de Janeiro: Imago, 1972.

DERRIDA, J. *A escritura e a diferença*. São Paulo: Perspectiva, 1971.

DETIENNE, M. *Os mestres da verdade na Grécia arcaica*. Rio de Janeiro: Jorge Zahar, 1988.

ESOPO. "La zorra y las uvas". In: *Fábulas esópicas* (tradução de A. Martínez Aguilar), fáb. LXII. Madri: Jorge A. Mestas, 1999.

FOUCAULT, M. *Nietzsche, Freud & Marx – Theatrum Philosoficum*. São Paulo: Princípio, 1975.

FOUCAULT, M. *As palavras e as coisas*. São Paulo: Martins Fontes, 1990.

FREUD, S. "Sobre la justificación de separar de la neurastenia un determinado síndrome en calidad de 'neurosis de angustia'" (1895 [1894]). In: *Obras completas*, vol. III. Buenos Aires: Amorrortu, 1986.

FREUD, S. "Proyecto de psicologia" (1950 [1895]). In: *Obras completas*, vol. I. Buenos Aires: Amorrortu, 1986.

FREUD, S. "Sobre la dinámica de la trasferencia" (1912). In: *Obras completas*, vol. XII. Buenos Aires: Amorrortu, 1986.

FREUD, S. "Recordar, repetir y reelaborar (nuevos consejos sobre la técnica del psicoanálisis, II)" (1914). In: *Obras completas*, vol. XII. Buenos Aires: Amorrortu, 1986.

FREUD, S. "La repressión" (1915). In: *Obras completas*, vol. XIV. Buenos Aires: Amorrortu, 1986.

FREUD, S. "Lo inconciente" (1915). In: *Obras completas*, vol. XIV. Buenos Aires: Amorrortu, 1986.

FREUD, S. "Más allá del princípio de placer" (1920). In: *Obras completas*, vol. XVIII. Buenos Aires: Amorrortu, 1986.

FREUD, S. "El yo y el ello" (1923). In: *Obras completas*, vol. XIX. Buenos Aires: Amorrortu, 1986.

FREUD, S. "El problema económico del masoquismo" (1924). In: *Obras completas*, vol. XIX. Buenos Aires: Amorrortu, 1986.

FREUD, S. "Presentación autobiográfica" (1925 [1924]). In: *Obras completas*, vol. XX. Buenos Aires: Amorrortu, 1986.

FREUD, S. "Inhibición, síntoma y angustia" (1926 [1925]). In: *Obras completas*, vol. XX. Buenos Aires: Amorrortu, 1986.

FREUD, S. "La negación" (1925). In: *Obras completas*, vol. XIX. Buenos Aires: Amorrortu, 1986.

FREUD, S. "Nuevas conferencias de introducción al psicoanálisis: 35ª Conferencia. En torno de una cosmovisión" (1933 [1932]). In: *Obras completas*, vol. XXII. Buenos Aires: Amorrortu, 1986.

FREUD, S. "Análisis terminable e interminable" (1937). In: *Obras completas*, vol. XXIII. Buenos Aires: Amorrortu, 1986.

GROS, F. "O cuidado de si em Michel Foucault". In: RAGO, M. e VEIGA-NETO, A. (orgs.). *Figuras de Foucault*. Belo Horizonte: Autêntica, 2006.

G.-ROZA, L. A. *Freud e o inconsciente*. Rio de Janeiro: Jorge Zahar, 1987.

G.-ROZA, L. A. *Palavra e verdade: na filosofia antiga e na psicanálise*. Rio de Janeiro: Jorge Zahar, 1990.

G.-ROZA, L. A. *Introdução à metapsicologia freudiana 1*. Rio de Janeiro: Jorge Zahar, 1991.

HEIDEGGER, M. "O fim da filosofia e a tarefa do pensamento" (1964). In: *Os pensadores*. São Paulo: Nova Cultural, 1989.

HENRY, M. *Généalogie de la psychanalyse*, Paris: PUF, 1985.

HERÁCLITO DE ÉFESO. "Fragmento 12". In: *Os pré-socráticos: fragmentos, doxografia e comentários – Os pensadores*. São Paulo: Nova cultural, 1989.

HERÁCLITO DE ÉFESO. "Fragmentos". In: *Os pré-socráticos: fragmentos, doxografia e comentários – Os pensadores*. São Paulo: Nova cultural, 1989.

LACAN, J. "Función y campo de la palabra y del lenguaje en psicoanálisis" (1953). In: *Escritos 1*. México: Siglo Veintiuno, 1987.

LACAN, J. *O Seminário. Livro 3: as psicoses* (1955-1956). Rio de Janeiro: Jorge Zahar, 1985.

LAPLANCHE, J. e PONTALIS, J.-B. *Vocabulário da psicanálise*. São Paulo: Martins Fontes, 1983.

LARUELLE, F. *Les philosophies de la différence*. Paris: PUF, 1986.

LECLAIRE, S. *O corpo erógeno: uma introdução à teoria do complexo de Édipo*. São Paulo: Escuta, 1992.

MACIEL JÚNIOR, A. *Pré-socráticos: a invenção da razão*. São Paulo: Odysseus, 2003.

MARQUES DE CARVALHO SOUZA, F. "Las meninas de Velásquez na arqueologia de Michel Foucault". *O que nos faz pensar*, n. 16, Rio de Janeiro: Depart. Filosofia / PUC- Rio, novembro de 2003.

MORENTE, M. G. *Fundamentos de filosofia: lições preliminares*. São Paulo: Mestre Jou, 1980.

NIETZSCHE, F. "A filosofia na época trágica dos gregos". In: *Os pré-socráticos: fragmentos, doxografia e comentários – Os pensadores*. São Paulo: Nova Cultural, 1989.

PARMÊNIDES DE ELÉIA. "Sobre a natureza". In: *Os pré-socráticos: fragmentos, doxografia e comentários – Os pensadores*. São Paulo: Nova Cultural, 1989.

PLATÃO. "Sofista". In: *Os pensadores*. São Paulo: Nova Cultural, 1987.

PLATÃO. *Crátilo: diálogo sobre a justeza dos nomes*. Lisboa: Sá da Costa, 1963.

PLATÃO. *Diálogos III: a república*. Rio de Janeiro: Ediouro, sem data.

PLATÃO. *Phédon*. Paris: Flammarion, 1991.

SCHNEIDER, M. *Freud et le plaisir*. Paris: Denoël, 1980.

SISSA, G. *O prazer e o mal: filosofia da droga*. Rio de Janeiro: Civilização Brasileira, 1999.

SOUSA DIAS, A. P. "A filosofia recente e o platonismo". In: CHÂTELET, F. *Platão*, Porto: Rés, sem data.

WIDLÖCHER, D. *Métapsychologie du sens*. Paris: PUF, 1986.

Capítulo 3

O SER NO GERÚNDIO: SOBRE FREUD E FOUCAULT[1]

Para Cláudia Lisboa

Introdução

No início do artigo sobre as pulsões, Freud faz uma importante advertência de cunho epistemológico. Segundo ele, a construção teórica, qualquer que seja o campo da "atividade científica" considerada, se desenvolve como um processo de elaboração ininterrupta dos conceitos. Nestes termos, nem mesmo o "conceito básico" da psicanálise, diante da sucessão dos contextos histórico-sociais, haveria de manter inalterado o correspondente enunciado[2]. A abrangência da advertência freudiana é bastante transparente: os chamados conceitos universais, fixos e permanentes, estariam sendo interpelados e criticados em sua capacidade de fundamentação do pensamento da subjetividade. O que se afirma nos parágrafos introdutórios do ensaio sobre as pulsões

[1] Parte deste capítulo reconsidera algumas ideias que foram inicialmente por mim desenvolvidas para o livro de M. S. Maia (org.), *Por uma ética do cuidado*. Contudo, para a composição do presente texto, tais ideias foram modificadas para sua adequada inclusão na nova trama argumentativa. Para consulta, remeto, portanto, a E. Rozenthal, "Cuidado de si e cuidado do outro: sobre Foucault e a psicanálise".

[2] S. Freud, "Pulsiones y destinos de pulsión" (1915), p. 113.

é o caráter histórico do saber. Para Freud, face à contínua sucessão dos contextos sociais, a instabilidade dos enunciados conceituais da psicanálise poderia até mesmo ser dita estrutural. A incompletude teórica não constituiria, portanto, nenhuma espécie de falha, sendo, ao contrário, a pedra angular da elaboração do saber psicanalítico.

Fazia-se necessária, entretanto, uma contrapartida epistemológica capaz de orientar o psicanalista na direção dos ajustes, constantes e imprescindíveis, dos conteúdos conceituais. Sem maiores rodeios, Freud dirá que as proposições teóricas iriam adquirindo menor "grau de indeterminação", na medida da sua "remissão repetida" à clínica analítica. Está claro que a relação analítica, como qualquer encontro entre sujeitos de um modo geral, repercute as qualidades da conjuntura histórica no interior da qual o dito encontro ocorre. Eis, portanto, o artifício epistemológico encontrado por Freud para manter constantemente atualizados os enunciados teóricos da psicanálise. Pela via da permanente remissão à clínica, as características do contexto social atual, refletidas nos encontros transferenciais que se dão no mesmo período, entrariam em choque com as proposições teóricas já estabelecidas, estas de acordo com as articulações a configurações sociais passadas. O confronto entre o sofrimento das chamadas novas subjetividades ou os "novos sintomas" e as propostas teóricas dadas estabeleceria a direção das necessárias reformulações na descrição e na compreensão das subjetividades[3]. É assim que Freud se mostra, apesar de suas próprias considerações a respeito do antagonismo entre a filosofia e a psicanálise, um bom epistemólogo[4]. Nas linhas e entrelinhas destas assertivas, destaca-se com nitidez a importância capital da dimensão social da subjetividade em psicanálise. A distinção freudiana da clínica como polo fundamental para os ajustes dos conceitos corresponde exatamente à centralidade ocupada pelo encontro para o advento e o funcionamento da subjetividade. Com efeito, na análise, a força da subjetivação emana do encontro transferencial, mas não do saber solitário do analisante ou da habilidade exclusiva do analista.

Desta argumentação pode-se depreender que no pensamento psicanalítico a dimensão social da subjetividade jamais deveria ter sido negligenciada.

---

3 Idem.

4 S. Freud, "Esquema del psicoanálisis" (1940 [1938]), p. 156.

Todavia, a despeito de tais evidências, o caráter alteritário da subjetividade ou a dimensão histórica do inconsciente nem sempre foram admitidos como essenciais ao longo da construção da obra de Freud. Nesta perspectiva, as relações sociais seriam consideradas como exteriores ao exercício de subjetivação, de modo que a subjetividade se veria simplesmente submetida às respectivas relações de poder[5], sem nestas encontrar também a força de sua transformação, fazendo com que, neste caso, sujeito (subjetividade) e sujeitado coincidissem. Já vimos que esta problemática reverbera a proposta crucial de Foucault, para quem a subjetividade encontraria a potência de sua constituição e transformação na resistência ao poder constituído, no coração mesmo das práticas sociais[6].

O objetivo deste capítulo é o de iluminar a oscilação que a valorização da dimensão social do inconsciente adquire nas teses de Freud ou a variação da importância atribuída aos encontros entre sujeitos para a constituição e o funcionamento da subjetividade ao longo do trabalho de Freud. Para atingir tal meta, o diálogo de Foucault com a psicanálise de Freud e Lacan será de fundamental importância. Para o esclarecimento do valor mutável da alteridade e do encontro no desenrolar dos enunciados psicanalíticos, indicarei o contraponto entre, por um lado, a primeira e a segunda tópicas do pensamento freudiano e, por outro, respectivamente, as sociedades greco-romanas da Antiguidade e o cristianismo primitivo, confrontados na pesquisa de Foucault. Veremos também a ocorrência do dito contraponto, respectivamente, entre as tópicas freudianas e os exercícios do cuidado de si e do saber de si, esta oposição igualmente retomada pelo filósofo.

Jacques Derrida, em seu ensaio "Fazer justiça a Freud: a história da loucura na era da psicanálise", nota o caráter da relação intelectual de Foucault ao pensamento de Freud. O argumento de Derrida afirma que tal relação seria, ao mesmo tempo, de centralidade mas, também, de ambiguidade – esta, porém, sendo a condição daquela[7]. No entender de Derrida, para Foucault, Freud teria sido o "porteiro do hoje" ou, ainda, "o guardião das chaves". Nes-

5 Idem.

6 Sobre o tema, ver capítulo 1.

7 J. Derrida, "Fazer justiça a Freud: a história da loucura na era da psicanálise", pp. 101-102.

ta medida, o psicanalista significaria, para as teses foucaultianas, o legítimo representante do fechamento de determinado período histórico, ao mesmo tempo que expressaria a abertura de um outro[8]. Freud representaria, para Foucault, a possibilidade de articulação de uma certa modalidade de interpretação do mundo, característica de um período que se encerrava, a uma nova hermenêutica que passaria, então, a vigorar.

Eis o motivo pelo qual o texto freudiano, segundo Derrida, teria, nada mais, nada menos, do que possibilitado a Foucault a escrita do livro *História da loucura na idade clássica*[9]. Isto porque Freud teria sido o pensador que abre a porta que separa, de um lado, a época da loucura na Idade Clássica, em que se passa a história da loucura contada por Foucault, e, de outro, a época em que o livro é escrito. O pensamento freudiano teria encerrado aquela, ao mesmo tempo que introduzira esta[10]. É aí que se coloca para Derrida a ambiguidade de Foucault ao tratar da psicanálise em seu texto. A dita ambiguidade seria quase "metódica", expressando o reconhecimento de Foucault de que o teor oscilatório que possuiria o pensamento de Freud seria signo de virtude. Com efeito, tal oscilação equivaleria ao movimento da "dobradiça" que possibilita a abertura da porta, franqueando a entrada do pensamento ocidental na modalidade de interpretação moderna (relativa à "*episteme* da Modernidade"). A ambiguidade da leitura que Foucault faz da obra de Freud não indicaria, portanto, nenhuma vacilação teórica do filósofo, apontando até mesmo para o oposto, já que, com este artifício, Foucault expressaria, reverberante, a importância capital do psicanalista para a elaboração das suas próprias teses. Freud seria o "fora de série", no interior das séries nas quais Foucault o inscreve[11].

Entretanto, admitindo-se ou não, a leitura e as respectivas conjecturas de Derrida a respeito da ambiguidade de Foucault sobre Freud, esta

---

8 Idem, p. 103.

9 M. Foucault, *História da loucura na idade clássica*.

10 J. Derrida, "Fazer justiça a Freud: a história da loucura na era da psicanálise", p. 103. A respeito da "Idade Clássica da representação", também chamada de "*episteme* da representação", a qual, no pensamento de M. Foucault, seria sucedida pela "*episteme* da Modernidade", o leitor poderá pesquisar no capítulo 2.

11 Idem.

é incontestável. Pode-se contestar-lhe os motivos alegados, entretanto é certo que a dita ambiguidade dá-se – e de modo radical. As censuras foucaultianas à psicanálise podem eventualmente tornar-se até mesmo virulentas, enquanto as considerações de pertinência das teses psicanalíticas chegam a possuir o teor do enaltecimento. Ainda que a interpretação de Derrida sobre Foucault em relação à psicanálise seja, digamos, otimista, não resta dúvida de que as apreciações foucaultianas poderão servir de rico manancial para a compreensão do texto freudiano. Ainda mais quando tais movimentos teóricos se empreendem de forma extremada, alternando-se entre a virulência e o enaltecimento, o caráter do que se quer verificar tende a ressaltar com maior clareza.

O motivo da repreensão enfática de Foucault à psicanálise é o descentramento do teor social e histórico do inconsciente nas teses psicanalíticas em função da universalidade dos fundamentos destas. Para o filósofo, ao contrário, a consideração da dimensão histórica, social e política da subjetividade ocupará, de ponta a ponta, o lugar de argumento crucial, direto, frontal e inegociável[12]. Para Foucault, a subjetividade não teria cunho moral, senão ético, o privilégio de sua constituição recaindo sobre as "práticas de si", as técnicas de subjetivação ou o vínculo eminentemente histórico entre subjetividade e verdade[13].

Já nos argumentos freudianos, a dimensão alteritária da subjetividade nem sempre ocupa o lugar de preeminência. Tampouco o caráter histórico do inconsciente foi sempre considerado como essencial na obra de Freud. Pode-se observar com clareza que o primeiro modelo psicanalítico de subjetividade, baseado no "desamparo" biológico do infante, acabaria por produzir um sujeito, cujo funcionamento seria presidido por um eu moral, racional e consciente, regulado pelo princípio de realidade. Para tal modelo freudiano, a dimensão do encontro entre sujeitos se veria descentrada e subsumida pela

---

[12] Cf. M. Foucault, *As palavras e as coisas: uma arqueologia das ciências humanas* e cf. M. Foucault, *A arqueologia do saber*, livros nos quais o filósofo coloca-se a contrapelo do humanismo, na oposição a um sujeito universal, fonte de sentido, e contra um sujeito ideal do conhecimento. Para comentários, indico F. Gros, "O cuidado de si em Michel Foucault".

[13] Por exemplo, cf. M. Foucault, *História da sexualidade, vol. 2 – O uso dos prazeres*.

universalidade da biologia ou da razão, estas sendo as condições fundamentais da subjetividade e da subjetivação.

Entretanto, os enunciados da segunda tópica apresentariam a subjetividade enquanto processo imanente de diferenciação, mediado pela demanda do desejo alteritário sobre o organismo biológico do futuro sujeito, tendo sido, deste modo, redimensionado o lugar hegemônico ocupado pelos universais na metapsicologia. As censuras mais eloquentes de Foucault ao pensamento freudiano se dirigem, sem sombra de dúvida, às teses da primeira etapa do pensamento de Freud, mas não às propostas teóricas da segunda tópica. Sob tal perspectiva, o diálogo de Foucault com a obra de Freud nos servirá de guia, a relação de ambiguidade do pensamento do filósofo ao do psicanalista definindo a tônica deste encontro especial.

A soberania do eu em psicanálise: o saber de si

O relevo da dimensão alteritária da subjetividade sofre consideráveis mudanças no pensamento de Freud, em cujas teses não foi sempre prioritária a importância atribuída ao caráter social na constituição do inconsciente. Há um modelo de subjetividade, constante de toda uma primeira etapa da obra psicanalítica, no interior do qual a condição do advento do psiquismo recairá sobre a insuficiência primitiva do organismo. Neste caso, as características de força antecipatória do desejo alteritário, capaz de evocar o inconsciente infantil, seriam secundarizadas[14]. Nestas celebradas teses, que correspondem aos argumentos da primeira tópica, Freud avança que o infante, biologicamente incapaz, não possui a habilidade que lhe autorizaria a levar a cabo a "ação específica". Impedido de efetuar a alteração direta no mundo externo que lhe permitiria sobreviver, o infante se vê, de início, impossibilitado de satisfazer as próprias necessidades. Esta trama configura a base da famosa proposta do desamparo infantil, considerada por muitos como a pedra angular da obra freudiana[15].

---

[14] Sobre esta questão, conferir a descrição que fazemos, mais adiante, neste mesmo capítulo.

[15] S. Freud, "Proyecto de psicología" (1950 [1895]), pp. 362-363.

Do ponto de vista da metapsicologia, o estado que corresponde ao desamparo denomina-se de "autoerotismo" das pulsões sexuais. Nos enunciados de 1905, Freud supõe que o autoerotismo é a condição originária da subjetividade, estado de caráter, estritamente, não-alteritário e sem qualquer objeto. Nesta situação fundamental, a pulsão sexual enquanto força motriz que condiciona a subjetividade encontra-se totalmente isolada, satisfazendo-se retroativamente na região anatômica corporal que é a sua própria fonte. "Destaquemos, como o caráter mais chamativo [do autoerotismo], o fato de que a pulsão não está dirigida a outra pessoa; se satisfaz no próprio corpo", dizia Freud[16]. "[A pulsão sexual infantil] não conhece um objeto sexual, pois é *auto-erótica*", complementava ele[17].

Para evitar o que representaria para Freud a *ameaça* do monismo em que tal hipótese lançaria suas teses, o psicanalista enuncia a existência, desde o início, das pulsões do eu, as quais, não obstante, coincidem com as funções fisiológicas[18]. Potencializado pelas pulsões que levam o seu nome, haveria um eu equivalente à constelação espontânea e imediata do organismo biológico e, portanto, como as referidas pulsões, também o eu existiria desde o início[19]. Assim, o dito eu inicial teria prescindido do encontro para constituir-se, admitindo-se, pois, como secundário o investimento desejante que emana do outro[20]. Em suma, nestes enunciados seminais o *desejo do Outro*[21], isto é, daquele que antecipa o lugar da subjetividade, designando-a *a priori e simbolicamente*, não ocupa a preeminência para o advento desta[22].

---

16 S. Freud, "Tres ensayos de teoría sexual" (1905), p. 164.

17 Idem, pp. 165-166, itálico original de Freud. Ver, a respeito do autoerotismo, ainda neste mesmo texto, as noções de "zona erógena" e de "prazer de órgão".

18 S. Freud, "La perturbación psicógena de la visión según el psicoanálisis" (1910), pp. 211-212.

19 Esta temática pode ser encontrada no capítulo 1.

20 S. Freud, "Tres ensayos de teoría sexual", pp. 164-166.

21 J. Lacan, *O Seminário. Livro 11: os quatro conceitos fundamentais da psicanálise* (1964).

22 A respeito do Outro como alteridade radical, sobre as diferenças entre este Outro e o outro (com minúscula), indico o capítulo 1 e também, mais adiante, o presente tópico, onde teço considerações concernentes ao "estádio do espelho" lacaniano. Sobre a capacidade do Outro de antecipação simbólica da subjetividade, indico apenas a segunda referência.

Em tal modelo de subjetivação, o eu inicial, constelação biológica e imediata, seria sucedido pelo "eu-realidade", regulado pela razão, pela reflexão e pela consciência. A despeito, portanto, de sua origem natural e autopreservativa, o eu – paradoxalmente – viria a ser atravessado de alto a baixo pela razão[23]. Estruturado pela razão universal, o dito eu possuiria, como o eu biológico dos primórdios, um caráter não-sexual, sendo que a sexualidade teria até mesmo a capacidade de desvirtuá-lo. Decorre destes argumentos que, desde que suficientemente afastado da influência perniciosa da sexualidade inconsciente, o eu-realidade posterior seria capaz de presidir de forma adequada a subjetividade[24]. Pelo fato de ser possuidor do saber racional, cuja contraparte é a clareza cristalina da objetividade, o eu seria também considerado como o regente ideal da organização social dos indivíduos[25]. A razão do eu deveria prevalecer sobre a sexualidade dos encontros, ou seja, sobre o investimento inconsciente que advém da alteridade e que, neste contexto de subjetivação, seria até mesmo admitido como potencialmente corruptor do bom senso e do senso comum.

Pela via da interpretação, o tratamento analítico que se articula a este modelo de subjetividade tem como meta a mitigação do conflito psíquico entre, por um lado, representações racionais e conscientes do eu não-sexual e, por outro, representações inconscientes e sexualizadas. Quando o analisante, submetido à prática interpretativa do analista, for capaz da transformação do inconsciente recalcado em eu consciente; quando aquele tiver habilidade para a rememoração do trauma que o fizera adoecer, isto é, quando da produção das representações da suposta verdade material do trauma, tal saber será a condição da dissipação do afeto, diminuindo, finalmente, o sofrimento do analisante. Esta prática analítica, cujo auge se dá no período do chamado

---

23 Por exemplo, S. Freud, "Formulaciones sobre los dos principios del acaecer psíquico" (1911), p. 228.

24 Por exemplo, S. Freud, "La perturbación psicógena de la visión según el psicoanálisis" (1910), p. 214.

25 A respeito do tema, cf. S. Freud, "La moral sexual 'cultural' y la nerviosidad moderna" (1908).

método catártico e da teoria da ab-reação, denota claramente a hegemonia da representação em psicanálise[26].

A atenuação do conflito psíquico seria alcançada na medida em que as representações recalcadas se tornassem cada vez mais conhecidas – ou reconhecidas – pelo eu. Em suma, o operador primordial de subjetivação seria o saber racional a respeito de si, ou seja, o saber de si. Possuidor da competência intrínseca da razão, do bom senso e do senso comum, o eu deveria ser fortalecido intelectualmente no processo de análise. Desde que robustecido pelo saber de si, o eu racional e consciente, fundado na capacidade autônoma da autoconservação do organismo, poderia fazer frente, mais e melhor, à violência da invasão da sexualidade e, deste modo, aliviar-se do sofrimento[27].

Nesta perspectiva, a análise se baseia na hierarquia entre o eu do analista e o do analisante. Tendo levado a cabo sua análise pessoal, o analista seria o titular de um saber de si suficiente, encontrando-se, por este motivo, livre o bastante da influência perniciosa e enganadora da sexualidade inconsciente[28]. O domínio do saber de si elevaria o analista a uma pretensa posição de neutralidade. Segundo Birman, neste caso a figura do analista equivaleria à de um pesquisador neutro, orientado pela razão, capaz do controle da sexualidade recalcada, aproximando-se a psicanálise de um "experimento científico"[29].

Em tal quadro de preponderância absoluta do saber, a sexualidade inconsciente do analista não seria considerada em seu aspecto de força de demanda capaz de evocar o inconsciente do analisante. No quadro destas presumidas condições de neutralidade, o eu do analista se prestaria a ocupar o lugar de ideal para o eu do analisante, substituindo-se aos valores sociais identificativos. Desta forma, o processo clínico visaria, afinal, a identificação do eu do analisante ao eu do analista[30].

---

26 Sobre este tema, o leitor deverá consultar o capítulo 2.

27 Este viés de leitura das teses de Freud se constituiria como um dos marcos centrais para os enunciados da "psicologia do ego".

28 S. Freud, "Análisis terminable e interminable" (1937), pp. 223-224.

29 J. Birman, *Estilo e modernidade em psicanálise*, p. 29.

30 L. Chertok e I. Stengers, *O coração e a razão: a hipnose de Lavoisier a Lacan*, p. 249.

No interior deste modelo, a concepção de um eu não-sexual indicaria a valorização da biologia, antes, e, a seguir, ainda que paradoxalmente, a entronização da razão universal. Nestas teses que se apresentam majoritariamente com os enunciados da primeira tópica, o saber de si teria a preeminência como operador de subjetivação. Desde que o eu tivesse se saído vencedor no combate contra o influxo erótico e inconsciente das pulsões sexuais, a potência da reflexão racional egoica seria resgatada. Deste modo, o dito eu se veria habilitado a fazer um uso amplo do saber de si, que presidiria o funcionamento psíquico e, socialmente, se constituiria como o regente ideal da organização dos indivíduos.

O modelo de subjetividade da primeira tópica se estrutura pela hegemonia da representação e suas quatro raízes, a saber, a diferença relativa, a identidade, a semelhança e a proporção. A despeito, portanto, da crítica que Freud lhes opunha[31], o cerne de tais enunciados encontrava-se demasiadamente marcado pelos antigos ideais iluministas da valorização da vida biológica, da razão, da consciência e da reflexão e, a seguir, pelo cientificismo do século XIX. Todos estes fatores viriam a convergir, na clínica e na teoria psicanalíticas desta etapa da obra freudiana, no relevo dado ao saber de si.

Neste contexto, via-se diminuído o valor conceitual e operativo do encontro entre sujeitos. O potencial de subjetivação que diz respeito ao investimento inconsciente, cujo protótipo seria a fala desejante da mãe sobre o corpo biológico do infante, não adquirira relevo de protagonismo teórico. Do mesmo modo, na análise a transferência não atingira sua acepção mais plena, encontrando-se o respectivo foco centrado no inconsciente *do analisante*, mas não na relação transferencial propriamente dita. A representação mantinha sua hegemonia às custas do descentramento do encontro, do investimento alteritário, erógeno e inconsciente, e da diferença pura.

A respeito da preponderância do investimento alteritário para a constituição da subjetividade, Jacques Lacan ensina que somente o Outro – mas não o outro – possuiria a capacidade simbólica imanente de antecipação da subjetividade. A teoria do "estádio do espelho" é aquela que melhor permite

[31] A respeito da crítica de Freud à hegemonia da representação, indico a leitura do capítulo 2.

a compreensão destas teses cruciais[32]. Da mesma forma que a "metáfora paterna"[33], o estádio do espelho configura também uma metáfora para descrever o processo de subjetivação e o advento da subjetividade dividida. O que se depreende claramente destes enunciados lacanianos é a participação definitiva e permanente do Outro como condição da produção de subjetividade. Metamorfoseado de espelho plano, o Outro seria o mediador antecipatório capaz de refletir a fragmentação do corpo biológico infantil sob a forma de imagem egoica, caracterizada pela totalidade, unidade e identidade. Enquanto materialização da cultura, da sociedade ou da linguagem, sendo descrito como o tesouro da totalidade dos significantes, o Outro permite a reflexão e a substituição metafórica, do organismo biológico do infante pela imagem precipitante e alienante do eu[34].

A este Outro como espelho plano e condição de subjetivação Lacan opõe o outro como "espelho puro". Ao contrário do estádio do espelho, no qual o Outro, correspondente ao "Simbólico", possui a capacidade de antecipar a subjetividade dividida, Lacan supõe a alternativa da configuração primordial de um espelho puro. Este seria constituído por uma superfície tão transparente que não permitiria que houvesse nem mesmo um resquício de imagem refletida[35]. Se grafarmos a "fórmula" simbólica da reflexão diante do espelho plano, temos algo como "A=B", onde A seria o *je* (eu, em francês) Real, e B, o *moi* (outra forma da palavra eu, em francês) como a respectiva imagem especular do *je*. Esta equação corresponderia à metáfora da constituição da subjetividade. Já no caso do espelho puro o que se obtém é a duplicação Real, que se escreveria como "A=A", fórmula da identidade absoluta, que implica a impossibilidade radical de subjetivação.

Na ausência do Outro, a presença apenas do outro não poderia mais do que emprestar à relação pré-edipiana o caráter inerte e paralítico da estagnação total. A este respeito, Lacan, utilizando-se de seu estilo notadamente

---

32 J. Lacan, "El estadio del espejo como formador de la función del yo [je] tal como se nos revela en la experiencia psicoanalítica" (1949).

33 J. Lacan, *O Seminário. Livro 5: as formações do inconsciente* (1957-1958), pp. 166-184.

34 J. Lacan, "El estadio del espejo como formador de la función del yo [je] tal como se nos revela en la experiencia psicoanalítica" (1949).

35 J. Lacan, "La agresividad en psicoanálisis" (1948), p. 102.

teatral, pede a seus leitores que imaginem o que sucederia a um analisante que visse em seu analista a réplica exata de si mesmo. Para Lacan, nesta hipótese, uma vez que não se efetivara a adequada mediação alteritária (Outro) entre analista e analisante, a transferência viria a sofrer o obstáculo paralisante da "angústia incontrolável", associada ao surgimento de uma extrema agressividade por parte do analisante. Incapaz de produzir as condições antecipatórias para a criação simbólica da subjetividade, o outro acabaria por corresponder à figura do "duplo" – à qual já havíamos aludido – que corresponde à invasão do corpo erógeno pela biologia do organismo [36] [37].

O que se depreende de tais argumentos é que, sem a interveniência simbólica do Outro, ou melhor, na situação em que a centralidade do caráter social na constituição do inconsciente é negligenciada, o eu se encontra duplicado no outro. Quando a dimensão erógena do encontro não se acha suficientemente destacada como operador de subjetivação e o saber de si prepondera, estamos diante da metáfora lacaniana do espelho puro. Na situação analítica que lhe corresponde, o único afeto que se poderia desencadear no eu do analisante seria a angústia automática[38].

A partir da questão do espelho ou, mais exatamente, da problematização do olhar, Foucault viria a empreender sua crítica central e visceral aos pressupostos identitários universais da subjetividade em psicanálise.

Foucault, crítico da psicanálise

Foucault investe grande parte da sua atenção sobre a função do olhar e da imagem. Lembremos que para nosso filósofo o protótipo de funcionamento da

---

[36] J. Lacan, "La agresividad en psicoanálisis" (1948), p. 102. A respeito dos efeitos de angústia causados pela ação do "duplo" indico S. Freud, "Lo ominoso" (1919). Para autores que elaboram a mesma questão, no âmbito da literatura, ver E. A. Poe, "William Wilson", e, exatamente sobre espelhos, G. de Maupassant, "O Horla" e M. de Assis, "O espelho".

[37] Sobre a superposição entre os corpos erógeno e biológico, o leitor poderá consultar o capítulo 1. Para uma explanação mais abrangente a respeito de tal compreensão dos enunciados psicanalíticos, indico a leitura de minha tese de doutorado intitulada E. Rozenthal, O *pulsar da diferença: considerações acerca do processo de subjetivação em psicanálise*.

[38] S. Freud, "Inhibición, síntoma y angustia" (1926 [1925]).

sociedade disciplinar corresponde ao *panóptico*, estrutura arquitetônica imaginada por Bentham. Destacado pela forma em anel, o dito panóptico seria constituído de pequenas celas ao redor de uma torre central, de onde todos os corpos, independentemente do lugar que ocupassem no interior das celas, se encontrariam controlados pelo escrutínio da visão[39].

Para a sociedade disciplinar, a função da imagem teria se colocado no centro do tratamento da "alienação". Foucault denuncia que a estratégia de cura utilizada pela psiquiatria do século XIX seria a de estabelecer o controle sobre o louco pela via de deflacionar a imagem onipotente que este teria tecido de si mesmo. O tratamento dos "alienados" pelos psiquiatras da época faria uso de um dispositivo que se implementa pelo constante confronto entre a imagem de si do louco, inflacionada pela loucura, e a realidade, ou seja, a figura insofismavelmente miserável e depauperada do doente. O tratamento psiquiátrico brotaria da comparação entre a produção subjetiva do psicótico, considerada mórbida e sem qualquer valor, e o "silêncio daqueles que representam a razão, e que apenas seguram o espelho perigoso"[40].

Pode-se ler nas teses de Foucault que a psicanálise também se utilizaria da estrutura da imagem, mas como ferramenta operadora de "curas verdadeiras de falsas doenças". Neste caso, Freud seria a figura sobre a qual "toda a psiquiatria do século XIX converge". Nas palavras do filósofo, o psicanalista teria elevado à enésima potência suas "virtudes de taumaturgo", tendo até mesmo se convertido no "Olhar absoluto", "o espelho no qual a loucura [...] se enamora e se afasta de si mesma"[41].

Pode-se inferir que para Foucault, diante do analista tomado como espelho absoluto, dar-se-ia a correção pedagógica do saber de si do alienado considerado em sua inequívoca distorção. Tal efeito seria obtido pela via da interpretação analítica. Para tanto, a psicanálise admitiria a existência de uma imagem ou representação psíquica identitária, tradução subjetiva supostamente verdadeira da realidade, da qual a produção imagética do psicótico estaria a léguas de distância. Com efeito, o eu – se nos restringirmos ao

39 M. Foucault, *Vigiar e punir: nascimento da prisão*, terceira parte, cap. III.

40 M. Foucault, *História da loucura na idade clássica*, pp. 491-493.

41 Idem, pp. 501-503.

modelo freudiano inicial de subjetividade – seria considerado em sua capacidade estrutural de representar fidedignamente a realidade. Ao sair vencedor na luta contra a sexualidade inconsciente deformadora, o dito eu teria resgatado a razão do saber de si, contraparte do saber claro sobre a objetividade.

Já vimos que para esta teoria psicanalítica o eu da razão possui o privilégio, descentrando a sexualidade do encontro, sendo o analista considerado o detentor de um saber de si suficiente, de forma a permitir que o analisante, pelo caminho da rememoração, transforme o inconsciente recalcado e sexualizado em representações conscientes e verdadeiras da realidade. Sob esta perspectiva, da mesma forma que no dispositivo criado pela psiquiatria do século XIX, a interpretação analítica funcionaria como instrumento de cunho obviamente moralizante para o ajuste ortopédico da representação de si do psicótico. A dita interpretação corrigiria as deformações do saber de si e das coisas, distorções que, no âmbito da psicanálise, teriam sido causadas pela sexualidade. Finalmente investido pela consciência e pela razão suficiente, o eu do psicótico se afastaria do saber de si distorcido para, de posse do bom senso e do senso comum, ser capaz de orientar a subjetividade pelas sendas incertas da realidade do mundo.

Para Foucault, a psicanálise teria se estabelecido como "saber sobre a loucura", enquanto que, ao louco, o pensamento de Freud teria negado todo o saber de si verdadeiro, reservando-lhe nada mais do que o lugar da ignorância total. Seguindo o método da "arqueologia do saber", a investigação foucaultiana consideraria que, quanto à doença mental, a psiquiatria e a psicanálise convergiriam pela consideração de que o louco não seria capaz de nenhum tipo de produção de si, ou seja, de nenhuma subjetivação, sendo portanto a loucura equivalente a uma abrangente "ausência de obra"[42]. Propondo o uso da medicação como condição da correção ortopédica da imagem de si, a psiquiatria haveria subtraído da figura do alienado todo o potencial de (auto)criação. A mesma estratégia teria sido adotada pela psicanálise, na medida em que, ao negar ao louco qualquer possibilidade de produção de si e de enunciação da verdade sobre si, o pensamento psicanalítico acabaria por reduzir a loucura ao silêncio

---

42 M. Foucault, "Préface", p. 162.

total[43]. Nesta perspectiva, Foucault sugere que a psicanálise equivale a um derivado teórico do tratamento moral do "alienismo" psiquiátrico[44].

Apesar de que Foucault, de um modo geral, reconheça nos escritos de Lacan uma posição de extrema coerência, baseada na suposta intenção lacaniana de subjetivação dos seus leitores que o texto "obscuro" do psicanalista possuiria[45], ainda assim parece ser sobre os enunciados do estádio do espelho que recaem as maiores admoestações do filósofo. Neste contexto, é lícito supor que, para Foucault, os ditos enunciados de Lacan, fundados explicitamente sobre a prematuração infantil[46], corresponderiam à hipótese universalista e biológica do desamparo do infante como condição efetiva para o advento da subjetividade e das suas patologias. Na medida em que a insuficiência da estrutura biológica do infante teria sido admitida como o pressuposto do estádio do espelho, pode-se depreender que a crítica foucaultiana seria a de que a rubrica da história fora secundarizada pelo pensamento de Lacan a respeito da subjetividade e da subjetivação. A psicanálise lacaniana teria desvalorizado a função do encontro como condição para a criação de si e, da mesma forma, haveria deflacionado a relação à alteridade como condição do sofrimento psíquico.

Mais adiante em sua obra, Foucault viria a explicitar sua nova metodologia de pesquisa. A arqueologia do saber seria deslocada, dando lugar ao novo método de trabalho, denominado "genealogia do poder", o qual Foucault buscara na filosofia de Nietzsche[47]. Para ambos, Nietzsche e Foucault, a dita genealogia difere da história tradicional naquilo que esta última apresenta de busca tanto das "finalidade[s] monótona[s]", quanto da pesquisa das "origens". Ao contrário do historiador, o "genealogista" se interessa pela "singularidade dos acontecimentos"[48]. O historiador apresenta os fatos segundo uma determinada linearidade cronológica, desde as origens até as finalida-

---

43 M. Foucault, *História da loucura na idade clássica*, p. 509. Para comentários, indico J. Birman, *Entre cuidado e saber de si: sobre Foucault e a psicanálise*, pp. 38-39.

44 M. Foucault, *História da loucura na Idade Clássica*, pp. 501-502.

45 M. Foucault, "Lacan, le "libérateur" de la psychanalyse", p. 205.

46 J. Lacan, "El estadio del espejo como formador de la función del yo [je] tal como se nos revela en la experiencia psicoanalítica" (1949).

47 M. Foucault, "Nietzsche, a genealogia e a história".

48 Idem, pp. 15-16.

des. Já o genealogista segue algo que se poderia chamar de "perspectivismo", afirmando a história sempre no gerúndio, isto é, "com suas intensidades [...] furores secretos [...] agitações febris [...] como o próprio corpo do devir"[49].

Conduzido, agora, por sua genealogia do poder disciplinar, a crítica foucaultiana à psicanálise se desdobra para expressar a evidência desta como modalidade de poder. Foucault questiona, então, a relação entre a subjetividade e a admitida verdade psicanalítica universal do "complexo de Édipo". Além de reafirmar o questionamento do estádio do espelho lacaniano, certamente enquanto articulado à hipótese universalista na qual o organismo biológico seria pressuposto como condição da subjetividade, Foucault critica direta e explicitamente o lugar de centralidade do complexo de Édipo no pensamento psicanalítico[50].

Sob a perspectiva de Foucault, a psicanálise teria negligenciado o caráter alteritário ou a dimensão histórica da subjetividade em prol da universalidade do saber de Édipo. Colocando em xeque tal saber, para o filósofo a situação edipiana não teria nada de universal, tendo sido utilizada pelos psicanalistas como estratégia a serviço do poder disciplinar[51]. A psicanálise haveria, afinal de contas, se submetido aos artifícios da "microfísica do poder" dominante, tendo Freud sucumbido aos dispositivos de poder de seu tempo. A análise clínica por via da regra da associação livre, ao instar o analisante a dizer tudo o que lhe viesse à cabeça, sem qualquer censura, não seria mais do que uma tecnologia de controle e vigilância a serviço da disciplina e da "docilidade" dos corpos dos indivíduos[52]. Na sequência de sua obra, é, deveras, sobre o objeto central do controle exercido pelo poder disciplinar, ou seja, é em torno da questão dos corpos que Foucault vai lançar seus mais poderosos dardos envenenados na direção dos enunciados psicanalíticos. Sob esta ótica, a

49 Cf. M. Foucault, idem, pp. 20 e 30.

50 Por exemplo, M. Foucault, "A verdade e as formas jurídicas", cap. II. Para comentários, ver J. Birman, *Entre cuidado e saber de si: sobre Foucault e a psicanálise*, pp. 60-61.

51 M. Foucault, "A verdade e as formas jurídicas", cap. II.

52 Sobre a técnica da associação livre, articulada à prática da confissão, procurar em M. Foucault, *História da sexualidade, vol. I – A vontade de saber*, p. 64. Para comentários, ver J. Birman, *Entre cuidado e saber de si: sobre Foucault e a psicanálise*, pp. 66-67. A respeito dos corpos dóceis, indico M. Foucault, *Vigiar e punir: nascimento da prisão.*

prática analítica inclui-se na "micropolítica do poder disciplinar", visando, no fim das contas, manter os corpos dóceis.

Interessado na problematização dos corpos *vis-à-vis* as práticas de poder, a interpelação de Foucault à psicanálise terá, então, como cenário literário, o trabalho de pesquisa intitulado *História da sexualidade*. Nesta obra, escrita em quatro volumes, Foucault busca estabelecer a genealogia ocidental da noção moderna de sexualidade. No primeiro volume, o autor desenvolve um diálogo cara a cara com o pensamento psicanalítico no que toca a problemática do corpo e da sexualidade[53]. De fato, o que está em questão em *A vontade de saber*, é a relação do sujeito moderno com a sexualidade. Para descrevê-la o filósofo elege as teses psicanalíticas como contraponto privilegiado. É assim que Foucault argui a suposta posição libertária da psicanálise, posição esta que estaria inscrita nos conceitos psicanalíticos de inconsciente e de desejo sexualizados[54]. Para Foucault, na realidade a situação seria vista de maneira inteiramente diferente.

Para o filósofo, o Estado moderno apresenta-se em correspondência a uma sociedade disciplinar que se estrutura pelo que ele denomina de "biopoder". No interior deste, a qualidade biológica dos corpos dos indivíduos passaria a constituir a principal riqueza das nações. Com o intuito de preservar a dita riqueza e a consequente manutenção do biopoder, o respectivo comando viria a se utilizar do *dispositivo da sexualidade*. Nos argumentos de Foucault, o biopoder, ao operar o dispositivo da sexualidade, investiria na produção de diversos saberes, conformando uma "ciência do sexual", também chamada de sexologia[55]. O objetivo desta ciência abrangente seria o de, ao mesmo tempo, fortalecer a visibilidade e a "dizibilidade" dos corpos e fomentar a vigilância e o controle sobre estes através de práticas médicas e higiênicas. Neste contexto, teria emergido a medicina preventiva ou "medicina social" que orienta a sociedade na direção da medicalização e da higienização dos corpos, contribuindo finalmente para uma "anatomopolítica do corpo humano" e uma "biopolítica da população"[56].

53 M. Foucault, *História da sexualidade, vol. I – A vontade de saber*.

54 Idem, pp. 66-69.

55 Idem, pp. 69-71.

56 Idem, p.131.

A psicanálise teria surgido no bojo deste contexto histórico. Para Foucault, com a proposta do inconsciente sexualizado, proposta de uma suposta libertação do desejo recalcado e do sofrimento psíquico, a obra psicanalítica se inseriria, bem às avessas, no dispositivo da sexualidade, alinhando-se na realidade com os saberes da sexologia de um modo geral. Constituída como ciência do sexual, a psicanálise estaria a serviço do biopoder, na contramão do projeto libertário como alardeavam os psicanalistas[57].

No epicentro do embate teórico que trava com a psicanálise, Foucault situaria a famosa "hipótese repressiva". O filósofo chama a atenção para o fato de que, na base das teses psicanalíticas, o desejo e a sexualidade vinculam-se à lei, esta sendo até mesmo a condição de possibilidade daqueles[58]. Com efeito, para Freud a "repressão" da sexualidade pela "lei-linguagem" civilizatória geraria o "conflito psíquico", pressuposto psicanalítico do mal-estar na cultura moderna. O tratamento analítico se proporia, pois, a libertar o desejo do sujeito do sofrimento da repressão. Entretanto, Foucault denunciaria que a própria concepção do desejo em psicanálise se acha condicionada pela lei, na medida em que esta, ao instaurar a proibição e o limite, teria criado a falta, condição absoluta daquele[59]. Sendo assim, a des-repressão psicanalítica do desejo do sujeito nada mais faria do que mantê-lo a serviço da lei que o constitui.

A argumentação de Foucault não apenas desmascara os enunciados de Freud a respeito da repressão da sexualidade pelo comando da sociedade, mas propõe, de modo radical e inexorável, que no período considerado, a dita repressão nem mesmo teria acontecido. Muito pelo contrário, segundo o filósofo, o biopoder disciplinar moderno teria se locupletado com a máxima divulgação da sexualidade e com tudo que lhe diz respeito. As táticas da biopolítica, exatamente pela via da publicidade exagerada da sexualidade, visariam a legitimação da vigilância reativa e a promoção da disciplina, tais mecanismos de controle implementados pela medicalização dos corpos e pela higienização da saúde. A despeito, portanto, do ufanismo dos

[57] Idem, pp. 53-71.

[58] Idem, pp. 106-107.

[59] S. Freud, "El malestar en la cultura" (1930 [1929]).

psicanalistas de que pela teoria e pela clínica analíticas o desejo sexual teria sofrido des-repressão cultural, para Foucault a psicanálise, ao se incluir no dispositivo social da sexualidade, inscreveria suas teses no ideário do biopoder. A contrapelo do que propunha, o pensamento psicanalítico viria a contribuir para a manutenção do estado de docilidade dos corpos dos indivíduos[60].

De acordo com as observações de Foucault, a pretensão de cientificidade da psicanálise - o que, para o filósofo, seria um traço insofismável da obra de Freud - converge também com os interesses do biopoder, na medida da prioridade do saber de si para o pensamento freudiano da subjetividade[61]. Foucault retoma, então, a sua crítica à universalidade da interdição do incesto e do complexo de Édipo, proposições estas que teriam sido elevadas pela psicanálise ao lugar de fundamento do psiquismo[62]. Quanto a tais proposições, o que estaria na mira de Foucault seria a desvalorização da dimensão histórico-genealógica da subjetividade pelo alegado caráter universalista do saber "científico" da psicanálise.

As observações foucaultianas retomam também a censura já imposta pelo filósofo à naturalidade biológica do psiquismo na obra psicanalítica, em detrimento do estatuto social do inconsciente. Na perspectiva do novo quadro filosófico, sob o signo da genealogia do poder, pode-se supor que as restrições de Foucault ao estádio do espelho de Lacan viriam a se redobrar. Segundo o filósofo, as estratégias do dispositivo disciplinar do biopoder se exercem prioritariamente pela via do olhar vigilante, sendo este o instrumento de captura e controle permanente sobre os indivíduos de forma a tornar dóceis seus corpos[63]. Para Lacan, ao contrário, o olhar se constitui como operador fundamental de subjetivação, de tal modo que o corpo fragmentado do infante adquire, pela via do dito olhar - do infante e do Outro -, a imagem de unidade e totalidade egoicas. Seria, por conseguinte, pela ação do olhar que o infante, biologicamente insuficiente, se veria introduzido na potência do

60 M. Foucault, *História da sexualidade, vol. I - A vontade de saber*, pp. 136-141.

61 Idem, pp. 53-71.

62 M. Foucault, "A verdade e as formas jurídicas".

63 M. Foucault, *Vigiar e punir: nascimento da prisão*.

território simbólico da linguagem[64]. Se, para Lacan, é pelo estádio do espelho e pelo olhar que o desamparo biológico infantil se transforma em potencial de constituição de si e, afinal, em sujeito da linguagem e da fala, para Foucault o que está em jogo é precisamente o oposto. Certamente, para o filósofo, o estádio do espelho traduziria, na gramática própria à psicanálise, a estratégia do poder capilar das disciplinas, levada a efeito pela manutenção dos corpos dos indivíduos sob rigorosa vigilância[65].

Na filosofia de Foucault, o poder capilar teria a capacidade de produzir nos sujeitos um saber de si que não teria nada de singular. Ao contrário, este saber, associado às práticas de poder, acabaria por se tornar uma eficiente técnica de objetivação e controle dos indivíduos, mas não teria qualquer potencial de engendrar um processo de subjetivação propriamente dito[66].

O modelo freudiano da interpretação infinita e das forças

Iniciamos o capítulo afirmando que a dimensão social da subjetividade em psicanálise não deveria nunca ter sido negligenciada. Não obstante, teria havido, nas teses de Freud, uma ambiguidade com relação à valorização dos encontros como condição do processo de subjetivação. Durante o período relativo aos enunciados teóricos da primeira tópica, no mais das vezes os conceitos da biologia ou da razão correspondentes à universalidade, tanto do complexo de Édipo, quanto da interdição do incesto, constituiriam o fundamento da subjetividade em psicanálise. Neste caso em que os encontros seriam considerados na exterioridade da subjetivação, os ditos conceitos universais se veriam entronizados, vindo a fundamentar o pensamento freudiano da subjetividade que, nesta alternativa, possuiria evidente caráter transcendente.

---

[64] J. Lacan, "El estadio del espejo como formador de la función del yo [je] tal como se nos revela en la experiencia psicoanalítica" (1949).

[65] Para comentários, consultar J. Birman, *Entre cuidado e saber de si: sobre Foucault e a psicanálise*, pp. 62-63.

[66] Ver, a este respeito, J. Revel, *Michel Foucault: conceitos essenciais*, pp. 77-79.

Ao contrário, as teses da segunda tópica valorizariam prioritariamente o encontro entre sujeitos, propondo a consideração teórica de uma subjetividade que se diferencia e de uma subjetivação de cunho imanente na qual a potência de transformação emana exatamente do coração das relações entre sujeitos. Nesta perspectiva, a subjetividade aufere a respectiva força constituinte, extraindo-a de si mesma, isto é, da relação agônica de si a si, mas que se passa no interior dos ditos encontros e como resistência às correspondentes práticas de poder[67]. Os universais não mais fundamentariam a subjetividade, possuindo esta um caráter eminentemente histórico.

Já vimos também que a ambiguidade do texto de Freud quanto ao valor dos encontros como condição da subjetivação é a mesma que Derrida notara nos argumentos de Foucault, no diálogo deste com a psicanálise de Freud e Lacan. Segundo Derrida, tal ambiguidade não o seria de fato, uma vez que, através dela, Foucault estaria exprimindo o reconhecimento de que o movimento oscilatório do texto de Freud equivale ao da dobradiça que abre a porta à interpretação moderna. Sem contestar a brilhante leitura derridiana, eu lhe havia acrescentado a observação de que a interpelação crítica de Foucault aos textos da psicanálise alterna censura e louvor, na medida em que os argumentos freudianos pesquisados afastem-se ou aproximem-se das concepções do próprio Foucault[68].

Com efeito, para Foucault, durante a totalidade de sua obra filosófica, a verdade seria produzida histórica e socialmente, sendo que cada sociedade possuiria o seu "regime de verdade". Eis, portanto, a perspectiva, de fato nada ambígua, do filósofo a partir da qual a crítica à ambivalência dos enunciados psicanalíticos a respeito da alteridade como condição do inconsciente se contextualiza. Foucault afirma ser o regime de verdade aquilo que determina as instâncias sociais das quais emanam as normas. A partir de tais instâncias é que os discursos seriam acolhidos como verdadeiros ou falsos. Estariam aí os critérios a partir dos quais seria estabelecido o estatuto das narrativas que teriam o poder de dizer o que é verdadeiro e o que é falso. Sendo assim, para Foucault não existiria nenhuma verdade universal, independente da

---

67 M. Foucault, "Le sujet et le pouvoir", p. 238.

68 Ver mais acima, neste mesmo capítulo.

história, da sociedade ou, por outra, com autonomia frente aos encontros e à alteridade. Haveria somente os "jogos de verdade"[69].

Já para Freud, no interior do primeiro modelo psicanalítico de subjetividade haveria um eu originário que nada mais seria do que uma constelação imediata do organismo, mas não o resultado dos encontros alteritários[70]. Em tal contexto, Freud admite que, após a resolução do complexo de Édipo, e tendo como condição o eu biológico originário, existiria um eu, também não-sexual, mas intrinsecamente consciente e de caráter racional. O dito eu teria a capacidade – estrutural – de acessar o saber de si que o habilitaria a representar a si e ao mundo em consonância com a suposta realidade material[71].

Decorridos vinte e cinco anos desde o começo das atividades de Freud, as subjetividades que então se produziam e os correspondentes sofrimentos psíquicos exigiam o ajuste do modelo descritivo do psiquismo. É assim que um quarto de século após os primórdios do empreendimento freudiano uma nova compreensão do funcionamento subjetivo começaria, pouco a pouco, com idas e vindas, a surgir no cenário psicanalítico.

Desde o texto de 1914, ano em que se introduz no pensamento psicanalítico o caráter sexual do eu, a dimensão alteritártia da subjetividade ganharia uma amplitude inusitada[72]. A partir de então, não se poderia mais sequer cogitar a respeito da constituição do psiquismo sem a consideração da prevalência do encontro como sua condição. A existência de um estado anterior, no qual um eu originário, natural ou biológico possuiria o brilho infinito da identidade absoluta, se mostraria impensável. O brado rimbaudiano de Lacan "eu é um outro"[73] definiria, bombasticamente, o novo estatuto da subjetividade, perenemente aberta ao investimento do Outro.

A partir do texto sobre o narcisismo, o eu viria a perder a autonomia que possuíra, uma vez que então sua identidade, unidade e coesão se veriam,

---

[69] M. Foucault, *História da sexualidade, vol. 2 – O uso dos prazeres*, p. 13. Para comentários, indico J. Revel, *Michel Foucault: conceitos essenciais* pp. 86-87.

[70] S. Freud "La perturbación psicógena de la visión según el psicoanálisis" (1910), pp. 211-212.

[71] S. Freud, "Formulaciones sobre los dos principios del acaecer psíquico" (1911), p. 228.

[72] S. Freud, "Introducción del narcisismo" (1914).

[73] A. Rimbaud, *Poésies*, pp.199-205 e J. Lacan, *O Seminário. Livro 2: o eu na teoria de Freud e na técnica da psicanálise* (1954-1955).

desde o início, articuladas à fantasia inconsciente de desejo sexual da alteridade. Na teoria e na clínica psicanalíticas, a realidade factual se moveria do lugar de inequívoca contraparte do saber de si autônomo do sujeito, o relevo central passando a ser atribuído à realidade psíquica. O saber de si e a razão se desviam de suas posições de universalidade, uma vez que se veriam associados permanentemente às vicissitudes da sexualidade do encontro. O inconsciente seria considerado, antes de tudo, em sua dimensão social, elevando-se à enésima potência a centralidade da linguagem, da fala e do diálogo. As pulsões autoeróticas infantis estariam submetidas, desde sempre, ao crivo da linguagem, conformando-se à estrutura semântica do *encontro subjetivante*.

Na análise, a fala de uma subjetividade a outra, sem mais objetivos de aprimorar o saber de si ou de revelar uma suposta verdade material oculta, se veria admitida funcionalmente em seus efeitos de subjetivação. Tal remanejamento determinaria as novas funções do analista. A partir deste momento, o eu do analista não mais seria considerado como estando suficientemente livre da influência da sexualidade e, "asséptico", habilitado a servir como ideal ou modelo neutro e fixo para a identificação do eu do analisante[74]. O ideal clínico, cuja expressão canônica seria a transformação do inconsciente recalcado e sexualizado do analisante em eu do saber de si, consciente, racional e isento de sexualidade, cai por terra.

Gradativamente, ainda que com avanços e retrocessos, o pensamento freudiano acabaria por priorizar o território da transferência propriamente dita. Doravante, o objeto do manejo transferencial passaria a ser o *encontro analista/analisante*, encontro entre as respectivas subjetividades protagonistas da cena analítica e não mais pura e simplesmente o inconsciente do analisante. Não é à toa que, na obra de Freud, a princípio somente haveria a obrigatoriedade, requisitada ao analisante, de atender à regra fundamental da psicanálise, qual seja, a associação livre. Somente, mais tarde, com a gradativa valorização do encontro transferencial, ao analista viria corresponder

[74] S. Freud, "Análisis terminable e interminable" (1937), p. 249.

a contraparte da associação livre, de modo que este também se obrigaria, por sua vez, a praticar a atenção "equanimemente" flutuante[75].

No interior do modelo da primeira tópica, ao utilizar-se da interpretação analítica, Freud buscava a materialidade do fato traumático, a partir da qual a verdade da interpretação se veria garantida *a priori*. A sexualidade deveria abrir espaço para a razão. Para tanto, cabia ao analista intérprete fornecer elementos identificatórios que fortalecessem o eu não-sexual do analisante de modo a que a razão egoica derrotasse a sexualidade recalcada.

No entanto, a partir do texto introdutório do narcisismo, as teses freudianas perdem o aval fornecido pela outrora inquestionável materialidade do mundo. Com efeito, na chamada Modernidade a noção de origem cai por terra, tendo as palavras se tornado signos que não mais representam as coisas em si. Na nova *episteme*, a pétrea ancoragem das palavras se afigurava como duvidosa, acarretando a autonomia da linguagem com relação à factualidade dos eventos do mundo. As palavras não remetiam mais às coisas, senão a outras palavras[76]. Entretanto, ainda que operando no interior de um campo transferencial *totalmente sexualizado*, a interpretação analítica se manteria como instrumento clínico central. O interesse do analista não se dirigiria mais para o resgate da origem pela via da rememoração das representações do trauma material recalcadas pelo eu do analisante. O analista se lançaria, doravante, ao trabalho infindável sobre os fantasmas inconscientes, passando a interpretação a enunciar-se como infinita. Uma interpretação levaria a outra, sem nunca chegar à lembrança de nenhum suposto fato objetivo recalcado, causador do trauma. O caráter inconsciente e fantasmático tornava-se inesgotável, posto que haveria um recalcado originário, não passível de se tornar consciente[77].

---

[75] A associação livre foi estabelecida por Freud entre os anos de 1892 e 1898. Já a atenção flutuante foi enunciada somente no ano de 1912. Ver, sobre aquela, J. Laplanche e J.-B. Pontalis, *Vocabulário da psicanálise*. A respeito desta, o leitor deve consultar S. Freud, "Consejos al médico sobre el tratamiento psicoanalítico" (1912), p. 112. Sobre a defasagem entre os dois requisitos, os interessados podem pesquisar o capítulo 1.

[76] Cf. M. Foucault, M. *Nietzsche, Freud & Marx – Theatrum Philosoficum*.

[77] S. Freud, "La represión" (1915), p. 143.

Pode-se observar, contudo, que toda esta nova inclinação da obra de Freud, que dilatava o campo da sexualidade fazendo-o coincidir com a totalidade da subjetividade, ou seja, não mais restringindo-o ao domínio do recalcado, não diminuía a influência do pensamento da representação nas teses de Freud. Muito pelo contrário. A centralização da dimensão social nos enunciados freudianos implicaria até mesmo a exacerbação das estratégias da representação. Seriam os efeitos semânticos da fala – mas não mais a rememoração de um evento traumático que haveria ocorrido de fato – que teriam a capacidade de resgatar o fantasma inconsciente, condicionando novas associações entre representações, dando ensejo a sintomas novos e, possivelmente, menos sofrentes. Mais do que outro qualquer, seria a tal quadro do pensamento freudiano que Lacan estaria referido quando dizia que o inconsciente está estruturado como uma linguagem[78].

Pode-se contudo afirmar que esta guinada dos enunciados freudianos no caminho da sexualização do eu, isto é, na direção da preponderância do encontro como condição da subjetivação acabaria por levar o território operativo da representação em psicanálise ao seu limite. Sem a firme referência a um eu racional e consciente que, se suficientemente afastado da sexualidade enganadora, teria a capacidade de reconhecer a realidade factual, a interpretação tornava-se infinita. O ilimitado da interpretação seria, pois, o correlato do limite operatório da representação no pensamento freudiano. Colocava-se, finalmente, a imperativa demanda de descrever e compreender uma outra dinâmica subjetiva, que se passa além do limite do funcionamento representativo da subjetividade e do recalque propriamente dito. Uma nova modalidade de interpretação se anunciava nas sendas da psicanálise. O interesse de Freud se lançava para *além*. Não obstante, a compreensão desta outra dinâmica só viria a efetivar-se a partir da virada dos anos vinte, que se inicia com o texto "especulativo" de 1920 intitulado "Além do princípio de prazer"[79].

Para Derrida, Foucault teria se aproveitado da presença de duas modalidades de interpretação do mundo no interior da obra de Freud, uma que

---

[78] J. Lacan, "Función y campo de la palabra y del lenguaje en psicoanálisis" (1953).

[79] S. Freud, "Más allá del princípio de placer" (1920).

remetia à origem material do mundo e, outra, interpretação infinita, baseada no valor operatório da linguagem[80]. A estes dois tipos de interpretação Foucault chamaria de *semiológica* e *hermenêutica*, referindo-as, respectivamente, às *epistemes* da representação e da Modernidade[81]. O reconhecimento de Foucault quanto ao mérito de Freud se explicita. Num pequeno texto intitulado "Nietzsche, Freud e Marx", Foucault endossaria a tese de Ricoeur[82] de que os ditos autores seriam os mestres da "suspeita". O argumento de Foucault é que estes pensadores anglo-saxões teriam proposto uma nova maneira de interpretar. Para eles, uma vez que a noção de origem se perdera, isto é, na ausência da certeza absoluta sobre a existência do objeto, cada interpretação remeteria sempre a outra, indefinidamente. Tendo recaído sobre o objeto a sombra da eterna suspeita, a interpretação tornava-se infinita[83].

Não obstante, Michel Foucault não deixaria de censurar a obra de Freud, identificando também, nos respectivos ensaios, a construção de uma psicanálise de cunho psicológico, evolucionista e biologista na qual se valorizaria, de modo implícito e explícito, as figuras patriarcais do Pai, do Juiz e da Família[84]. Já vimos que as críticas mais contundentes de Foucault foram dirigidas principalmente às teses universalistas, naturalistas e racionalistas de Freud. Nestas, a interpretação analítica possuiria caráter semiológico, buscando sempre uma origem, depositada na universalidade de Édipo ou na interdição do incesto, supostamente incontestáveis.

Quanto à presença da nova modalidade de interpretação infinita na obra de Freud, chamada de hermenêutica, Foucault a reconheceria de modo direto na proposta psicanalítica centrada no privilégio teórico e clínico do desejo, da morte e da lei-linguagem. Ouçamos as palavras de Foucault, para quem a psicanálise – juntamente com a etnologia – ocuparia uma posição e uma função primordiais no renovado espaço geral da *episteme* da Modernidade:

---

80 J. Derrida, "Fazer justiça a Freud: a história da loucura na era da psicanálise".

81 A este respeito, ver o capítulo anterior.

82 P. Ricoeur, *De l'interprétation: essai sur Freud.*

83 M. Foucault, *Nietzsche, Freud e Marx: theatrum philosoficum.*

84 Para esta observação do pensamento de Foucault a respeito das proposições de Freud, recomendo o ensaio de J. Derrida, "Fazer justiça a Freud: a história da loucura na era da psicanálise", p. 132.

> a psicanálise se encaminha em direção ao momento – inacessível, por definição, a todo conhecimento teórico do homem, a toda apreensão contínua em termos de significação, de conflito ou de função – em que os conteúdos da consciência se articulam com, ou antes, ficam abertos para a finitude do homem[85].

Para Foucault, a psicanálise, para "transpor a representação", teria avançado em direção à fundação da vida com suas funções e normas, dos conflitos com suas regras e das significações e sistemas, respectivamente, sobre a "repetição muda da Morte", a abertura nua do "Desejo" e a "linguagem que é ao mesmo tempo Lei"[86]. Foucault critica, então, o pensamento da representação e a Filosofia do Sujeito que, em sua incapacidade de reconhecer o que margeia e define a própria possibilidade da representação, nomeariam, por conta do "olhar míope" que os caracteriza, a psicanálise de "mitologia". Foucault atribui à psicanálise o estabelecimento de uma "analítica da finitude", isto é, da colocação estratégica da morte como a condição de possibilidade de todo o saber em geral, do desejo enquanto aquilo que se mantém impensado no coração do pensamento e, finalmente, da "Lei-Linguagem", que a psicanálise se esforçaria por fazer falar como aquilo cujo retorno seria prometido em todo ato analítico[87].

Com tais enunciados, Foucault teria compreendido que ao "homem freudiano" diz respeito "uma relação obstinada com a morte [que] prescreve ao universal sua face singular e dá à palavra de cada um o poder de ser indefinidamente ouvida"[88]. No reconhecimento desta potência como o que é o mais estranho/familiar à subjetividade, como aquilo que, sob nenhuma hipótese, dá-se à subjetivação, mas que é a condição desta, estaria o verdadeiro signo da "modernidade" de Freud.

Seria somente com a proposta da pulsão de morte, do Isso e da angústia automática que Freud – ao lado de Nietzsche e Marx –, atingindo no seu cerne o ciclo da certeza absoluta, teria sido capaz de ofertar à nova hermenêutica

[85] M. Foucault, *As palavras e as coisas: uma arqueologia das ciências humanas*, p. 391.

[86] Idem, ibidem.

[87] Idem, pp. 391-392.

[88] M. Foucault, *O nascimento da clínica*, p. 227.

da interpretação infinita um contexto teórico suficiente. Estabelecendo, finalmente, a compreensão e a descrição de um novo referencial teórico em que a interpretação infinita se contextualizava, a potência do encontro como condição da subjetividade encontraria o solo teórico capaz de desviar os fundamentos universais da biologia ou da razão edipiana, da interdição ou castração e da proibição do incesto. Deslocava-se, no interior do pensamento de Freud, o anteriormente inamovível mundo da representação com sua elefântica inércia de mais de 2500 anos de idade.

Pelo mesmo movimento teórico, através da descrição da dinâmica das forças que se apresentam no limite do psiquismo representativo, na iminência de diferenciação, Freud vislumbraria a compreensão da constituição da subjetividade, além do funcionamento desta, mas como sua inequívoca potência. Deste modo, a força irrepresentável surge na cena teórica – e clínica – da psicanálise, diante da representação até então hegemônica. A subjetividade torna-se processo de diferenciação do Isso, cuja condição é a determinante "influência direta do mundo exterior"[89] (Outro). O relevo central da dimensão social do inconsciente, enquanto faceta crucial da subjetividade, adquire, então, a trama conceitual que a poderia sustentar.

Para além e no limite da representação, a compreensão teórica das forças que não se representam viria permitir que a clínica analítica, finalmente, acolhesse a dor da psicose. Pelo mesmo motivo, abriam-se também as portas da prática analítica ao padecimento doloroso da compulsão. Viabilizava-se a análise de subjetividades que, em grande medida, não teriam constituído o respectivo modo representativo, ou seja, afigurava-se a possibilidade analítica de lidar com as forças que sequer teriam sofrido a diferenciação subjetiva. Sendo capaz de tecer tais hipóteses seminais e cruciais, a psicanálise se veria afinal habilitada a incluir o tratamento da psicose, das compulsões e das adições. A dor aguda da impossibilidade de diferenciação, mais primitiva do que o sofrimento crônico que emana do recalque da representação e do sintoma, poderia finalmente ser visada e acolhida.

Entretanto, é preciso que se reafirme que exclusivamente a introdução do caráter sexual do eu, apesar da enorme importância conceitual e clínica

[89] S. Freud, "El yo y el ello" (1923), p. 32.

de tal inovação, não alteraria em nada o estatuto hegemônico da representação em psicanálise. Tal manobra teórica por si só não desviaria o interesse psicanalítico para o território da força irrepresentável ou da diferença pura, isto é, para a dimensão potencial ou modo corporal da subjetividade. Seria até mesmo o oposto que teria sucedido. A necessidade do investimento psíquico alteritário como condição da produção do eu e da subjetividade distendia até o limite o relevo da linguagem e da representação em psicanálise, dilatando-se a abrangência da dimensão significante ou simbólica do processo de subjetivação.

Somente com a ocorrência da virada teórica o segundo modelo de subjetividade viria a se consubstanciar, voltando-se o pensamento de Freud para a dimensão da potência imanente que distingue o dito modelo. Apenas com a posterior compreensão da pulsão propriamente dita é que a subjetividade encontraria, com todas as letras, a intensidade da força, sendo esta a condição da qualidade e da quantidade formais e racionais da representação em psicanálise[90]. O eu libidinizado afinal se contextualizaria, inscrevendo-se no interior da nova dinâmica econômica, que opõe pulsão de vida a pulsão de morte. O aprimoramento deste segundo modelo de subjetividade corresponde a uma refração subsequente do eixo da obra de Freud que passaria, somente então, a orientar-se pelos destinos da força. Com as teses dos anos vinte, o conflito psíquico entre os representantes pulsionais conscientes e inconscientes desloca-se para o âmbito do processo de diferenciação da força em seus representantes psíquicos.

Tornava-se impensável a hipótese de a subjetividade aproximar-se de qualquer situação final de estase. A pressão constante da força do corpo subjetivo ou corpo erógeno introduziria o permanente desequilíbrio como a dinâmica própria da subjetividade. Não existiria mais a subjetividade propriamente dita, mas somente o processo de subjetivação, eternamente no gerúndio.

---

90 Sobre a relação entre a intensidade e a quantidade, consultar o capítulo 2.

Da confissão à associação livre

Desde muito cedo Foucault sustenta a posição crítica de que a subjetividade estaria submetida aos dispositivos sociais. O filósofo alerta para as estratégias do comando que, através do exercício do saber/poder, considerado na exterioridade às práticas de subjetivação, constroem um sujeito com supostas características universais. Na realidade, a construção de tal sujeito, hipoteticamente além da história, teria finalidades de controle, vigilância e disciplina, estando de fato a serviço dos diagramas sociais de domínio. Utilizando-se a princípio da arqueologia do saber e, na sequência da sua obra, da genealogia do poder, Foucault viria a se interessar finalmente pelas práticas de si ou pelo cuidado de si, estabelecendo-se estes como modalidades de exercício de resistência às estratégias dos poderes constituídos. O investimento conceitual do filósofo migraria afinal para os modos de subjetivação, pelos quais a subjetividade – não mais o sujeito – encontraria, no próprio coração das práticas sociais normativas e descritivas, a potência resistiva de construir a si mesma[91].

Em torno destes objetivos e estratégias centrais, Foucault viria a interpelar a obra psicanalítica. Combatendo a tradição da Filosofia do Sujeito, o filósofo interroga a psicanálise, de modo direto e indireto, censurando os enunciados universalistas de Freud, bem como a respectiva interpretação semiológica, identificada às proposições metapsicológicas mais alinhadas com a hegemonia da representação. Contudo, não lhe escaparia a abrangente envergadura do pensamento freudiano do inconsciente em sua abertura ao domínio das forças, a qual, ainda que através dos movimentos oscilatórios de seus enunciados, viria a contribuir de forma significativa para fechar a cortina da interpretação correspondente à Idade Clássica da representação, ao mesmo tempo que concorreria para descortinar a hermenêutica moderna ou interpretação infinita[92].

---

91 Cf. M. Foucault, "Les techniques de soi", p. 785. Para comentários, recomendo J. Birman, *Entre cuidado e saber de si: sobre Foucault e a psicanálise*, pp. 78-79.

92 M. Foucault, *Nietzsche, Freud e Marx: theatrum philosoficum*.

No cerne da interpelação crítica à obra de Freud, vê-se o interesse de Foucault em reconhecer nesta a presença de dois tipos de interpretação do mundo. Entretanto, não é à toa que a atenção do filósofo se volta para as ditas modalidades interpretativas, uma vez que em sua própria pesquisa, ao comparar as sociedades da Antiguidade greco-romana com a cristandade dos primeiros séculos, da época da patrística[93] dos Pais da Igreja, a atenção de Foucault se dirige, dentre alguns outros pontos nodais, exatamente para os respectivos regimes de interpretação[94].

Já vimos ser possível remeter, ainda que não de forma absoluta, os modelos de subjetividade e de subjetivação constantes das teses freudianas aos ensaios anteriores aos anos vinte e destes em diante. Observaremos agora que, de um lado, os regimes de subjetivação implicados nestes modelos freudianos e, de outro, as ditas sociedades elencadas por Foucault podem ser enviados uns aos outros. Deste modo, podem ser, respectivamente remetidas (1) as subjetividades descritas na primeira tópica de Freud, aos cristãos dos primórdios, tal como pesquisados por Foucault e (2) as subjetividades compreendidas pelo modelo freudiano da interpretação infinita e das forças, às sociedades da Antiguidade grega e romana, de acordo com os estudos do filósofo.

Segundo Foucault, para os primeiros cristãos o que se valoriza como operador de subjetivação é o saber de si. A compreensão do filósofo seria de que os sujeitos da cristandade primordial edificam-se enquanto tal, na medida da capacidade que o cristão possuiria de produzir um discurso "verdadeiro" acerca de si mesmo. Entretanto, a verdade do discurso teria na situação da fala de um pecador a seu confessor a sua condição de produção. O sujeito que fala coincide com o sujeito do enunciado somente na prática da confissão, no interior da qual o cristão se veria capacitado a tomar a si mesmo como o referente de um discurso supostamente verdadeiro[95]. Sob tal perspectiva é que o filósofo viria a criticar a psicanálise, argumentando que a situação de análise seria a herdeira direta da confissão, tendo, aquela como esta, valori-

93 Patrística é a filosofia cristã dos primeiros sete séculos da Igreja.

94 M. Foucault, "L'herméneutique du sujet".

95 Idem. Para comentários, o leitor poderá pesquisar em F. Gros, "A *parrhesia* em Foucault (1982-1984)", p. 156.

zado o saber de si e a "vontade de saber". Deste modo, Foucault reconheceria em ambas um caráter inequivocamente moral[96].

O que se depreende desta compreensão de Foucault, sem sombra de dúvida bem fundamentada e elaborada, é que a referência psicanalítica para a crítica do filósofo se coloca sobre as subjetividades descritas tão somente na primeira etapa do trabalho de Freud. Em assim sendo, as semelhanças encontradas poderiam até mesmo ser aprofundadas. Ao argumento foucaultiano sobre a prescrição moral que se impunha aos cristãos no seio dos primeiros monastérios, de que estes deveriam dedicar-se à prática da confissão com o objetivo de depurarem-se das influências perniciosas do pecado, poderíamos correlacionar a estratégia analítica de afastar do eu a sexualidade inconsciente para, deste modo, "purificá-lo".

Dificilmente, no entanto, seríamos capazes de supor que o modelo freudiano da interpretação infinita e das forças pudesse se enquadrar nesta crítica do filósofo. A inspiração foucaultiana nos permite até mesmo lançar a hipótese de que o segundo modelo freudiano da subjetivação convergiria com a compreensão que o filósofo apresentara do modo de subjetivação das antigas sociedades helênicas e romanas.

Para Foucault, no seio destas sociedades anteriores ao surgimento do cristianismo, as subjetividades se produziriam de acordo não com a moral do saber de si, senão segundo *a ética do cuidado de si*. A leitura de Foucault indica que, para os Antigos, o cuidado de si, expressão que o filósofo vai buscar no texto "Primeiro Alcebíades" de Platão[97], se refere ao conjunto de "técnicas de si" que seriam elaboradas e adotadas para que a subjetividade criasse a si mesma, dentre as quais inclui-se, no que diz respeito à sexualidade, a "arte erótica"[98].

---

96 M. Foucault, *História da sexualidade, vol. I – A vontade de saber*, pp. 61-71.

97 M. Foucault, "Subjectivité et vérité".

98 Idem. Para esta temática, as principais fontes de consulta de Foucault englobam, além dos filósofos da Antiguidade, os moralistas e os médicos que pertencem ao mesmo período. Por outro lado, com o foco voltado para o intervalo que se estende do primeiro século antes de Cristo ao segundo século depois, as fontes filosóficas de consulta privilegiadas pelo pesquisador consistem na obra dos epicuristas, dos cínicos e, principalmente, a dos estoicos – além do pensamento antigo de Platão.

Da mesma forma, quando ao modelo freudiano da soberania do eu e do saber de si, se lhe antepomos o modelo da interpretação infinita e das forças, o que sobressai neste último é a autocriação da subjetividade ou a produção imanente do inconsciente, tendo como sua condição o encontro entre sujeitos e a demanda por parte do desejo alteritário sobre o organismo infantil. Ao cartografar a subjetividade com o instrumental conceitual concebido a partir dos anos vinte, Freud centraria sua ótica teórica, focando-a na dinâmica do advento do psiquismo.

Pode-se concluir que para a compreensão foucaultiana do antigo grego ou romano, tanto quanto para as subjetividades estudadas por Freud a partir da virada teórica, o que se privilegia são as práticas de subjetivação chamadas imanentes, baseadas no cuidado de si. Para consubstanciar tal compreensão nas correspondentes teses de Foucault[99] e de Freud, a articulação ao campo da alteridade torna-se prioritária e a primazia das descrições do filósofo e do psicanalista recai sobre a dimensão social da subjetividade, ressaltando-se a prevalência do encontro no coração do qual se dá a potência de autoprodução subjetiva.

Nota-se que dois aspectos do trabalho de Foucault são centrais para a interpelação feita às teses de Freud. O primeiro trata da relação entre o cuidado de si e o cuidado dos outros. O segundo aspecto fundamental para a crítica de Foucault aos enunciados da psicanálise é a relação entre o cuidado de si e o saber de si.

Em sua pesquisa, Foucault viria a mostrar que as primeiras sociedades cristãs promoveram a rigorosa separação entre o cuidado de si e o cuidado dos outros. Para os vetustos Padres da Igreja, cuidar de si seria signo de vaidade e de orgulho pecaminosos, enquanto que cuidar dos outros apontaria, às avessas, para a penitência e para a redenção. Isto porque para os primitivos cristãos o cuidado de si implicaria o amor a si, prática esta plena de inquestionável egoísmo narcisista. Ao contrário, o cuidado dos outros seria um instrumento de renúncia, abnegação e beatitude, capacitando o sujeito a se afastar das fraquezas morais associadas ao cuidado de si. Ao estabelecer o

[99] Ver, por exemplo, "Le sujet et le pouvoir", p. 239.

severo divórcio entre o cuidado de si e o dos outros, a moral do cristianismo entronizaria, em contrapartida, o exercício do saber de si[100].

Para que se possa aquilatar o valor do saber de si no período em destaque, é preciso que retomemos os argumentos de Foucault de que, nos primórdios da cristandade, os Padres admitiam que os desejos correspondem a estados de pensamento, sendo que o sujeito estaria intrinsecamente habilitado a interpretar os próprios desejos/pensamentos. Deste modo, para os Pais da Igreja, os ditos desejos seriam imediatamente evidentes ou conscientes, transparentes ao saber de si do sujeito, *desde que cumpridas as condições obrigatórias de depuramento pela confissão*[101]. Sendo assim, a não consciência do desejo já implicava o pecado do não cumprimento pelo cristão das obrigações religiosas da confissão. Partindo destas premissas, conclui-se que o cristão, pelo exercício da confissão e da penitência, teria a capacidade de tornar-se *totalmente* consciente de seus desejos. Deste modo, não havendo qualquer ponto cego que pudesse escapar ao autoescrutínio do sujeito, lhe seria imputada a inteira responsabilidade por suas inclinações pecaminosas[102].

A "hermenêutica" do desejo, neste caso, a colocação do desejo do cristão sob forma de narrativa, corresponde ao conhecimento, subjetivo e objetivo ou natural, inteiramente racional e consciente. Através da dita hermenêutica, o penitente seria capaz de tomar a si mesmo como referente de um discurso suposto como verdadeiro com o qual aquele se veria totalmente habilitado a responder a questão central do cristianismo inicial: "quem sou eu?". No entanto, o efetivo acesso a tal saber de si mais íntimo do sujeito, correspondente à colocação em discurso do desejo subjetivo, teria como sua condição o estabelecimento de um diálogo, nomeado de confissão, no interior do qual o sujeito deveria apresentar-se a um confessor, mantendo-se aquele

---

100 M. Foucault, "Subjectivité et vérité". Para comentários, ver J. Revel, *Michel Foucault: conceitos essenciais*, p. 34.

101 M. Foucault, *História da sexualidade, vol. I – A vontade de saber*, p. 61. Para comentários, o leitor poderá pesquisar em F. Gros, "O cuidado de si em Michel Foucault", pp. 135-136.

102 F. Gros, "O cuidado de si em Michel Foucault".

em atitude de profunda submissão[103]. É assim que Foucault nos coloca frente a frente com o nascimento da moral cristã nos primeiros séculos da nossa era, em que a experiência desejante do sujeito só se efetiva num contexto de culpa e penitência[104]. Para viabilizar este modo de subjetivação o cristianismo dos primórdios teria criado o exercício da confissão, através do qual se enunciaria a resposta verdadeira à questão central sobre o saber de si do sujeito. Tal diálogo, especialmente construído para este fim, colocaria o cristão em atitude de obediência incondicional a um diretor de consciência[105].

Foucault se volta, então, para o pensamento psicanalítico para apontar o profundo legado que a psicanálise teria recebido do dispositivo da confissão. Não obstante, não é outro, mas o primeiro modelo freudiano de subjetividade que estaria sendo visado pela severa crítica do filósofo. Para Foucault, a situação analítica nada mais faria do que reproduzir o dispositivo da confissão, sendo o sentimento inconsciente de culpa o equivalente da culpa cristã[106]. A interpretação analítica do discurso em associação livre do analisante teria herdado, em linha direta com a prática da confissão, a hermenêutica do desejo da respectiva pastoral. De fato, a despeito das mais do que consideráveis diferenças entre as práticas da confissão e a da interpretação analítica, mesmo assim é forçoso reconhecer que as apreciações críticas de Foucault são perfeitamente pertinentes, desde que reduzidas ao primeiro modelo freudiano de subjetividade.

Já vimos e revimos que a primeira compreensão freudiana da subjetividade, baseada na inaptidão biológica do infante, acabaria por entronizar a razão do saber de si como operador de subjetivação. A argumentação a respeito da conexão entre, por um lado, o eu da razão, da reflexão e da consciência do primeiro modelo de Freud e, por outro, o saber de si, já a adiantamos, em detalhe. Para Freud, seria através do dito saber de si que um eu originário, biológico e autoerótico e, posteriormente, racional e consciente, desde que afastado da sexualidade inconsciente daninha, teria a capacidade

[103] M. Foucault, "L'herméneutique du sujet". Para comentários, consultar F. Gros, "O cuidado de si em Michel Foucault", pp. 136-138.

[104] Por exemplo, M. Foucault, *História da sexualidade, vol. I – A vontade de saber*, pp. 61-71.

[105] Para comentários, recomendo F. Gros, "O cuidado de si em Michel Foucault", pp. 136-138.

[106] M. Foucault, *História da sexualidade, vol. I – A vontade de saber*.

do reconhecimento da "verdade" da realidade objetiva. Assim apetrechado, o eu seria o agente do processo do recalque, bem como o soberano guia do indivíduo na materialidade do mundo.

Esta é a compreensão freudiana de subjetividade que Foucault utiliza para tecer suas considerações de que a relação de submissão dos cristãos, que habitavam os primeiros monastérios, aos respectivos confessores teria sido transmitida em linha direta à clínica analítica. A crítica frontal de Foucault se dá justamente pela admissão de que a psicanálise teria formalizado um tratamento para o sofrimento psíquico, cuja estrutura descende diretamente do dispositivo moral e controlador da confissão, tal qual estabelecido pelo cristianismo originário. Referido a este contexto teórico, mas não ao modelo freudiano da interpretação infinita e das forças, Foucault traçou as linhas mestras de sua crítica contundente ao pensamento da psicanálise.

Cabe ressaltar, por fim, que as invectivas de Foucault se dirigiam mais amplamente aos saberes constituintes da ciência médica preventiva e higienista implementada pelo Estado Moderno. A favor do biopoder, as ditas práticas de saber se inscreveriam no dispositivo social de vigilância para o controle sobre os corpos dos indivíduos. No caso da psicanálise, o controle se exerceria através de um saber sobre a sexualidade, o qual, não obstante, faria parte do ramo maior da sexologia que, ao lado de outras doutrinas, constituiria a base teórica da medicina preventiva. Para o filósofo, a psicanálise estaria inserida no dispositivo da sexualidade e a clínica analítica, instrumentada pela interpretação do discurso do analisante, seria a herdeira, sem sombra de dúvida, da confissão cristã, contribuindo, como as demais ciências do sexual, para a disciplina dos corpos dos indivíduos[107].

Entretanto, em tais associações de Foucault não cabe absolutamente a compreensão da sexualidade no trabalho posterior de Freud. De fato, no modelo da interpretação infinita e das forças, poderíamos adequadamente inscrever a sexualidade na rubrica das artes da existência, mais próxima, portanto, de uma arte erótica do que da ciência do sexual[108].

---

107 Idem.

108 Idem, pp. 57 a 71.

O ser no gerúndio

No curso de sua pesquisa, Foucault mostra que, em claro antagonismo à sociedade dos primeiros Padres da Igreja, na Antiguidade greco-romana não teria havido qualquer tipo de contradição entre o cuidado de si e o cuidado dos outros[109]. Isto porque na Grécia antiga e em Roma, anteriores ao cristianismo, o cuidado de si possuiria um inequívoco caráter jurídico-político, de forma que cuidar de si equivaleria a governar a si mesmo. Por sua vez, o governo de si seria o pré-requisito para o bom governo dos outros – desde a esposa, os filhos e a casa até a pólis[110], aproximando-se, deste modo, o cuidado de si e o cuidado dos outros.

Também ao contrário dos primeiros cristãos, os helênicos e os antigos romanos valorizariam a prática do cuidado de si em detrimento do saber de si. Haveria mesmo nestas sociedades antigas um confronto direto, quase que ponto a ponto, entre as ditas práticas[111]. Para problematizar a oposição entre o cuidado de si e o saber de si na Antiguidade, Foucault se volta para a famosa inscrição "conheça-te a ti mesmo", majestaticamente gravada no oráculo de Delfos e assumida, com reiterada convicção, pelos argumentos socráticos[112]. Para Foucault, tal lema, suposto pela maioria dos comentadores como signo da hegemonia do saber de si na Grécia antiga, indicaria, não obstante, o privilégio do cuidado de si, este consistindo até mesmo no pressuposto daquele.

Com a perspicácia teórica que bem o caracteriza, perspicácia que, neste contexto, saberia buscar a inspiração nos argumentos do filósofo e historiador de filosofia da Antiguidade, Pierre Hadot, Foucault insistirá em mostrar que a filosofia do helenismo, a exemplo dos epicuristas e dos estoicos, estava mais ocupada em propor exercícios espirituais, na direção de uma "arte de viver"[113]. Por este motivo, para estes pensadores antigos, tornava-se secun-

---

[109] M. Foucault, "L'herméneutique du sujet". Recomendo, como complemento de leitura, M. Foucault, "A hermenêutica do sujeito", p. 125.

[110] M. Foucault, "L'herméneutique du sujet". Para comentários, ler F. Gros, "O cuidado de si em Michel Foucault", p. 135.

[111] M. Foucault, "A hermenêutica do sujeito", p. 123.

[112] M. Foucault, "Subjetividade e verdade", p. 109.

[113] M. Foucault, "L'herméneutique du sujet" e P. Hadot, *O que é a filosofia antiga?*.

dária a elaboração de sistemas de conhecimento ou de metafísicas do ser, associadas ao saber de si, as quais cediam o lugar de primazia às "práticas de subjetivação" articuladas ao cuidado de si[114]. Foucault ensina que o cuidado de si implica um sujeito da *concentração*, enquanto o saber de si aponta para a preeminência da *introspecção* subjetiva.

A introspecção caracterizaria a proposta da hermenêutica cristã do desejo. Para a introspecção, o que está em jogo é a objetivação de si por si mesmo, correspondendo ao desdobramento da subjetividade, que se divide em um sujeito cognoscente e um sujeito/objeto do conhecimento[115]. Instrumento central utilizado pela cristandade dos primórdios, o saber de si valorizaria o olhar introspectivo e desconfiado lançado sobre si mesmo, cuja finalidade seria retificar a imagem inflacionada na qual o cristão pecador se reconheceria. Entretanto, o olhar do sujeito da cristandade inicial demandaria um outro olhar que pudesse orientá-lo na direção do saber de si ou da realidade do "verdadeiro" ser. Só assim o dito sujeito se veria habilitado a praticar a hermenêutica, isto é, a colocar em palavras a verdade dos próprios desejos, prática que lhe permitiria responder à questão crucial "quem sou eu?". Deste modo, a retificação da imagem de si seria obtida através do dispositivo de obediência rigorosa e de identificação incondicional da confissão. No decurso deste exercício, o padre confessor instigaria a comparação entre a imagem de si, distorcida pelo pecador, e aquela que seria a verdadeira imagem do sujeito. A possibilidade desta hermenêutica do desejo se acha, pois, indelevelmente marcada pela submissão ao outro, pela culpa, pela confissão e pela demanda de penitência.

Já havíamos aprendido com Foucault que esta mesma estrutura de comparação e ajuste da imagem que caracteriza a confissão estaria presente no dispositivo moral da psiquiatria moderna. O filósofo nos ensinara que o dito dispositivo impunha ao louco o tratamento através do saber de si para a retificação da imagem onipotente que o alienado teria de si mesmo. Seria o psiquiatra quem, possuidor da razão médica, proporia o modelo da "imagem

114 Ver, a este respeito, os argumentos de F. Gros, "O cuidado de si em Michel Foucault", pp. 128-129.

115 M. Foucault, "L'herméneutique du sujet".

sem distorção" da realidade, a qual deveria ser copiada pelo alienado. A dita retificação imagética seria obtida pela prescrição da medicação. Também o modelo inicial de análise poderia ser inscrito nos mesmos cânones das práticas do saber de si. Já avançamos que o primeiro modelo freudiano de subjetividade corresponde a uma clínica em que o eu do analisante deveria identificar-se ao eu do analista. De acordo não mais com a razão médica, senão com a "razão psicanalítica", haveria representações psíquicas verdadeiras, baseadas na rememoração da suposta realidade material do trauma. Para o ajuste das representações egoicas distorcidas pela sexualidade inconsciente, o eu do analisante, através da interpretação retificadora do analista, alcançaria o novo saber de si e as representações objetivas da realidade. Nesta perspectiva, a prática da confissão cristã se colocaria em linha direta tanto com o tratamento moral dos alienados no século XIX, quanto com a cura psicanalítica.

A contrapelo do saber de si, o cuidado de si, investido pelos filósofos helenistas, incentivaria não mais a introspecção, senão o exercício da concentração. O cuidado de si equivaleria a um processo de intensificação no qual a presença de si para si torna-se gradativamente mais intensa, o que, segundo Gros, corresponderia a um "princípio de imanência radical"[116]. Para a Antiguidade greco-romana, cuidar de si não seria dividir-se com o objetivo de se descrever, estudar ou conhecer, como se dá no exercício de introspecção. Muito pelo contrário, o dito cuidado implicaria a permanência da presença a si mesmo.

Não obstante, a prática do cuidado de si não seria efetuada por um sujeito narcisista e autossuficiente, em absoluto. O que atrai o pensamento filosófico de Foucault para as sociedades helenísticas é a observação de que o cuidado de si indica o oposto de uma situação solipsista e individualista. Acima de tudo, o pensador francês se acha mobilizado pelo cuidado de si enquanto potência de intensificação da subjetividade a si mesma que só se atualiza como resistência ao poder constituído. O cuidado de si implica, portanto, a articulação política da subjetividade que, no exercício de tal prática, torna-se capaz de encetar uma resistência à vigilância e ao controle sociais[117].

---

116 F. Gros, "O cuidado de si em Michel Foucault", pp. 130-131.

117 M. Foucault, "Le sujet et le pouvoir", pp. 238-239.

A introspecção e o saber de si que lhe é correlato implicam a divisão da subjetividade, sendo esta divisão a condição da *reação* precipitada e automática, com objetivos imediatos. Impulsionada pela excitação acrítica, a dita reação indica um afastamento enquanto abandono de si, comparável ao gozo, como Lacan o define[118]. Ao contrário, o cuidado de si aponta para uma modalidade de defasagem subjetiva, condição para a *ação* circunstanciada. Este afastamento adequado entre o sujeito e o mundo corresponde à defasagem "em relação a si mesmo, na medida em que, entre si e si, ela traça a fina distância de uma obra a realizar: obra de vida"[119].

Nesta perspectiva, a dita defasagem introduz um sujeito da ação, cujo olhar é o do administrador de si, que não se deixa levar pela urgência do ato, mas que age pela "estética da existência", tomando a si mesmo como matéria prima de transformação[120]. O cuidado de si introduz um sujeito que toma a si mesmo como obra de vida a ser realizada. Afastada léguas da divisão de si com o objetivo de se descrever, estudar ou conhecer, a defasagem de si a si em questão equivale à intensificação progressiva da subjetividade. Cuidar de si seria um processo de produção contínua daquilo que se é pela acentuação da presença de si para si mesmo[121]. Cuidar de si é governar-se, implicando a autocriação da subjetividade que consistiria, afinal, na condição *sine qua non* do saber de si. A defasagem de que se trata reclama a *ação criativa* em lugar do automatismo da *reação repetitiva*, que se caracteriza pelo fascínio paralisante da repetição ou pela atitude excitada e precipitada. Afinal, seria somente o cuidado dos outros, vale dizer, a adequação do encontro que permitiria a efetuação da ação bem dosada, típica da criatividade e do cuidado de si.

O exemplo de Epíteto é claro como água. Se, ao ver a filha doente, o pai se paralisa ou se precipita e abandona o lar em desespero angustiado, é porque não teria sido capaz do cuidado de si. Com efeito, aquelas atitudes seriam

---

118 Por exemplo, J. Lacan, *Le Séminaire. Livre 17: l'envers de la psychanalyse* (1969-1970).

119 F. Gros, "O cuidado de si em Michel Foucault", p. 135.

120 M. Foucault, "L'herméneutique du sujet". Cotejar com P. Hadot, "Un dialogue interrompu avec Michel Foucault: convergences et divergences", pp. 305-311.

121 M. Foucault, "A hermenêutica do sujeito", p. 129.

reativas, denotando a impossibilidade do sujeito do exercício da criação de si[122]. Neste caso, não teria havido nenhuma "estilização da existência" correlativa do cuidado de si, não tendo sido possível ao pai obter êxito em *inventar-se como pai*. Não obstante, é líquido e certo que, ainda que ao contrário do que efetivamente ocorreu no exemplo de Epíteto, somente o encontro com a filha teria permitido que o pai se criasse enquanto pai.

Cumpre observar que, neste contexto, a condição potencial para a autocriação não se coloca, absolutamente, na ordem da natureza ou da biologia. A dita estilização da existência, cuidado de si ou, simplesmente, criação de si depende da *qualidade dos encontros*, podendo, como no exemplo de Epíteto, nem vir a acontecer. Nesta perspectiva, pode-se afirmar que o exercício do cuidado de si encontra-se anos-luz afastado da inspiração do primeiro modelo freudiano de subjetividade, na qual um eu originário, de cunho natural ou biológico, seria indiferente aos objetos e aos outros. Ao contrário, o referido cuidado de si se aproxima do modelo psicanalítico da interpretação infinita, em que a origem biológica do eu, a materialidade do evento traumático, a universalidade de Édipo ou a interdição do incesto seriam, a rigor, símbolos a interpretar, ou seja, já consistiriam, eles próprios, em interpretações. É Foucault mesmo quem observa que, a rigor, nos enunciados psicanalíticos não haveria "símbolos primários" que precederiam a interpretação e sobre os quais esta incidiria[123].

Com estas conclusões, Foucault reconheceria a excelência da proposta freudiana do caráter inesgotável da interpretação. Eis por que, digamos ainda outra vez, pela observação do teor da crítica, tácita e explícita, que Foucault lança à psicanálise, as restrições do filósofo não poderiam referir-se ao trabalho posterior de Freud, correspondente ao modelo subjetivo da interpretação infinita e das forças. Privilegiando a força como matriz de diferenciação e subjetivação, as teses ulteriores de Freud convergem com a descrição foucaultiana da dinâmica das subjetividades que se produziam no período do helenismo e de Roma antiga.

---

[122] Epíteto citado por F. Gros, "O cuidado de si em Michel Foucault", p. 132. Foucault se utiliza, amiúde, do pensamento estoico de Epíteto, como, por exemplo, M. Foucault, "Les techniques de soi".

[123] M. Foucault, *Nietzsche, Freud e Marx: theatrum philosoficum*, pp. 22-23.

A intensidade da força do corpo erógeno que, ao se diferenciar, seria produtora de subjetividade representativa, aproxima-se da concepção do cuidado de si tal qual a encontramos em Sêneca, Plutarco e Epíteto e até mesmo bem antes, em Epicuro. Os ditos filósofos descrevem o cuidado de si fundando tal prática sobre a defasagem de si a si, sendo esta a condição da intensificação da presença a si. Também chamada de "conversão a si", o efeito da defasagem em questão seria a obra de vida do sujeito ou a estilização da sua existência[124]. Só haveria cuidado de si no campo social do encontro.

Mantendo a inspiração dos enunciados dos pensadores da Antiguidade, parece-me lícito afirmar que, no contexto do modelo freudiano da interpretação infinita e das forças, o tratamento analítico equivaleria a um processo de apropriação contínua de si mesmo, nos moldes de uma verdadeira conversão a si. No interior de encontros inadequados, com relevo especial para a relação transferencial insuficiente, a força, incapaz de diferenciar-se, acabaria por lançar o sujeito na reação precipitada, automática, com objetivos imediatos, isto é, no estado de gozo.

Nos enunciados da segunda tópica, a centralidade do encontro, a força sem possibilidade de representação e o sofrimento da angústia automática elidem os ditos fundamentos universais da subjetividade privilegiados nos textos iniciais. Não mais dirigido exclusivamente ao funcionamento subjetivo, o novo modelo freudiano lhe adiciona a constituição da subjetividade condicionada pelas características potenciais do encontro e do investimento alteritário. Com os novos conceitos, a interpretação analítica, tornada infinita com a introdução do narcisismo finalmente se contextualiza teoricamente. Eis em que Foucault reconhece o papel inaugural do pensamento de Freud.

Freud e Foucault se encontram nos enunciados de que não existe o sujeito, havendo tão somente um *ser que só pode ser dito no gerúndio*. Neste contexto, Foucault preferiu o conceito dinâmico de modos de subjetivação à concepção de sujeito propriamente dito[125]. Considerando-se o referencial

---

124 M. Foucault, *História da sexualidade, vol. I – A vontade de saber* e M. Foucault, "A hermenêutica do sujeito".

125 M. Foucault, *História da sexualidade, vol. I – A vontade de saber*.

posterior das teses freudianas, a acepção de subjetividade como diferenciação da força liga os dois pesquisadores. Se levarmos em conta os enunciados de Freud desde os anos vinte, podemos afirmar que, para ambos os pensadores, a subjetividade não apresenta nenhuma espécie de ancoragem, não havendo fixidez subjetiva quer associada a uma origem universal, quer apontando para qualquer modalidade de finalidade a-histórica do sujeito. Anos-luz afastada do ser enquanto essência imutável, a subjetividade não existe propriamente, senão insiste na temporalidade do gerúndio, como potência e processo de diferenciação.

Bibliografia

ASSIS, M. "O espelho". In: *Antologia machadiana*. Rio de Janeiro: Lia, sem data.

BIRMAN, J. *Estilo e modernidade em psicanálise*. São Paulo: Ed. 34, 1997.

BIRMAN, J. *Entre cuidado e saber de si: sobre Foucault e a psicanálise*. Rio de Janeiro: Relume Dumará, 2000.

CHERTOK, L. e STENGERS, I. *O coração e a razão: a hipnose de Lavoisier a Lacan*. Rio Janeiro: Jorge Zahar, 1990.

DERRIDA, J. "Fazer justiça a Freud: a história da loucura na era da psicanálise". In: DERRIDA, J. e FOUCAULT, M. *Três temas sobre a história da loucura*. Relume Dumará: Rio de Janeiro, 2001.

FOUCAULT, M. "A verdade e as formas jurídicas". Cadernos da PUC/RJ, n. 16. Rio de Janeiro: PUC, 1974.

FOUCAULT, M. *Nietzsche, Freud e Marx: theatrum philosoficum*. São Paulo: Princípio, 1975.

FOUCAULT, M. *Vigiar e punir: nascimento da prisão*. Vozes: Petrópolis, 1977.

FOUCAULT, M. *História da loucura na idade clássica*. São Paulo: Perspectiva, 1978.

FOUCAULT, M. "Nietzsche, a genealogia e a história". In: *Microfísica do poder*. Rio de Janeiro: Graal, 1979.

FOUCAULT, M. *História da sexualidade, vol. 2 – O uso dos prazeres*. Rio de Janeiro: Graal, 1984.

FOUCAULT, M. *A arqueologia do saber*. Rio de Janeiro: Forense-Universitária, 1987.

FOUCAULT, M. *O nascimento da clínica*. Rio de Janeiro: Forense-Universitária, 1987.

FOUCAULT, M. *História da sexualidade, vol. I – A vontade de saber*. Rio de Janeiro: Graal, 1988.

FOUCAULT, M. *As palavras e as coisas: uma arqueologia das ciências humanas*. São Paulo: Martins Fontes, 1990.

FOUCAULT, M. "Préface". In: *Dits et écrits*, vol. I. Paris: Gallimard, 1994.

FOUCAULT, M. "Les techniques de soi". In: *Dits et écrits*, vol. IV. Paris: Gallimard, 1994.

FOUCAULT, M. "L'herméneutique du sujet". In: *Dits et écrits*, vol. IV. Paris: Gallimard, 1994.

FOUCAULT, M. "Lacan, le 'libérateur' de la psychanalyse". In: *Dits et écrits*, vol. IV. Paris: Gallimard, 1994.

FOUCAULT, M. "Le sujet et le pouvoir". In: *Dits et écrits*, vol. IV. Paris: Gallimard, 1994.

FOUCAULT, M. "Subjectivité et vérité". In: *Dits et écrits*, vol. IV. Paris: Gallimard, 1994.

FOUCAULT, M. "Subjetividade e verdade". In: *Resumo dos cursos do Collège de France (1970-1982)*. Rio de Janeiro: Jorge Zahar, 1997.

FOUCAULT, M. "A hermenêutica do sujeito". In: *Resumo dos cursos do Collège de France (1970-1982)*. Rio de Janeiro: Jorge Zahar, 1997.

FREUD, S. "Proyecto de psicología" (1950 [1895]). In: *Obras completas*, vol. I. Buenos Aires: Amorrortu, 1986.

FREUD, S. "Tres ensayos de teoría sexual" (1905). In: *Obras completas*, vol. VII. Buenos Aires: Amorrortu, 1986.

FREUD, S. "La moral sexual 'cultural' y la nerviosidad moderna" (1908). In: *Obras completas*, vol. IX. Buenos Aires: Amorrortu, 1986.

FREUD, S. "La perturbación psicógena de la visión según el psicoanálisis" (1910). In: *Obras completas*, vol. XI. Buenos Aires: Amorrortu, 1986.

FREUD, S. "Formulaciones sobre los dos principios del acaecer psíquico" (1911). In: *Obras completas*, vol. XII. Buenos Aires: Amorrortu, 1986.

FREUD, S. "Consejos al médico sobre el tratamiento psicoanalítico" (1912). In: *Obras completas*, vol. VII. Buenos Aires: Amorrortu, 1986.

FREUD, S. "Introducción del narcisismo" (1914). In: *Obras completas*, vol. XIV. Buenos Aires: Amorrortu, 1986.

FREUD, S. "Pulsiones y destinos de pulsión" (1915). In: *Obras completas*, vol. XIV. Buenos Aires: Amorrortu.

FREUD, S. "La repressión" (1915). In: *Obras completas*, vol. XIV. Buenos Aires: Amorrortu, 1986.

FREUD, S. "Lo ominoso" (1919). In: *Obras completas*, vol. XVII. Buenos Aires: Amorrortu, 1986.

FREUD, S. "Más allá del princípio de placer" (1920). In: *Obras completas*, vol. XVIII. Buenos Aires: Amorrortu, 1986.

FREUD, S. "El yo y el ello" (1923). In: *Obras completas*, vol. XIX. Buenos Aires: Amorrortu, 1986.

FREUD, S. "Inhibición, síntoma y angustia" (1926 [1925]). In: *Obras completas*, vol. XX. Buenos Aires: Amorrortu, 1986.

FREUD, S. "El malestar en la cultura" (1930 [1929]). In: *Obras completas*, vol. XXI. Buenos Aires: Amorrortu, 1986.

FREUD, S. "Análisis terminable e interminable" (1937). In: *Obras completas*, vol. XXIII. Buenos Aires: Amorrortu, 1986.

FREUD, S. "Esquema del psicoanálisis" (1940 [1938]). In: *Obras completas*, vol. XXIII. Buenos Aires: Amorrortu, 1986.

GROS, F. "O cuidado de si em Michel Foucault". In: RAGO, M. e VEIGA-NETO, A. (orgs). *Figuras de Foucault*. Belo Horizonte: Autêntica, 2006.

GROS, F. "A *parrhesia* em Foucault (1982-1984)". In: Gros, F. (org.). *Foucault: a coragem da verdade*. São Paulo: Parábola Editorial, 2004.

HADOT, P. *O que é a filosofia antiga?* São Paulo: Edições Loyola, 1999.

HADOT, P. "Un dialogue interrompu avec Michel Foucault: convergences et divergences". In: *Exercices spirituels et philosophie antique*. Paris: Albin Michel, 2002.

LACAN, J. "La agresividad en psicoanálisis" (1948). In: *Escritos 1*. México: Siglo Veintiuno, 1987.

LACAN, J. "El estadio del espejo como formador de la función del yo [je] tal como se nos revela en la experiencia psicoanalítica" (1949). In: *Escritos 1*. México: Siglo Veintiuno, 1987.

LACAN, J. "Función y campo de la palabra y del lenguaje en psicoanálisis" (1953). In: *Escritos 1*. México: Siglo Veintiuno, 1987.

LACAN, J. *O Seminário. Livro 2: o eu na teoria de Freud e na técnica da psicanálise* (1954-1955). Rio de Janeiro: Jorge Zahar, 1985.

LACAN, J. *O Seminário. Livro 5: as formações do inconsciente* (1957-1958). Rio de Janeiro: Jorge Zahar, 1999.

LACAN, J. *O Seminário. Livro 11: os quatro conceitos fundamentais da psicanálise* (1964). Rio de Janeiro: Jorge Zahar, 1985.

LACAN, J. *Le Séminaire. Livre 17: l'envers de la psychanalyse* (1969-1970). Paris: Éditions du Seuil, 1991.

LAPLANCHE, J. e PONTALIS, J.-B. *Vocabulário da psicanálise*. São Paulo: Martins Fontes, 1983.

MAUPASSANT. G. "O Horla". In: *Bola de sebo e outros contos e novelas*. Rio de Janeiro: Civilização Brasileira, 1970.

POE, E. A. "William Wilson". In: *Edgar A. Poe – ficção completa, poesia & ensaios em um volume*. Rio de Janeiro: Nova Aguilar, 1981.

REVEL, J. *Michel Foucault: conceitos essenciais*. São Paulo: Claraluz, 2005.

RICOEUR, P. *De l'interprétation: essai sur Freud*, Livro I. Paris: Éditions du Seuil, 1965.

RIMBAUD, A. *Poésies*. Paris: Librairie Générale Française, 1984.

ROZENTHAL, E. "O pulsar da diferença: considerações acerca do processo de subjetivação em psicanálise", *tese de doutorado*, Rio de Janeiro, UERJ, 2003.

ROZENTHAL, E. "Cuidado de si e cuidado do outro: sobre Foucault e a psicanálise". In: MAIA, M. S. (org.). *Por uma ética do cuidado*. Rio de Janeiro: Garamond, 2009.

Capítulo 4

NO CORPO A CORPO DA ANÁLISE: UMA PSICANÁLISE DAS PEQUENAS PERCEPÇÕES

O sofrimento subjetivo contemporâneo

Percebemos que na clínica analítica da assim denominada Pós-Modernidade, notadamente no que toca à população mais jovem, multiplica-se o padecimento decorrente das compulsões e das adições. O anoréxico e o obeso, o *workaholic* do mercado de capitais, o monomaníaco sexual e aqueles que cultivam, dia e noite, o corpo "malhado" ou "bombado" são figuras fáceis nos consultórios dos psicanalistas da atualidade. É extremamente comum, nas análises de hoje, a presença de sintomas que se associam ao uso exagerado do computador ou ao acesso ininterrupto às redes sociais. Não faltam, ainda, no cotidiano das análises, sofrimentos de cunho amoroso ou sexual, cujos cenários são as "náitis" ou as festas *rave* ou *funk*, muitas vezes de matizes violentos. Tais ambientes são catalisadores do narcisismo descomedido da atualidade que se potencializa ainda mais pelo excessivo consumo de álcool e outras drogas. A falta de tempo, o estresse, a insônia, a impossibilidade de decisão, a irresponsabilidade, a onipotência, a invasão constante do espaço alheio e a imaturidade prolongada permeiam as vidas e as narrativas dos jovens analisantes. Proliferam, também, a chamada "síndrome do pânico" e as mais diversas modalidades de fobias sociais.

Neste capítulo, procederei, primeiramente, à apresentação, ainda que esquemática e sucinta, dos principais atributos do sofrimento das subjetividades contemporâneas, dos quais oferecerei uma tradução de acordo com a gramática da metapsicologia. A seguir, veremos que, diante do padecimento psíquico que prepondera entre os jovens de hoje, os analistas deverão suplementar o uso da interpretação mediante práticas que incidam, diretamente, sobre a força do corpo erógeno. Face às urgentes exigências das compulsões atuais, examinaremos a necessidade de o analista, mais do que em outros períodos históricos, lançar mão do manejo da sensibilidade, cujo campo acha-se além das representações contratransferenciais.

No encalço da compreensão psicanalítica da nomeada sensibilidade, recorrerei à noção leibniziana de "pequenas percepções"[1]. Tal compreensão nos auxiliará a destacar a necessidade, tornada urgente nas psicanálises atuais, de manejos analíticos que contribuam para (1). a simbolização da força do corpo erógeno que potencializa o inconsciente do analisante e (2). o acolhimento por parte do analista do montante da força residual, isto é, impassível de representação simbólica. Algo como uma "psicanálise das pequenas percepções" concorreria então para que a subjetivação da força deslocasse o curto-circuito do gozo do analisante e, com relação à força bruta irrepresentável, para a construção de um espaço transferencial que lhe permitisse um gozo seguro.

É preciso que se diga logo, alto e em bom som, que a época em que vivemos não é pior – nem melhor – do que qualquer outra, não importando a designação que receberam, seja de acordo com a teoria dos "paradigmas"[2], das "epistemes"[3], das "ondas"[4], seja nomeadas como Antiguidade, Baixa, Média ou Alta Idade Média, Modernidade e Modernismo, até a atual Pós-Modernidade. Devemos afirmar primeiramente que estas e outras categorias, que denotam a associação de uma suposta modalidade de estrutura social a um período definido, são tão mais relevantes quanto o são o esforço e a capacidade de *interdisciplinaridade* dos autores que delas fazem uso. É a habilidade

[1] G. W. Leibniz, "Novos ensaios sobre o entendimento humano" (1765).
[2] T. Kuhn, *A estrutura das revoluções científicas*.
[3] M. Foucault, *As palavras e as coisas: uma arqueologia das ciências humanas*.
[4] E. J. Hobsbawm, *A era das revoluções*.

do pensador de congregar os diversos níveis da experiência humana como, por exemplo, processos de ordem econômica, tecnológica, cultural, política, mas também características linguísticas, de costumes, regimes de interpretação do mundo, atributos subjetivos, patologias, tipos de sofrimento, etc. que torna a utilização de tais expressões genéricas mais ou menos eficazes em sua capacidade de descrever e compreender a etapa visada. Como ressalta Fernando Henrique Cardoso no prefácio ao exímio trabalho de Manuel Castells intitulado de *A sociedade em rede*, para a boa descrição de uma época determinada a interdisciplinaridade seria o oposto da unilateralidade reducionista dos universais abstratos[5].

Por isto mesmo, devemos considerar que, qualquer que seja o período definido por seja qual for o critério utilizado para tal definição, a única coisa que se pode afirmar como evidência é que *as épocas em questão são diferentes umas das outras*. Toda tentativa de comparação valorativa entre elas não escaparia de uma perspectiva moralizante, no interior da qual certos elementos vinculados à etapa visada seriam *arbitrados* como "valores inquestionáveis" para o *julgamento* de uma outra[6]. Cada etapa histórica só pode ser convenientemente compreendida em relação a si mesma, sendo que haveria características, tanto criativas, quanto destrutivas em todas elas. Contudo, como aleguei, o que há, de fato, são descrições utilizadas para o entendimento de uma época, descrições que podem ser melhores do que outras. Não obstante, este potencial acha-se vinculado à maior capacidade de interdisciplinaridade do autor, que lhe permite construir uma *definição positiva* dos traços distintivos da sociedade e das respectivas subjetividades do período escolhido.

Eis por que, ao visar a apreensão compreensiva da Pós-Modernidade, a posição de certos pensadores se enfraquece quando eles se empenham em estabelecer descrições negativas, de um modo geral apontando para os supostos sinais de deterioração moral da sociedade pós-moderna e de insuficiência do sujeito atual *vis-à-vis* os valores da Modernidade. Este é o caso do

---

5 F. H. Cardoso, "Prefácio", pp. 35-37.

6 Ver, a este respeito, a noção de "incomensurabilidade" desenvolvida por T. Kuhn, *A estrutura das revoluções científicas*, pp. 244-251.

sociólogo americano Richard Sennett[7] e do francês Jean Baudrillard[8] que, utilizando-se de argumentações comparativas e valorativas, acabam por contribuir para a difusão de uma espécie de sentimento de saudades da lei moral patriarcal da Modernidade em presumido declínio. As ditas argumentações enfraquecidas baseiam-se na operação das quatro raízes da representação, em que determinadas identidades universais são eleitas arbitrariamente como unidade de comparação entre a Pós-Modernidade e a Modernidade. Ao contrário dos autores referidos, o cientista social polonês Zygmunt Bauman[9] e o geógrafo inglês David Harvey[10] propõem leituras das características diferenciais da Pós-Modernidade, consideradas em sua positividade, evitando, para tanto, o confronto reducionista entre esta e o período que a antecedera.

Com os psicanalistas, dá-se o mesmo. A leitura crítica que fazem, entre outros, Charles Melman[11] e Jean-Pierre Lebrun[12] sofre da mesma insuficiência. De uma maneira geral, censurando a Pós-Modernidade em seus aspectos de suposta desestabilização do nome-do-Pai e de deflação de Édipo e da castração universal ou ainda imputando-lhe traços de ruína moral, estes autores admitem que os ditos atributos, na sua positividade, teriam caracterizado a Modernidade. Sob tal perspectiva, aqueles psicanalistas contribuem para a criação de um ambiente de pessimismo e nostalgia abrangentes, fortalecendo a crença de que a época que abandonamos, marcada por inquestionáveis valores estáveis e identidades sólidas, nos teria deixado irremediavelmente órfãos. Tendo abandonado o legado do passado, caminharíamos hoje, sem rumo e desesperados, em busca de novas identidades e valores universais que nos pudessem nortear para, afinal, aliviar-nos do sofrimento do niilismo e da decadência em que ora viveríamos.

Não resta a menor dúvida de que enfrentamos uma crise generalizada de valores, mas que, contudo, não nos lança em nenhum mundo sem esperanças, sem prazer e sem possibilidades criativas. A especificidade do momento

---

7 R. Sennett, *A corrosão do caráter: as consequências pessoais do trabalho no novo capitalismo.*

8 J. Baudrillard, *À l'ombre du millénaire ou le suspens de l'an 2000.*

9 Z. Bauman, *O mal-estar da pós-modernidade.*

10 D. Harvey, *Condição pós-moderna: uma pesquisa sobre as origens da mundança cultural.*

11 C. Melman, *O homem sem gravidade: gozar a qualquer preço.*

12 J.-P. Lebrun, *A perversão comum: viver juntos sem outro.*

atual nos permite dizer que, ao lado do sofrimento da compulsão, que atinge hoje uma frequência impressionante e uma intensidade de grande magnitude, há novas e vigorosas possibilidades de prazer. No mundo globalizado, a criatividade se vê valorizada à enésima potência. No coração das sociedades de consumo, os afetos vêem-se estimulados a comparecer aos inúmeros tipos de laços sociais, sendo até mesmo convocados em sua expressão de proximidade aos corpos erógenos. Também as formas artísticas multiplicam-se ao infinito e a sexualidade se abre a uma diversidade de novas expressões sociais. Tudo isto aponta para a ocorrência, no âmbito da atualidade, de uma inusitada democracia da singularidade, de caráter não representativo[13].

Não é de outra fonte que emana a resistência que caracteriza as manifestações, iniciadas em junho de 2013 no Brasil, deflagradas sob o pretexto da demanda da redução das tarifas dos transportes públicos, mas que, rapidamente, deixaram de apresentar qualquer motivação evidente. Os estudiosos, pesquisadores das mais diversas áreas como também os jornalistas, todos perplexos, fracassaram ao insistir em atribuir ao ânimo dos jovens manifestantes uma motivação identitária comum, na vã ilusão da possibilidade de comparação às *passeatas*, em que os estudantes seguiam os sólidos ideais libertários de décadas atrás. Diante da impossibilidade de supor aos manifestantes qualquer tipo de inclinação genérica, os comentaristas acabaram por desvalorizar os movimentos atuais, ao deslocarem o relevo de sua ótica para os chamados *black blocs*, cuja participação nas manifestações segue o violento ideário anticapitalista de certas modalidades do anarquismo. Quanto aos manifestantes, efetivamente, não há nem ideal, ideologia ou idealismo estruturando-lhes a vontade. Eis por que toda e qualquer instituição, sejam partidos políticos, sejam organizações sindicais, não são bem-vindas por estes jovens. O potencial de que se trata emana das forças dos desejos dos participantes, em suas singularidades múltiplas, não sendo possível subsumi-lo a nenhuma identidade universal organizadora e aglutinadora[14].

---

[13] Para temáticas correlatas, indico M. Hardt e A. Negri, *Império*.

[14] A respeito do poder aglutinador da "multidão", mas que no entanto prescinde de unidade ou identidade, indico M. Hardt e A. Negri, *Multidão*.

Para proceder à planejada apresentação expedita dos atributos centrais do sofrimento das subjetividades contemporâneas e levando em conta as objeções elencadas acima, decidi, não obstante, recorrer ao texto de Sennett. Tomando o cuidado de subtrair do referido texto o confronto estimativo entre o capitalismo industrial moderno e o "capitalismo flexível" da atualidade, comparação proposta pelo autor e que acaba por enfraquecer o seu trabalho, pude chegar a um resultado diametralmente oposto. Deste modo, tornou-se possível encontrar, ainda que sucintas e esquemáticas, formulações de extrema simplicidade dos elementos que bem descrevem – em seus aspectos positivos – as dificuldades dos encontros na contemporaneidade. Com efeito, o sociólogo americano examina, a partir do contexto das novas sociedades do capitalismo flexível, exatamente o que nos interessa, contribuindo, pela via da sua acurada observação, para o estudo da importância da dimensão social do inconsciente nas teses de Freud.

Como condição primordial das dores psíquicas do indivíduo contemporâneo, Sennett reconhece, no seu *A corrosão do caráter*, a imposição de um ritmo frenético de mudanças contínuas à dinâmica das vidas dos indivíduos[15]. No que diz respeito à questão do trabalho, Sennett invoca os imperativos da atual economia de mercado, potencializada pela tecnologia de ponta e pelo *marketing* invasivo, que impõem uma demanda altamente extenuante ao trabalhador[16]. Sob esta perspectiva, para o autor, as novas corporações infligem ao trabalhador um tempo de "mudança incessante"[17]. Embalada pela tecnologia que se reproduz com velocidade inebriante, o comando das organizações de trabalho da atualidade exige a adaptação ininterrupta do trabalhador.

A seguir, ao elencar os obstáculos às relações sociais de hoje, Sennett repara que, amiúde e em larga medida, estas caracterizam-se pelos aspectos da inconstância e da superficialidade, dilatando assim a abrangência do dito tempo de mudança incessante, causando afinal uma "deriva no tempo"[18]. O sofrimento típico do indivíduo contemporâneo adviria da impossibilidade deste de apropriar-se subjetivamente do presente, sendo tal indivíduo dominado por um sentimento de quebra da cronologia, padecendo, em

---

[15] R. Sennett, *A corrosão do caráter: as consequências pessoais do trabalho no novo capitalismo.*

[16] Idem, pp. 54-73.

[17] Idem, p. 59.

[18] Idem, pp. 27 e 117-118.

consequência, de uma vivência cáustica de fragmentação de si[19]. Contribuindo de maneira determinante para o grande alcance de tais efeitos aversivos, o sociólogo aponta para o apelo competente das mídias, indutor do avanço irrevogável em direção a um consumismo avassalador[20]. Para o autor, o indivíduo das sociedades globalizadas se encontraria na obrigação compulsiva de consumir, no intento, frustrado e sempre reiterado, de adaptação contínua ao tempo de mudança permanente correspondente à irrefreável evolução tecnológica.

O argumento de Sennett se desdobra para admitir que no interior do dispositivo de poder do "novo capitalismo" o comando é invisível, disseminado nos fluxos das redes informatizadas. Diante da invisibilidade do poder, as pessoas não estariam habilitadas a perceber a repressão sob a qual se encontram. Neste contexto, acrescenta o sociólogo, a força coercitiva do poder se encontra maximizada, achando-se os indivíduos contemporâneos expostos à constante pressão, ao mesmo tempo sensível e imperceptível, exercida por um poder socioeconômico pulverizado[21], situação esta que Foucault tão bem antecipara sob a denominação de "microfísica do poder"[22]. Além disso, ao quadro de tensão referido viria associar-se o enfraquecimento da capacidade subjetiva de simbolização. De acordo com a observação de Sennett, uma das consequências das linhas de força do capitalismo flexível atual seria que os indivíduos apresentam consideráveis dificuldades de enunciar as histórias de suas próprias existências[23].

Considerando-se que a regra fundamental da psicanálise não é outra senão a fala em associação livre, a dita insuficiência simbólica viria atingir a clínica analítica no seu cerne. De fato, é evidente a dificuldade dos jovens analisantes em se engajar na metodologia tradicional da análise, sendo necessário, no mais das vezes, que estes façam uso do computador e do celular como complemento das respectivas falas.

---

19 Idem, pp. 54-73.

20 Idem, p. 88.

21 Idem, pp. 63-65.

22 M. Foucault, *Microfísica do poder*.

23 Sennett, *A corrosão do caráter: as consequências pessoais do trabalho no novo capitalismo*, pp. 14 e 31.

Vejamos agora, sob o prisma da metapsicologia, de que maneiras os atributos do capitalismo flexível atingem as subjetividades que ora se produzem. Quer se admita a subjetividade como produto das relações sociais de poder, considerada a exterioridade destas em relação àquela, quer se teça a hipótese de uma subjetividade cuja potência imanente de autoprodução se dá no interior dos encontros, não se pode negar que cada contexto histórico produz o seu próprio mal-estar. Iniciemos, pois, com a observação de que as características do padecimento subjetivo no contexto sócio-histórico atual vêm sofrendo uma espécie de "regressão". Neste sentido, pode-se notar que hoje em dia o sofrimento subjetivo vincula-se menos à dinâmica do conflito psíquico, ou seja, à submissão do eu a um supereu legislador e controlador e mais aos obstáculos à criação de si, mais primitivo que aquela; menos aos sintomas representativos, senão à dinâmica das forças que os condicionam. O padecimento subjetivo de nossos dias, remete, com frequência, a dificuldades de diferenciação da força do corpo erógeno.

As instituições fortalecidas e seus sólidos ideais, que refletiam o jogo de poder das sociedades ocidentais no final do século XIX, correspondem ao centramento da identidade universal de Édipo e da castração universais na perspectiva psicanalítica da primeira tópica. Na realidade, a primeira etapa da obra de Freud se apoiava sobre a dimensão representativa do psiquismo, centrada no conflito entre o eu e a sexualidade recalcada. O tratamento analítico baseava-se no reforço da dimensão identitária do eu, o qual, fortalecido, poderia enfrentar a sexualidade desviante. O padecimento psíquico jogava-se no fortalecimento da identidade do eu, cuja unidade e coesão se media frente aos estáveis ideais do supereu. Por este viés, devemos consentir que as teses freudianas concebidas até a virada teórica se viam, a despeito do postulado do inconsciente e da divisão da subjetividade, majoritariamente orientadas pela hegemonia da representação e pela Filosofia do Sujeito, isto é, pela valorização do eu e da consciência. O contexto em tela encontrava-se, portanto, em sintonia direta com a prevalência cultural do *indivíduo racional e consciente*, reconhecendo-se, até fins do século XIX, que este seria a célula central da sociedade[24].

[24] Cf. N. Elias, *A sociedade dos indivíduos*. Para comentários, ver J. Birman, *Arquivos do mal-estar e da resistência*, pp. 39-41.

Todavia desde 1920 há um deslocamento dos enunciados de Freud, de modo que suas preocupações teóricas preeminentes caminham na direção do território das condições de possibilidade da subjetividade, migrando para o dinamismo das forças que potencializam o psiquismo representativo. Delineia-se a correlação entre as concepções psicanalíticas e os novos dispositivos sociais. Com efeito, valores inéditos povoam o panorama social. A atualidade do mundo da Modernidade[25], em acelerado processo de mudança, correlativamente captura a dinâmica subjetiva, ameaçando a hegemonia da representação e suas quatro raízes, associadas à fixidez das identidades imutáveis[26]. A dúvida lança a sombra da suspeita da cultura sobre a poderosa razão, atingindo em cheio o eu e a consciência do indivíduo[27]. A atração cultural se desloca para o transitório. Tais movimentos histórico-sociais de grande envergadura refletem-se na ulterior concepção freudiana do psiquismo como mudança constante. Considerada finalmente como um processo de diferenciação contínua da força insuscetível de representação psíquica, a gramática da subjetividade viria a ser conjugada no gerúndio[28].

Este quadro de intensas mudanças sócio-históricas viria desaguar no contexto da Pós-Modernidade. Hoje em dia, o extremo desenvolvimento tecnológico associado ao *marketing* multimídia provoca, como contraparte da imposição de adaptação contínua ao tempo de mudança permanente, um inusitado fomento das forças da subjetividade que acaba por lançar o indivíduo na roda-viva do consumismo. Não é à toa, portanto, que o sofrimento subjetivo da atualidade se apresenta de forma prioritária como resultado das dificuldades de diferenciação da força do corpo erógeno, uma vez que o modo corporal da subjetividade acha-se extraordinariamente intensificado. Este quadro implica a enorme difusão da compulsão contemporânea associada à constante invasão da força sobre a subjetividade simbólica.

Inscreve-se, pois, teoricamente, a observação de que o padecimento psíquico característico da atualidade não emana da frustração diante dos obstáculos à realização do desejo, cujo objeto se afiguraria como faltante. É que

---

25 M. Foucault, "What is enlightenment".

26 A este respeito, envio o leitor ao capítulo 2.

27 M. Foucault, *Nietzsche, Freud e Marx: theatrum philosoficum*.

28 S. Freud, "El yo y el ello" (1923).

se trata justamente do oposto. O contexto econômico de hoje, excepcionalmente investido pela sociedade, nos acena com o fácil acesso ao Éden. Para a subjetividade atual, a pletora de mercadorias, customizadas ao extremo, faz crer que a castração se encontra banida do horizonte psíquico. Os dispositivos de poder, associado aos canais midiáticos, insistem em alardear que todo e qualquer objeto de desejo encontra-se ao alcance do sujeito. Seria preciso, apenas, escolher. Contudo, diante da exposição constante a incontáveis ofertas, a subjetividade contemporânea vacila, deixando transparecer o sentimento de angústia que a assola. Quem bem o diz é Jacques Lacan[29], para quem a angústia não advém do recalque da falta. Ao contrário, para Lacan a eclosão da angústia corresponde à "falta [que] viria a faltar". Corroborando a proposição lacaniana, vê-se que o sujeito atual, tendo, supostamente, todas as possibilidades de escolha de objeto ao seu dispor, com muita frequência sente-se invadido pela angústia automática que o impede, exatamente, de escolher.

Trata-se, hoje em dia, de excesso e não mais de falta. A abundância de objetos tecnocientíficos pretensamente habilitados a saciar os desejos mais raros torna a interdição psíquica menos operante. Quando a oferta destes verdadeiros "objetos-fetiche" permite que a ilusão da realização absoluta do desejo se insinue nos territórios subjetivos, o que vacila é a força do desejo. Eis por que o típico sofrimento psíquico de hoje se constela mais por conta dos empecilhos à diferenciação da força corporal de produção do desejo inconsciente e menos pela frustração de não realizá-lo. São as *condições do desejo* que se encontram na berlinda, de modo que pode-se dizer que atualmente padecemos amiúde de obstáculos ao "desejar" que, no léxico do texto deste livro, equivale ao "desejando". Tanto as subjetividades, ainda que muito genericamente denominadas de "depressivas", ou, de modo mais apropriado, os compulsivos e os adictos da sociedade de consumo atual sofrem, prioritariamente, de distúrbios da produção desejante.

Sob tal perspectiva, verifica-se que as dores que frequentam com grande constância os consultórios dos psicanalistas de hoje não se representam mais pelo maciço investimento neurótico na fantasia de desejo inconsciente

---

29 J. Lacan, *O Seminário. Livro 10: a angústia* (1962-1963), p. 52.

em detrimento da realidade. O mal-estar típico da atualidade não corresponde mais à neurose propriamente dita, apresentando-se, assiduamente, pela compulsão com "passagem ao ato" (*acting out*). A grande incidência atual das "patologias do ato", caracterizadas pela incipiência simbólica, diz respeito à insuficiência do ato de desejar muito mais do que aos destinos do desejo e seus objetos. Diante dos obstáculos a sua representação como desejo inconsciente, a força corporal, em apuros para engajar-se no processo de diferenciação, potencializará o sofrimento das ditas patologias do ato.

Freud cansou de ensinar que a fonte da pulsão, da qual emana o impulso intensivo, se encontra no corpo[30]. Bem elaborado e entendido, podemos agora afirmar que é do corpo erógeno que se trata, dimensão corporal, imaterial e irrepresentável da subjetividade, da qual emana a respectiva força motriz. Por este motivo, o padecimento subjetivo de nosso tempo vem obrigando os psicanalistas a redobrarem o interesse sobre as questões do corpo erógeno e sua diferenciação, forçando-os ao acolhimento analítico da força corporal não suscetível de diferenciação.

A pouca propensão dos analisantes de hoje em se submeter à regra fundamental tem no respectivo contexto sociopsíquico a sua condição. A interpretação do conteúdo representacional inconsciente e que só indiretamente atinge a força terá de sofrer modulações. O dito instrumento clínico deverá ser suplementado através de novos procedimentos diretamente ligados às forças corporais, nos limites da subjetividade representativa. A via indireta da interpretação deverá recuar para abrir espaço para práticas analíticas que possam prescindir da mediação linguageira. O analista deverá ser capaz de associar o uso da interpretação a manejos que incidam de maneira imediata sobre os empecilhos à produção do inconsciente. Sem visar primeiramente o desejo e seus sintomas, tais procedimentos atingirão em cheio a capacidade desejante.

Frente à abundância dos novos sintomas – novos, principalmente, sob a perspectiva da extensão do respectivo comprometimento subjetivo ou quanto à frequência de sua incidência –, a clínica psicanalítica na realidade já vem se submetendo a remodelações consideráveis. Estratégias analíticas inusuais

---

30 S. Freud, "Pulsiones y destinos de pulsión" (1915).

vêm se impondo para o acolhimento transferencial do sofrimento subjetivo que efetivamente comparece nos nossos consultórios. Assim, os analistas flexibilizaram a "moldura" do tratamento[31] no que diz respeito ao preço e à forma de pagamento, à duração, periodicidade e "formato" das sessões, que, muitas vezes, são realizadas via *Skype* ou pelo celular. Os combinados adicionais que se façam necessários se dão, muitas vezes, através de *SMS*, *whatsapp* ou *e-mail*. Porém, devido à grande extensão das mudanças no contexto social e das características das subjetividades atuais, era o núcleo da transferência – e não apenas a moldura – que estava em questão. Eis por que dissemos que os operadores analíticos da escuta analítica, da atenção igualmente flutuante e da interpretação deveriam ser modulados e suplementados.

Na verdade, isto também já vem acontecendo. Se assim não fosse, se os psicanalistas não tivessem inovado os procedimentos clínicos, a psicanálise certamente já teria sido retirada do rol dos tratamentos da subjetividade. O que se coloca, hoje em dia – aliás, como em qualquer época –, é a necessidade de identificar teoricamente os expedientes analíticos que já vimos utilizando de fato. Implementados, no mais das vezes, de forma eminentemente empírica, para dar conta das inadiáveis novas demandas clínicas, os manejos analíticos inovadores deverão, pouco a pouco, receber uma densidade teórica suficiente. Na ausência de tais retificações, os referidos expedientes analíticos seriam tomados como práticas baseadas no senso comum ou, ainda, de cunho espiritual, místico ou esotérico. Por este motivo, faz-se mais do que necessário o trabalho de construção conceitual. É imprescindível – hoje e sempre – que se possa enunciar, de renovadas formas, o processo de subjetivação que se empreende na análise, tanto no que diz respeito a sua constituição, quanto ao seu funcionamento.

Em consequência das alterações que vêm ocorrendo na clínica, os analistas se veem diante da necessidade de suplementar a prática tradicional da atenção flutuante das falas em associação livre dos analisantes através de procedimentos que visem diretamente a diferenciação subjetiva da força do corpo erógeno. Tais manejos analíticos, de caráter imediato, deverão incluir o acolhimento do excesso de força insuscetível de diferenciação que se produz

---

31 J. Bleger, *Psicologia da conduta*.

na transferência. A utilização combinada destes expedientes clínicos não tradicionais, associada à interpretação das resistências inconscientes, teria o condão de resgatar o potencial criativo das forças para colocá-lo ao dispor da subjetividade do analisante.

Digamos logo e sem evasivas que para o tratamento do sofrimento atual o analista precisará, mais do que nunca, daquilo que, sem nenhuma dúvida, sempre lhe foi necessário. Refiro-me à sensibilidade. Com efeito, são as práticas que se baseiam, prioritariamente, na sensibilidade do analista que têm a propriedade de incidir de forma imediata sobre as forças do corpo na iminência de diferenciação e, também, de proporcionar o acolhimento da parcela da potência corporal não passível de diferenciar-se. As ditas práticas utilizam-se do que na gramática leibniziana denomina-se de "pequenas percepções", sendo estas que poderiam modular e suplementar a escuta e a interpretação analíticas de hoje[32].

Para que possamos delimitar melhor todo este quadro, permitindo a sua clara compreensão, cumpre primeiramente abordar as características do supereu contemporâneo que vem adquirindo, cada vez mais, tonalidades de voracidade e de crueldade. A seguir, vamos nos debruçar sobre as pequenas percepções.

O supereu voraz e o incentivo ao consumo

Para Freud, a instância subjetiva do supereu funciona a um só tempo como legislador, fiscal e juiz da subjetividade[33]. As representações superegoicas são herdeiras do "ideal do eu", insistentemente buscado pelo eu desde que este perdera a completude infantil. Ao deixar de ser seu próprio ideal, com o qual a princípio coincidia, o eu, inconformado com a perda, passa a projetar o dito ideal sobre as representações do supereu. Diante deste, com o intuito vão de recuperar a onipotência narcísica, o eu se submete[34].

---

32 G. W. Leibniz, "Novos ensaios sobre o entendimento humano" (1765).

33 S. Freud, "El yo y el ello" (1923).

34 S. Freud, "Introducción del narcisismo" (1914), pp. 90-91.

Não resta dúvida de que, em nossa época, em tempos de ideais, ideologias e lideranças enfraquecidas, as instituições cada vez menos são capazes de produzir identidades sociais fortes, com adequada estabilidade, como já foram os pares complementares "pai e filho", "patrão e empregado" ou "professor e aluno". Entretanto, no passado, quando tais identidades, suficientemente duradouras, permitiam uma identificação superegoica abrangente por parte do eu, ao mesmo tempo, através delas, induzia-se a submissão do filho, do empregado ou do aluno, respectivamente ao pai, patrão ou professor. Era assim que o controle social exercia-se sobre a totalidade dos atores.

As características do supereu do final do século XIX e primeira metade do século XX instigavam, portanto, a sujeição do eu, para a qual deveria facilitar-se o processo de identificação. Contribuindo para esta meta, a visibilidade dos segmentos da sociedade que exerciam a repressão, fossem governantes, patrões, pais, professores, etc., apresentava-se com extrema nitidez. Para a garantia da dominação e manutenção da gerência política e da hegemonia econômica sobre os corpos, o comando da tecnoburocracia de base científica do período considerado estrategicamente exibia com intensa limpidez o quadro institucional das identidades complementares. Era óbvia, ainda que dolorosa, a dicotomia moral entre opressor e oprimido ou, de modo amplo, entre certo e errado, não havendo margem à dúvida[35]. Por exemplo, no contexto em tela, sequer se pensava em questionar a máxima de que o pai manda e o filho obedece. O confronto visivelmente desproporcional entre o eu e o supereu, o último marcado por uma idealidade profunda, contribuía para a vassalagem daquele por este.

Entretanto, a dita visibilidade límpida implicava a exacerbação do "sentimento inconsciente de culpa". Uma vez que o pai possuía, além da potência restritiva, a capacidade de doar as benesses ansiadas, o menino o amava por esta e o odiava por aquela. A teoria psicanalítica subsumida pelos enunciados da primeira tópica mostrava-se capaz de descrever acuradamente tal padecimento. A dissonância cognitiva causada pelos sentimentos antagônicos de amor e ódio à figura idealizada do pai acarretava enorme dor ao filho. Para viabilizar o processo de identificação, a representação insuportável de ódio

---

[35] A. Ehrenberg, *La fatigue d'être soi: dépression et société.*

ao pai viria a sofrer o recalque defensivo, desaparecendo da consciência. Esta "ambivalência de sentimentos", contudo, induzia o sentimento avassalador da culpa inconsciente que corroía as subjetividades então produzidas[36].

Se considerarmos agora o quadro das sociedades de hoje, observaremos que as assombrosas mudanças no âmbito da tecnologia e da ciência capitanearam as modificações nas demais dimensões da cultura. Nesta perspectiva, são acentuadas as transformações a que assistimos nas dinâmicas subjetivas contemporâneas, as quais a teoria psicanalítica da primeira tópica não se mostra mais habilitada a compreender suficientemente. Sub-rogado psíquico dos valores sociais dos respectivos contextos históricos, o supereu do final do século XIX vem experimentando um desvio profundo, desde o abalo da hegemonia da representação em que a razão e a consciência sofrem a ação da suspeita cultural, até o período da Pós-Modernidade. Os outrora robustos ideais e identidades sociais se viram gradativamente desestabilizados. Tal processo fora condicionado, em fins do século retrasado, pelo enorme fascínio das sociedades ocidentais pelo transitório. Nos dias de hoje, é a ação das mídias digitalizadas, possuidoras de um alcance incomensurável, que cria empecilhos ao processo de idealização e consecutiva identificação subjetiva.

Nas atuais sociedades de consumo, ao ver-se definitivamente abalada a estabilidade das identidades sociais de outrora, o supereu estabelece restrições de outra ordem, diferente do controle severo e da exigência de disciplina do eu. O supereu de nosso mundo globalizado, face à instabilidade das identidades sociais, não é "simplesmente" vigilante e controlador, como aquele que se produzia em fins do século XIX[37]. Nas sociedades do mundo globalizado, as imposições infligidas ao eu não são "apenas" severas. O supereu contemporâneo é muito mais do que exigente, tendo se tornado até mesmo cruel. Isto porque a promessa que faz ao eu é, nada mais, nada menos, do que a de recuperar-lhe a completude perdida. De

---

36 Por exemplo, S. Freud, "Duelo y melancolía" (1917 [1915]).

37 A sociedade que viria substituir as sociedades disciplinares tal qual reconhecidas por Michel Foucault foi estudada por Deleuze, em suas respectivas características institucionais, que lhe atribuiu o nome de "sociedade de controle", expressão que havia sido cunhada por Burroughs. Para consultas a respeito do tema, o leitor deve procurar G. Deleuze, "Post-Scriptum: sobre as sociedades de controle".

uma voracidade descomedida, o supereu de hoje, ao prometer ao eu o resgate da totalidade infantil perdida, demanda deste o pagamento antecipado, proporcional ao tamanho da benesse cuja devolução lhe assegura. O que lhe exige em troca é um sentimento de prazer intenso e ininterrupto que só seria compatível com o próprio estado de narcisismo infantil perdido[38]. Tal situação impossível, que poderíamos denominar *felicidade*, reclamada às subjetividades contemporâneas deságua amiúde na eclosão de um quadro de gozo ou de angústia automática.

Os ideais sociais de nossos tempos, quase que exclusivamente associados ao econômico e ao consumo, não cessam de ofertar o paraíso infantil perdido. O imperativo superegoico contemporâneo bem poderia expressar-se como se segue: "Compre pela Internet um objeto mágico, que foi customizado tão somente para o seu prazer absoluto e desfrute dele continuamente e com intensidade total, posto que nada mais lhe faltará!". Esta incitação ao consumo possuiria um implícito discursivo que complementaria o quadro de voracidade do supereu da atualidade, acrescentando-lhe o tom de crueldade perversa. Haveria uma espécie de corolário do dito imperativo, que se poderia enunciar: se, ao consumir o *objeto total*, você não sentir o prazer da felicidade, então *você* precisa mudar. Transforme-se! Sem parar. Sennett tinha razão ao afirmar que vivemos tempos de mudança incessante. Mas para mudar seria preciso recorrer mais uma vez à Internet, engajando-se nas redes de comunicação ou redes sociais. Sob tal perspectiva, para autores como Rifkin o capitalismo atual se inscreve no que ele denomina de "a era do acesso", uma vez que a necessidade central do indivíduo contemporâneo seria de possuir senhas para acesso às redes informáticas[39]. Eis que o ciclo do consumo se fecha sobre si mesmo, dificultando a busca de possíveis linhas de fuga que afastem o sofrimento da angústia.

---

38 Entre os autores da psicanálise que vêm explorando idéias semelhantes ou correlatas, a despeito do tom unilateral e alarmante que amiúde adotam, consultar C. Melman, *O homem sem gravidade: gozar a qualquer preço* e J. P. Lebrun, *A perversão comum: viver juntos sem outro*.

39 J. Rifkin, *A era do acesso: a transição de mercados convencionais para networks e o nascimento de uma nova economia*.

Incitando o domínio do supereu voraz, os agentes sociais investem pesado no incentivo ao consumo. É inquestionável que o consumismo a que estamos submetidos não conhece limites. Quando não utilizamos a Internet para o trabalho, muitas vezes nos valemos dos *sites* de relacionamento, onde iremos buscar um par romântico ou sexual, sem "perder tempo" com iniciativas amorosas, decerto trabalhosas e, frequentemente, fadadas ao insucesso. Estes encontros informáticos, amiúde reduzidos à pura virtualidade, nos blindam contra os pudores das primeiras propostas e afastam os constrangimentos dos mal-entendidos da aproximação amorosa. Os relacionamentos românticos, principalmente em meio à juventude de hoje, que não tem tempo a perder, reduzem-se com frequência ao "pegar" instantâneo. Tais práticas contribuem para a superficialidade dos encontros amorosos entre os jovens, dificultando-lhes o que Sennett nomeou de apropriação subjetiva do tempo[40], induzindo também o sofrimento da angústia.

Em decorrência dos atributos do contexto social contemporâneo, correspondendo este à voracidade do supereu, o sofrimento subjetivo de nossos dias apresenta-se constantemente pelo sentimento de que *merecemos* a dita felicidade que, não obstante, não possuímos, e que, para obtê-la, não precisaríamos pagar preço algum. Nestes termos, todo revés é injusto e qualquer dor é insuportável. Por isto mesmo, diante da constante frustração da ansiada felicidade que adviria da fruição ininterrupta das benesses do consumo, a invasão da subjetividade pela angústia automática das compulsões e adições tornou-se trivial.

Neste cenário, os medicamentos são protagonistas. Ao fazer uso da combinação sedutora e sedativa dos assim chamados "antidepressivos" com os ansiolíticos, passando pela ingestão dos analgésicos e antibióticos, subestimamos nossa capacidade de resistência. No interior deste quadro contemporâneo, vivemos aquém do que podemos e existimos menos do que somos[41].

---

[40] Sobre a dificuldade de apreensão subjetiva do tempo no "capitalismo flexível", ver R. Sennett. *A corrosão do caráter: as consequências pessoais do trabalho no novo capitalismo*, p. 115.

[41] Cotejar com as alternativas de leituras, respectivamente transcendente e imanente, do processo de subjetivação em psicanálise. Ver, a este respeito, o capítulo 1.

Compreende-se que não é por acaso que o comando dos atuais dispositivos de poder não torna efetivo um trabalho social de acolhimento do excesso de força insuscetível de diferenciação que se apresenta frequentemente como fonte de angústia. Na verdade, qualquer que seja o contexto social examinado, haverá sempre uma parcela da força do corpo erógeno impassível de diferenciar-se e sofrer simbolização, o que corresponde, literalmente, à própria definição do conceito de pulsão de morte, isto é, força irrepresentável[42]. Há, portanto, um gozo necessário, independente das características da subjetividade ou do contexto social em que se inscreve a respectiva produção subjetiva. Para tal gozo, os agentes sociais deveriam sempre reservar espaços seguros de fruição. Com mais forte razão, deveria ser este o caso das nossas sociedades de consumo, onde, como vimos, o dito gozo tornou-se mais difundido e intenso. Mesmo assim, os agentes do poder contemporâneo, diante do incremento do excesso da força, não lhe reservam mecanismos adequados e seguros de desfrute.

Por exemplo, o Estado, cada vez mais interferente na vida dos cidadãos, proíbe terminantemente a ingestão das drogas, denominadas, pelo motivo mesmo da proibição estatal, de "ilícitas". Já o tabaco que, por poderosas razões de ordem econômica, não figura no rol das ditas drogas ilícitas, mesmo assim não pode ser consumido em lugares públicos fechados. É ainda o Estado que estabelece a "tolerância zero" para o uso do álcool pelos motoristas. Assim sendo, as instituições estabelecem limites rigorosos para coibir a ingestão de drogas – quando não o proíbem totalmente –, procurando, na acepção do que nos propomos a mostrar, evitar as manifestações de resistência correspondentes a tais práticas.

A clara limitação do contexto dos exemplos escolhidos não nos deve confundir. Há centenas de outras situações de forte repressão estatal, que se inscrevem nos âmbitos políticos, educacionais, da saúde, etc. O que se quer ressaltar é que a coibição levada a efeito pelas estratégias do poder é prova evidente da potência do excesso que, se criativamente acolhido, poderia

[42] S. Freud, "Más allá del princípio de placer" (1920).

transformar-se em resistência subjetiva à vigilância e à disciplina impostas[43]. A oferta de alternativas seguras para a fruição da força seria a condição de possibilidade da transformação do excesso em criação de novas formas de viver. Nesta perspectiva, podemos afirmar que as instituições sociais não franqueiam espaços públicos apropriados de acolhimento da força excessiva para evitar a resistência aos ditames do poder.

Entretanto, no que diz respeito ao gozo consumista, tudo se dá de forma bem diferente, sendo até mesmo o oposto que ocorre. A quase totalidade dos agentes culturais, administrativos e econômicos associa-se às diversas mídias com o firme propósito de facilitar os gastos desmedidos do cidadão, senão de ensejá-los. O consumismo é não somente tolerado, mas incentivado ao extremo pelos dispositivos de poder social da contemporaneidade. A ausência do acolhimento social das demais modalidades de expressão da força desmesurada contribui para a dilatação da quase exclusiva possibilidade "segura" de fruição do gozo, a saber, do gozo consumista. Por constituir a verdadeira força motriz da sociedade, o consumo associa-se aos valores mais bem reconhecidos pela cultura atual, sendo os respectivos excessos até mesmo premiados.

Eis uma apreciação – certamente esquemática – das linhas gerais que estruturam o sofrimento psíquico no interior do capitalismo flexível da atualidade. Já se disse, mas é preciso repetir, que de qualquer etapa histórica, como quer que se a tenha destacado, a única afirmação autoevidente é que se trata de um período *diferente* de qualquer outro. Para compreendê-la, enunciando-a em sua positividade, seria preciso que a referíssemos a si mesma. Não há, pois, nada a lamentar pelas benesses perdidas do passado. A contraparte do sofrimento atual é o prazer atual que, tampouco, é mais ou menos intenso do que o de ontem. A compulsão e as adições, pela frequência e intensidade de suas ocorrências na cultura, caracterizam o padecimento das subjetividades de nossa época. Entretanto, a tais dores de hoje correspondem aspectos culturais extremamente criativos que constituem fonte de

---

[43] A este respeito, recomendo a leitura dos trabalhos de S. Zizek, *Bem-vindo ao deserto do real: cinco ensaios sobre o 11 de setembro e datas relacionadas*, A. Badiou, *O século*, G. Agamben, *Profanações* e J. Rancière, *O inconsciente estético*.

inequívoco prazer psíquico, dos quais destaco a valorização social da intensidade dos afetos, a multiplicidade das modalidades e das expressões artísticas e as descobertas da tecnologia científica que emprestam maior qualidade às existências individuais.

A psicanálise das pequenas percepções ou a sombra d'a Coisa perdida

Como já se disse, devido às grandes mudanças havidas no contexto das sociedades atuais, no quadro do mundo globalizado o padecimento subjetivo sofreu a espécie de regressão a que já aludimos. O sofrimento do sintoma, referido ao funcionamento representativo do recalque, deu lugar à preponderância dos obstáculos à diferenciação e simbolização das forças sem imagem psíquica que emergem do corpo erógeno. Entretanto, a noção de regressão não possui aqui qualquer caráter cronológico. Apenas por tratar-se da condição do funcionamento representativo da subjetividade é que, em relação a este, o dito dinamismo das forças pode ser visto como regressivo. Por conta da grande magnitude da referida regressão, as patologias subjetivas que se apresentam mais assiduamente na clínica da psicanálise contemporânea vêm exigindo importantes ajustes, sob forma de suplementação do exercício da interpretação. Nesta perspectiva, a atitude que se requer do analista de hoje pressupõe, mais ainda do que antes, a sensibilidade. Contudo, devemos buscar os conceitos psicanalíticos correspondentes à dita sensibilidade utilizando-nos, como Freud ensinava no início do texto sobre as pulsões, de ideias que venham de "alguma outra parte"[44].

Para cumpri-lo, é a Leibniz que recorreremos. No século XVII, este pensador chamara de "pequenas percepções"[45] a afetação ou "sensibilidade maior"

---

[44] S. Freud, "Pulsiones y destinos de pulsión" (1915), p.113.

[45] O tema das "pequenas percepções" é utilizado por Leibniz para a compreensão dos fenômenos perceptivos de um modo geral. Para consultas, G. W. Leibniz, "Novos ensaios sobre o entendimento humano" (1765). Para a apropriação da problemática leibniziana na descrição da percepção estética, o leitor poderá pesquisar J. Gil, *A imagem nua e as pequenas percepções: estética e metafenomenologia*.

que se colocava como modalidade de apreensão das diferenças imperceptíveis, ou "suficientemente distintiv[as]"[46]. Baseado em uma das suas "grandes máximas", a "Lei da Continuidade", o filósofo alemão acreditava que a percepção propriamente dita – que ele denominava de "apercepção" exatamente para distingui-la das pequenas percepções – não era uma questão de tudo ou nada, mas, sim, de processo contínuo[47]. A apercepção se consubstancia a partir de um campo de "inquietação", isto é, de uma zona de variações sutis e indeterminadas, na qual estaríamos sempre imersos. Tais variações, correspondentes às diferenças imperceptíveis, seriam não obstante o objeto de um outro tipo de apreensão, a que Leibniz nomeava de pequenas percepções. Configurando-se como percepções indeterminadas, as pequenas percepções constituiriam, em última análise, a condição da apercepção[48].

Para Leibniz, as pequenas percepções seriam, a exemplo da nossa audição, como o som de cada uma das gotas que compõem as ondas do mar. De fato, não somos capazes de discernir o ruído das gotículas, mas é basicamente ao rumor imperceptível das minúsculas gotas que devemos a *apercepção* auditiva da quebra das ondas na praia. Uma vez que as pequenas percepções não são da ordem do propriamente perceptível, não são tampouco passíveis de representação. Contudo, a despeito de serem irrepresentáveis, tais percepções "microscópicas" não cessam de nos afetar.

É preciso observar que o processo que Leibniz nos apresenta não corresponde à *integração*, isto é, ao incremento gradativo das pequenas percepções até o ponto em que, atingido certo limiar, estas pudessem ser representadas. Trata-se, antes, de uma *diferenciação* cuja concepção não pretende sugerir a ideia de organização de uma pulverização microscópica de pequenas percepções até que se constitua uma unidade "macroscópica" representativa da mesma "natureza" identitária. Diferenciação não é integração. Para o que concerne à percepção leibniziana, não é de nenhuma questão de escala,

46 G. W. Leibniz, "Novos ensaios sobre o entendimento humano" (1765), pp. 7-11.

47 Idem, p.10.

48 Idem, pp. 9-10.

desenvolvimento ou evolução que se trata. O que está em jogo é um processo de criação propriamente dito[49].

O analista de hoje, mais do que em qualquer outro tempo, deverá ser capaz de se lançar em uma *psicanálise das pequenas percepções*, utilizando-se da sensibilidade para a apreensão das ditas percepções imperceptíveis que se produzem no encontro transferencial. Digamos logo, sem subterfúgios, que esta modalidade de apreensão sensorial corresponde a estratos mais sutis da transferência que envolvem o estado primordial, potencial e não representativo das subjetividades dos protagonistas.

Para a introdução do tema, cabe aqui avançarmos alguns aspectos do trabalho do médico e psicanalista suíço Daniel Stern a respeito da "percepção amodal" e dos "afetos de vitalidade". Utilizando-se de uma série de trabalhos empreendidos por outros pesquisadores, Stern chama a atenção para o fato notável de que os bebês possuem a predisposição inata de transferir a experiência perceptual, sendo capazes de cruzar sentimentos e sensações referidos a uma modalidade sensorial determinada com as outras[50]. Esta capacidade dos neonatos denomina-se de "percepção amodal". Bebês de três semanas de idade, após terem tocado somente com a boca o bico esférico de uma mamadeira, reconheciam depois, visualmente, tal bico que apenas haviam percebido pelo tato bucal. Estas observações de Stern inscrevem-se como uma contribuição combinada de autores do campo da psicologia dinâmica, da psicologia do desenvolvimento, da psiquiatria e, também, da psicanálise. Estes pesquisadores estão interessados na problemática clássica, comum à filosofia e às psicologias de um modo geral, conhecida como "problema filosófico e psicológico da unidade perceptual"[51]. De acordo com o exemplo acima, podemos traduzir tal aporia clássica pela interrogação: como algo, primeiro tocado e depois visto, pode ser reconhecido como a mesma coisa?

No que concerne às referidas observações dos bebês, os autores destacados viriam a fazer um ajuste crucial. A percepção amodal não incide

---

49 Para Deleuze, "criar é sempre produzir linhas e figuras de diferenciação". Ver, G. Deleuze, *Diferença e repetição*, p. 405.

50 D. Stern, *O mundo interpessoal do bebê: uma visão a partir da psicanálise e da psicologia do desenvolvimento*, pp. 42-58.

51 Idem, p. 42.

propriamente sobre os elementos formais da experiência tais como toques, visões ou objetos nomeáveis. Ao contrário, a capacidade inicial dos bebês de cruzar as diversas modalidades sensoriais diz respeito a características menos formais, tais como intensidades, movimentos ou, ainda, certos padrões temporais, como ritmo, frequência, etc. À percepção amodal não corresponderia, pois, qualquer representação. Tal capacidade de *sentir diretamente*, sem investimento de representações intermediárias, segundo Stern, parece estar ligada com exclusividade à percepção do comportamento de outro ser humano[52].

Para Daniel Stern, os ditos elementos perceptuais seriam os afetos de vitalidade, sendo estes os afetos primordiais. Dissociados de toda e qualquer representação, tais afetos consistiriam na condição da constituição da subjetividade representativa ou, na gramática de Stern, no pressuposto para o "senso emergente de eu". Os afetos de vitalidade surgem "diretamente dos encontros com pessoas"[53], interessando-lhes as mudanças de estado que ocorrem no comportamento dos outros. Os bebês são direta e imediatamente sensíveis aos gerúndios "surgindo", "desaparecendo", "passando rapidamente", etc. Estas "qualidades indefiníveis", que "não se ajustam ao nosso léxico ou taxionomia de afetos existentes", associam-se de forma inextrincável às sensações eliciadas pelos processos vitais *dos próprios recém-nascidos*[54]. Indiscerníveis das mudanças que ocorrem nos outros, o bebê sente as alterações nos seus próprios estados motivacionais, apetites ou tensões, tal sensibilidade referindo-se ao processo de "emergência de eu", isto é, de constituição da subjetividade. Por exemplo, diante do "surgindo" da mãe, o bebê sente mudanças nos ritmos biológicos de si mesmo como apetite, regime de sono, etc.[55].

Os afetos de vitalidade se diferenciam dos tradicionais "afetos categóricos", estes correspondentes a gêneros bem discriminados pelas respectivas representações, como os afetos formais de felicidade, tristeza, medo, raiva, interesse, etc. Segundo Stern, a princípio os recém-nascidos não seriam capazes de perceber os afetos categóricos. Somente os afetos de vitalidade lhes

52 Idem, p. 45.
53 Idem, p. 47.
54 Idem, pp. 47-48.
55 Idem, pp. 47-52.

seriam originariamente sensíveis, através dos quais, pouco a pouco, os neonatos começariam efetivamente a categorizar os afetos[56].

Todo e qualquer comportamento de um outro corresponde a um diferente afeto de vitalidade do bebê. Há, portanto, infinitos "sorrir" ou inúmeros "levantar-se da cadeira", etc – talvez se deva dizer que, para o infante, há o contínuo "sorrindo" ou o permanente "levantando-se da cadeira". Uma vez que tais afetos não são categóricos, ou seja, não se enquadram em nenhuma categoria afetiva, os bebês não podem distingui-los pelo gênero, mostrando-se, não obstante, sensíveis à maneira como tais ações são praticadas pelo outro[57]. É o modo como são empreendidos os comportamentos que leva o bebê a distinguir os afetos de vitalidade. Lembremos das marionetes que não têm a capacidade de expressar através dos sinais faciais afeto categórico algum e cujos gestos e posturas são, também, bem restritos. É a maneira como o artista manuseia os bonecos que lhes transmite a capacidade de eliciar os afetos de vitalidade nos espectadores[58]. Do mesmo modo, o "sorrindo" evidencia para o bebê, em pleno ato, o *estilo* único ou singular dos respectivos agentes, por exemplo do pai ou da mãe. É esta dimensão do outro que afeta o lactante e desperta-lhe os afetos de vitalidade, sendo que o sentimento infantil de tais afetos corresponde às alterações nos próprios apetites e tensões do bebê. O que está em jogo no que diz respeito aos afetos de vitalidade é primordialmente o potencial afetivo envolvido no *encontro*.

Stern distende os argumentos elencados para ensinar que os pensamentos e as percepções ou os sentimentos e as sensações formais dos adultos não são mais do que a "organização", sob a forma de representações verbais, dos sentimentos infantis dos afetos de vitalidade. Este "mundo" dos afetos primordiais seria uma espécie de "organização emergente" que

> é *e permanece* o domínio fundamental da subjetividade [...] Ele opera fora da consciência como a matriz experiencial a partir da qual os pensamentos e formas percebidas, e atos identificáveis e sentimentos

[56] Idem, p. 49.

[57] Idem, pp. 47-53.

[58] Idem, p. 49.

verbalizados surgirão, mais tarde. Finalmente, ele é o reservatório básico em que podemos mergulhar para todas as experiências criativas"[59].

A contribuição de Stern no que diz respeito à importância dos afetos de vitalidade para a constituição da subjetividade nos oferece subsídios fundamentais para a compreensão da sensibilidade do analista ou das pequenas percepções na clínica analítica. Tais percepções imperceptíveis correspondem à dimensão primordial da subjetividade, a qual se encontra em contínuo processo de autoprodução.

Para a introdução da necessidade capital do destaque de uma psicanálise das pequenas percepções nas análises de hoje, isto é, da demanda primordial da sensibilidade do analista na clínica da atualidade, devemos recorrer agora à temática freudiana da constituição do processo desejante. Ao estudar o processo de produção da subjetividade, Freud afirma, no texto inicial de 1895 denominado de "Projeto para uma psicologia científica", que os cuidados maternos se configuram como "ação específica"[60]. Trata-se da intervenção externa indispensável à dissipação da tensão das necessidades fisiológicas do infante desamparado. Ao saciar a fome infantil, os "cuidados" deixam como legado um "traço mnêmico". A este, que já se poderia denominar de *impressão subjetiva*, está ligada a primeira sensação de prazer infantil. O dito prazer, pela condição mesma da sua originalidade, seria incomparável e, *ipso facto*, vivenciado como satisfação absoluta. Os enunciados do psicanalista propõem, finalmente, a definição do desejo, não sendo este mais do que a tentativa do infante, diante do retorno da tensão da fome, de reinvestir aquele primeiro traço mnêmico no intuito de restabelecer a sensação originária de satisfação total. O nome dado por Freud ao estado que surge quando a dita satisfação for alcançada é "alucinação". Além do limite do desejo, a alucinação indica a cessação de todo movimento desejante[61]. O grande problema teórico que se coloca, então, é de como o infante distinguiria entre a alucinação e a percepção da realidade propriamente dita.

59 Idem, p. 58, os itálicos são meus.

60 S. Freud, "Proyecto de psicología" (1950 [1895]), pp. 362-364.

61 Idem.

Seguindo-se a direção desta aporia, encontramos, neste mesmo texto, o enunciado de que o "investimento-desejo" seria equivalente a uma associação entre neurônios (representações) que se descreve como "neurônio *a*" + "neurônio *b*", a qual corresponde ao respectivo "investimento-percepção" que, por sua vez, seria descrito como um "complexo" associativo formado por "neurônio *a*" + "neurônio *c*"[62]. Vê-se que há, entre percepção da realidade e desejo ou "realidade psíquica", um elemento invariante, ao qual Freud nomeia de *das Ding*, isto é, a Coisa, considerada como "núcleo" da subjetividade[63].

Em artigo bem posterior, Freud retoma a concepção d'a Coisa. Nosso autor assevera, no texto "A negativa", de 1925, que a "condição" para que se institua a "prova de realidade" capaz de garantir a diferença subjetiva entre alucinação e realidade é que se tenham "perdido objetos que, outrora, provocaram uma satisfação objetiva{real}"[64]. Tudo isto nos autoriza a concluir que a condição do advento da subjetividade é que a Coisa tenha sido perdida. Melhor ainda, admitindo-se o caráter processual da subjetividade, devemos afirmar que o objeto que provocara a "satisfação objetiva [...] real [...] de outrora", levando o infante à alucinação primordial, teria de ser *permanentemente* perdido. Se, por hipótese, em algum momento a Coisa perdida for reinvestida, tal situação implicaria o restabelecimento do prazer primordial, induzindo a satisfação absoluta, compatível com o intenso sofrimento da angústia psicótica. Ao contrário, a manutenção da dita perda seria o elemento invariante dos investimentos-desejo e percepção que se apresenta como a condição negativa contínua do advento e do funcionamento da subjetividade dividida.

Ao retornar à questão d'a Coisa no texto de 1925, Freud não deixa a menor dúvida de que se trata do objeto perdido, necessariamente ausente das representações[65]. Nesta perspectiva, a Coisa seria o objeto cuja perda impede que as representações, quaisquer que sejam, proporcionem a realização total do desejo correspondente à psicose. Sobre todo objeto representado irá pairar sempre a sombra d'a Coisa ausente, independente da capacidade satisfatória

62 Idem, p. 373.

63 Idem, pp. 373 e 379.

64 S. Freud, "La negación" (1925), pp. 255-256.

65 Idem.

do referido objeto. Ao insistir na imperiosidade da perda da satisfação absoluta como condição operativa do advento da subjetividade, Freud descreverá o processo desta perda como "expulsão" originária[66]. Assim sendo, a Coisa ausente se configura menos como objeto e mais como dejeto, expelida que teria sido no ato da constituição da subjetividade – ato este que não cessa de se repetir. O dito dejeto, potencialmente ativo, implica a associação entre a percepção-realidade ou representação consciente e a representação-desejo inconsciente sendo que tal associação, correspondente à manutenção da dinâmica representativa da subjetividade, é a condição do afastamento desta com relação à psicose.

Sob este prisma, a Coisa, enquanto dejeto irreversível, envolve o necessário atravessamento contínuo da percepção pela representação-desejo. É Freud mesmo quem o descreve na chamada "Carta 52", ao afirmar que entre o sistema P, responsável pela percepção dos estímulos, e a consciência situam-se as "diversas variedades de signos" em que se registra a "memória", isto é, o sistema inconsciente[67]. Eis por que a representação não é do objeto da percepção. Freud é extremamente preciso ao nomear a representação inconsciente de "representação-coisa" e não representação *de* coisa. Com efeito, não se trata de representação pura e simples da realidade, mas de "representante de pulsão", a qual se estabelece pela diferenciação da força que, enquanto representação-coisa, associa-se à "representação-palavra", ensejando finalmente a representação consciente[68]. É deste modo que a representação psíquica afirma o seu vínculo mais íntimo com *das Ding*, com a pulsão e com o Real[69]. A ausência de *das Ding* se estabelecerá como presença nas representações. A cada vez que visamos o objeto da percepção, o dejeto se extravia, ao mesmo tempo que uma representação é gerada. Esta se produzirá, portanto, sempre marcada pela Coisa, como que sombreada pela parte perdida. Toda

---

66 Idem, p. 256.

67 S. Freud, "Fragmentos de la correspondencia con Fliess – Carta 52" (1950 [1892-99]), p. 275.

68 S. Freud, "Lo inconsciente" (1915).

69 J. Lacan, *O Seminário. Livro 7: a ética da psicanálise* (1959-1960). Neste seminário, Lacan estabelece a releitura do "Projeto de psicologia" de S. Freud, deslocando *das Ding* para o centro de tal compreensão.

representação será obrigada a pagar, sob a forma de dejeto, o permanente tributo da subjetividade para com a sua constituição.

Seguindo o trajeto que escolhemos, devemos afirmar que as pequenas percepções correspondem à sensibilidade, ao vínculo intrínseco da subjetividade à Coisa expulsa. Já vimos como cada percepção seria atravessada pelas representações-desejo ou representações-coisa, as quais acham-se negativamente maculadas pela silhueta obscura de *das Ding*. Nenhuma representação seria, portanto, capaz da realização completa do desejo. Tal impossibilidade se repete e, nesta medida, a cada novo investimento perceptivo *sentimos* a presença da ausência d'a Coisa. Entretanto, ao contrário da percepção propriamente dita, que convoca a representação-desejo simbólica, o dito sentimento equivale às pequenas percepções, as quais convidam as condições do desejo, a capacidade de desejar, ou simplesmente o "desejando", isto é, a potência de subjetivação do corpo erógeno.

As pequenas percepções não se representam por nenhum símbolo psíquico. Estas percepções imperceptíveis se apresentam (*Darstellung*) como índices d'a Coisa perdida, índices psíquicos, restantes do processo de criação da subjetividade[70]. Eis por que Lacan viria a admitir que o signo (índice) não seria representação, mas sim o "nada" inerente à ordem simbólica que, subitamente, se apresenta[71]. Diferentemente da percepção, o território aberto das pequenas percepções não se organiza por semelhança a qualquer identidade do que foi anteriormente percebido com a qual a nova percepção se compararia. No que tange às pequenas percepções, tudo é mudança, diferença pura, sem nenhuma referência, sem comparação, sem analogia[72]. Lembremos que os afetos de vitalidade de Stern dizem respeito às mudanças de estados subjetivos, do outro e de si, conjugando-se sempre no gerúndio. No corpo erógeno, de onde as pequenas percepções emergem, só há processo de modificação sensorial, diferenciação contínua, sem origem, sem finalidade, isto é, apenas criação e dejeção.

---

70 Para a diferença entre símbolo e índice, remeto para C. S. Pierce, *Semiótica*.

71 J. Lacan, *O Seminário, livro 19: ... ou pior* (1971-1972). Para a problemática da utilização diferenciada da noção de índice que faz Lacan, recomendo o artigo de M. J. d'E. Cardoso, "Peirce, Lacan e a questão indicial".

72 Sobre a diferença pura, ver capítulo 2.

Apelo ao impossível retorno da percepção primordial de prazer total, as pequenas percepções se produzem no interior da dinâmica do encontro como exigência de diferenciação da força da pulsão. Dito de outra forma, seguindo o enunciado de Freud, as pequenas percepções emanam do corpo erógeno, fonte corporal da pulsão, e se apresentam como "exigência de trabalho" ao psiquismo[73]. Esta argumentação permite afirmar que as pequenas percepções oferecem o testemunho sensível da insistência constante das pulsões. De fato, tais percepções imperceptíveis se produzem em todo e qualquer encontro entre sujeitos como clamor que parte da dimensão imaterial dos respectivos corpos erógenos. As pequenas percepções constituem, pois, invocação corporal silenciosa e irrepresentável de subjetivação.

Eis por que a prática analítica da atualidade, mais do que em qualquer outra época, não pode prescindir do manejo baseado na sensibilidade do analista. Já disse, e repito enfaticamente, que as análises dos novos tempos, mais do que em outros contextos históricos, convocam o analista para o exercício clínico que se apoia nas pequenas percepções. As barreiras culturais que se erguem contra a produção desejante atual, ou seja, os inusitados obstáculos à diferenciação das forças, as quais se tornaram hiperintensas, correspondem à urgência do uso de procedimentos transferenciais diretamente ligados ao advento da subjetividade. Neste limite, como uma verdadeira psicanálise das pequenas percepções, as estratégias do analista deverão se estabelecer com menor auxílio da linguagem, uma vez que nos primórdios da subjetividade a representação é incipiente. Eis por que, na clínica contemporânea, o analista deverá poder afetar-se pelas pequenas percepções. Se for capaz de tal apreensão, o analista estará manejando a transferência, orientado preponderantemente pelos afetos de vitalidade, isto é, com muito pouca mediação simbólica. As pequenas percepções se traduzem pela sensibilidade que, a despeito de ter sido sempre requisitada ao analista, seria, hoje, mais necessária ainda.

---

73 S. Freud, "Pulsiones y destinos de pulsión (1915), p. 117.

No corpo a corpo da análise

Os analistas atuais se veem diante da necessidade de não apenas flexibilizar a moldura transferencial, mas principalmente de suplementar o trabalho da interpretação, adicionando-lhe novos procedimentos clínicos. Os obstáculos ao processo de diferenciação dos impulsos corporais ocupam o lugar central dentre as patologias psíquicas tipicamente contemporâneas. Os psicanalistas precisam, pois, abrir espaço em suas clínicas para a apreensão das pequenas percepções do corpo erógeno, principalmente nos casos dos compulsivos e dos adictos, cujas vicissitudes específicas deverão ser tratadas em análise sem o auxílio direto da linguagem.

Não é por acaso que, hoje em dia, o foco das compulsões e adições se coloca de preferência sobre práticas sociais ligadas ao corpo. Ao prometer ao eu a devolução do paraíso do narcisismo perdido, o supereu contemporâneo exige daquele um prazer contínuo e intenso, só compatível com o estado de gozo corporal. O imperativo categórico deste supereu voraz corresponde em larga escala a exigências de manutenção ininterrupta de saúde, beleza e bem-estar que acabam por deslocar o corpo para o topo dos interesses do eu. A tirania da felicidade que devasta o homem de hoje tem no corpo o seu centro de gravidade. É francamente notório que as adições da sociedade de consumo vêm dilatando os limites de sua abrangência, ampliando a gama dos seus investimentos. Não obstante, os compulsivos da atualidade têm em mira com crescente frequência o próprio corpo e o corpo do outro. A anorexia nervosa, a obesidade mórbida, ou as compulsões sexuais são claros exemplos desta tendência.

No entanto, é preciso que se insista que não é o corpo material tal qual a anatomia ou a fisiologia o destacam que se encontra ao alcance da clínica analítica. A dimensão corporal que, com propriedade, poderá ser abrangida pela descrição compreensiva do pensamento psicanalítico e, consequentemente, tratada na análise diz respeito ao corpo erógeno. Este corpo imaterial e irrepresentável apresenta-se (*Darstellung*), transferencialmente, através das pequenas percepções que correspondem à *pulsação* da pulsão. Mais do que à época de Freud, na situação analítica dos tempos correntes tais forças corporais, impedidas de diferenciação, tendem a invadir a subjetividade representativa.

Por este motivo, os analistas devem dirigir a "atenção" *aos sentimentos sutis e às sensações diáfanas*, isto é, aqueles que não possuem vínculo algum com a representação. Estes elementos que, por não pertencerem à ordem simbólica, são impossíveis de ser ditos pelo analisante, evidentemente não permitem a escuta e a interpretação do analista. No entanto, podem ser sentidos – sentimento e sensação – *por ambos*. A dita atenção às pequenas percepções não é o mesmo que a atenção igualmente flutuante, esta visando a interpretação. Na situação que estamos focando, não estão em jogo prioritariamente as representações inconscientes do analista, referidas à chamada contratransferência[74]. O que se requer diante dos "microfenômenos" transferenciais é a atitude de acolhimento do analista, baseada na sensibilidade deste. Sobretudo este manejo clínico teria a capacidade de eliciar a diferenciação da força do corpo erógeno do analisante.

Para além da tradicional atenção flutuante, o analista deverá ser capaz da "afetação" – afetar e ser afetado – que se expressa pela sensibilidade à atmosfera do encontro[75]. A concepção das pequenas percepções indicaria no território da psicanálise a afetação pelo indizível e o "inescutável" do encontro transferencial produzida em cada um dos participantes do par analítico. O analista deverá, mais ainda do que à época de Freud, ser capaz da sensibilidade ou das pequenas percepções, as quais, não sendo representativas, não poderiam ser objeto do pensamento, da imaginação, das lembranças ou das fantasias quer do analisante, quer do analista. A psicanálise das pequenas percepções, trabalho analítico no nível da diferenciação da força, deverá ser efetuada como suplemento da interpretação das resistências inconscientes.

Para tanto, seria preciso que o analista fosse capaz de apreender o corpo irrepresentável do analisante – e o seu próprio. Alheio a tudo o que se refere aos significantes, o encontro transferencial que se dá no nível dos

---

74 S. Freud, "Las perspectivas futuras de la terapia psicoanalítica" (1910), p. 136. Para uma descrição mais abrangente da contratransferência, o leitor deverá consultar o capítulo 5.

75 Para Ferenczi, o abandono traumático da criança pelo adulto é condição de obstáculos à afetação, isto é, do comprometimento do afetar e do ser afetado infantil. Para o autor, o dito abandono seria a condição da dessensibilização da criança, correspondente ao "autoabandono" do infante. Ver S. Ferenczi, "Confusão de língua entre os adultos e a criança" (1933). Para comentários, indico D. Kupermann, "A progressão traumática: algumas consequências para a clínica na contemporaneidade".

corpos erógenos difunde uma atmosfera imperceptível que no entanto, algumas vezes, domina todo o cenário da análise. Sob certas circunstâncias, o irrepresentável pulsátil como que invade a cena transferencial, tomando de sensações e sentimentos indeterminados, a um só tempo, os corpos do analisante e o do analista. Com efeito, em tal contexto em que a representação encontra-se praticamente ausente, a sensibilidade do analista indica os sentimentos e sensações inomináveis que o invadem.

Seguindo-se a leitura imanente da subjetivação, deve-se admitir que é do corpo erógeno que se trata quando Freud se refere à fonte corporal da pulsão. Este seria também a dimensão somática que configura a exigência de trabalho ao psiquismo. Do mesmo modo como Stern definira a organização emergente enquanto aquela que é – e permanece sendo – o reservatório básico da subjetividade, o corpo erógeno seria a condição permanente e imanente da subjetividade representativa[76]. Convergindo com a dita leitura, temos também a proposta de Lacan que, ao referir-se aos "becos sem-saída" do acesso do real ao simbólico, afirma que o real é aquilo que "não para de não se escrever"[77]. Inspirados neste argumento lacaniano, poderíamos dizer que o corpo erógeno *não cessa de não representar*, mantendo-se como o reservatório básico insistente que garante a constância do processo de subjetivação.

Os níveis mais sutis da transferência podem também ser ativados, *ainda que de modo indireto*, pela interpretação. Não podemos esquecer que estamos lidando com um processo imanente que, em sua complexidade, associa pela diferenciação o modo corporal ao modo representativo da subjetividade havendo entre estes uma relação de "pressuposição recíproca"[78]. Nesta perspectiva, em certas situações a interpretação poderá atingir o sofrimento que advém da insuficiência da diferenciação das forças. Visando as resistências inconscientes do analisante, algumas vezes a interpretação é capaz de alcançar as condições de constituição da subjetividade.

Em uma dada sessão, no instante da chegada de Pedro, quando meu jovem analisante adentra o consultório, sou atravessado por uma sensação

---

[76] Veja-se, a respeito do reservatório básico, a citação de Stern transcrita acima.

[77] J. Lacan, (1972-1973). *O Seminário, livro 20: mais, ainda*, pp. 126-127.

[78] Ver o capítulo 1.

ligeira de sono. Trata-se mais de uma *modificação sensória* do que de uma percepção propriamente dita. Pertencente ao domínio das pequenas percepções, aquela sensação se expressa enquanto afeto categórico de sono que, pelo fato de eu não estar nada cansado, configura-se como um sentimento paradoxal. Este "sono" tampouco corresponde à percepção do contorno da fala de Pedro, constituído pelos movimentos externos do seu corpo ou mesmo por sua respiração ou batimentos cardíacos que, nesta situação, indicam justamente o oposto, isto é, a animação e disposição do rapaz para o trabalho analítico. Portanto, o "horizonte de sentido" não teria sido responsável por aquele efeito de "quase-sensação" que me invadia[79]. É assim que, ao entrar, Pedro me saúda com o seu corriqueiro "E aí?"[80].

Poderíamos traduzir a expressão que utilizei – quase-sensação – por *sensação antes da sensação*, a qual, pela via dos comentários do filósofo e psicanalista português José Gil, remete à teoria do bailarino, coreógrafo e pesquisador do movimento do corpo humano, o húngaro Rudolf Laban. Não obstante, é preciso, antes, que situemos a noção de "esforço" que, para o bailarino, seria "a função interior que dá origem [ao] movimento". Segundo Laban, "o esforço e a ação dele resultante podem ambos ser inconscientes e involuntários, mas estão sempre presentes em qualquer movimento corporal"[81].

De acordo com os comentários de Gil, com tais assertivas, o pesquisador húngaro indicaria a existência do esforço como uma espécie de "força vital" que encerraria em si mesma, "no estado de latência", a forma do movimento que viria a se desenvolver. José Gil expressa, então, o referido esforço como "movimento antes do movimento", argumentando que, uma vez que o movimento já estaria inteiramente contido no instante que o precede, a noção de origem teria se esfacelado[82]. Sob tal ponto de vista, podemos concluir que o movimento fora considerado como dinâmica permanente, sem qualquer fundamento, sua potência fazendo parte do processo que o constitui, devendo portanto o dito processo conjugar-se no tempo infinito e intensivo do gerúndio.

---

79 A respeito do horizonte de sentido, o leitor interessado poderá consultar o capítulo 1.

80 O caso de Pedro será acompanhado, com maiores detalhes, no capítulo 5.

81 R. Laban. *Domínio do movimento*, pp. 51-52.

82 J. Gil, *Movimento total*, p. 15.

A partir destes argumentos, a sutil sensação que, na análise de Pedro, se presentificava (*Darstellung*) sob forma de sono poderia ser compreendida como uma espécie de "sono antes do sono". Ainda que tal sensação não dissesse respeito a nenhum tipo de *percepção identificatória*, ainda assim ela estaria referida ao corpo, ou melhor, aos corpos erógenos ali presentes. Diante da saudação e da entrada do rapaz, o que eu sentira, para além da percepção representativa, eram as pequenas percepções que introduziam a atmosfera transferencial. Deste modo, durante a entrada de Pedro no consultório, sou acometido, sem propriamente perceber, por uma sensação inefável de sono.

Perante o incômodo *in-significante* causado pelo sono que sutilmente invade a cena analítica, sou levado a dispor de forma bastante confortável o encosto e o assento acolchoados que recobrem a minha poltrona. Quase ao mesmo tempo, meu analisante faz o mesmo com as almofadas sobre o divã. Quando, finalmente, estamos bem acomodados, digo-lhe que ele está sonolento. Em resposta, ele retruca que na noite anterior dormira bem e por longo tempo. Não obstante, a partir de então, a sensação de sono desaparece inteiramente do cenário transferencial. Estamos agora, *ambos*, perfeitamente despertos.

Em face da irrupção das pequenas percepções, fora preciso que o manejo analítico se deslocasse para o nível da diferenciação da força, tendo a sensibilidade proporcionado ao corpo erógeno do analista a absorção das sensações indizíveis do corpo erógeno do analisante. Já vimos e revimos que não é do organismo que se trata. O corpo erógeno associado às pequenas percepções não é o dos órgãos, quer em sua morfologia, quer em seu funcionamento. A dimensão do corpo, articulada às micropercepções, se acha além da biologia e longe dos limites da representação. Somente o meu corpo erógeno teria a habilidade, pela via das pequenas percepções, para a captura dos sentimentos amorfos e das sensações irrepresentáveis do corpo erógeno de Pedro.

Apenas se o analista é capaz da afetação pela atmosfera do encontro aquele "sono antes do sono" pode vir a ser sentido. Em tais situações transferenciais, as identidades não possuem a prioridade e as representações são secundárias. Para o manejo do instrumento clínico que lhe corresponde o analista teria de deslocar as operações interpretativas, pois o manejo direto da força desvia a prioridade da linguagem como mediadora. Neste caso, a livre circulação do afeto atravessa o par protagonista na análise. Quando isto ocorre, é de pura afetação que se trata. Meu corpo erógeno se tornara operador da dilatação da transferência de forma a permitir a diferenciação subjetiva dos impulsos pulsionais do corpo erógeno de Pedro. A afetação que o corpo do rapaz causara fizera do meu um instrumento do processo de subjetivação dele. O manejo transferencial não modulado pela linguagem se coloca, portanto, como suplemento da interpretação das resistências inconscientes, da atenção igualmente flutuante e da associação livre.

Pude, ainda, constatar – sempre *a posteriori* – que o manejo transferencial direto sobre o modo corporal da subjetividade de Pedro teria, também, contribuído no modo representativo da subjetividade do jovem para a correspondente modificação dos seus sintomas. O acolhimento daquele sono imperceptível e indizível, concorrera, noutro nível, para a atribuição de novos significados a representações sintomáticas por parte de meu analisante. Com minha atitude de acolhimento, Pedro sentiu-se profundamente respeitado, na medida em que eu me distanciara léguas daquilo que tanto sua mãe, quanto seu pai desejavam de seu corpo. De fato, a mãe usava elaborados artifícios para seduzir o rapaz, buscando no corpo deste o objeto de realização sexual. O pai, como Pedro reiterava, simplesmente "não tinha olhos" para ele.

Cabe, ainda, mencionar uma outra manifestação das pequenas percepções, ligada à afetação dos protagonistas pelo campo das forças. Numa dada ocasião, quando a escrita deste texto já ia bem adiantada, Pedro me surpreende com a questão: "E aí? Você vai publicar a minha análise?". Talvez seja desnecessário dizer que nunca havíamos falado a respeito de minha pesquisa ou deste livro. De acordo com o que avançamos, podemos supor que esta desconcertante sensibilidade de meu analisante dizia respeito à atmosfera que emanava do encontro transferencial.

Cumpre, por último, afirmar que, no contexto socioeconômico do capitalismo flexível, a sedução do resgate da completude perdida se encontra no cerne das investidas por parte do comando da sociedade de consumo. Ao "de-simbolizar" as mercadorias pela oferta desmedida de alternativas de consumo[83], a atual economia de mercado tenta confundir real e simbólico e,

[83] S. Zizek, "Paixões do real, paixões do semblante".

com tal falácia, promete devolver às subjetividades o prazer total perdido na infância. Com efeito, o preço pago pela subjetivação é a perda do narcisismo infantil. O recalque originário ou a castração simbólica se impõem, portanto, como pagamento pelo acesso ao território representativo de Édipo. Nesta perspectiva, a de-simbolização intentada pelos agentes da tecnocracia científica da atualidade promete o resgate d'a Coisa, cuja transformação em dejeto é a própria condição da simbolização. Ao instigar a voracidade da demanda do supereu, as mídias tecnológicas de nossos tempos travestem de convite sedutor – ainda que falacioso – a oferta do prazer absoluto, cuja perda deve dar-se em nome da diferenciação das forças do corpo erógeno.

Tal investida invisível da "economia de mercado" trata, portanto, da remissão do dejeto real através da identificação absoluta entre representação e percepção da realidade, o que implica a cessação de todo desejo inconsciente e, *ipso facto*, a indiscriminação entre a alucinação e a realidade propriamente dita. Forçando a regressão das defesas psíquicas até o limite da in-diferenciação subjetiva das forças, as ditas estratégias socioeconômicas impõem um desgaste contínuo às subjetividades. Sob a forma de estresse constante, de adaptação incessante, de tensão da obrigatoriedade do bem-estar, de imposição da saúde física e mental ininterruptas, sem tristeza, sem cansaço, sem falta de sono, sem choro, nem vela, as astúcias do poder social catalisam o processo que Sennett nomeou de "corrosão do caráter". Exemplo destes processos indutivos não faltam, como os *reality shows* ou o extremamente radical gênero cinematográfico dos filmes *snuff*, nos quais a representação da morte se confunde com a morte factual do protagonista[84]. Vale, ainda, citar, como exemplo da *estranha* identificação entre representação e percepção, a exposição "Corpo humano: real e fascinante" que apresentava cadáveres embalsamados dos quais se retirara quimicamente a rigidez[85].

[84] Exemplo do gênero *snuff* é o filme 8 Milímetros (1999) de Joel Schumacher, interpretado por Nicolas Cage e Joaquin Phoenix.

[85] Chamada originariamente "*Bodies... The Exhibition*" ("Corpos... A exibição"), trata-se de uma exposição de corpos e órgãos conservados por meio de uma técnica baseada no uso de silicone, de modo a manter os ditos órgãos quase que no mesmo estado que possuem no organismo de uma pessoa viva.

Tanto a banalização da morte e da violência, quanto a do sexo, através das pormenorizadas imagens televisivas ou internáuticas de pornografia, não dão trégua. A repetição *ad nauseam* nos veículos midiáticos, seja das guerras, da miséria ou dos assassinatos, seja das catástrofes de um modo geral, são exemplos das tentativas de ataques "de-simbolizantes" que partem dos invisíveis, microscópicos ou pulverizados poderes de hoje[86]. O risco de "real-izar" a realidade simbólica coloca-se no horizonte do sofrimento subjetivo de hoje. A soberania atual é extremamente pretensiosa. Buscando não menos do que a apropriação da capacidade de desejar, os dispositivos de poder, manuseando as mídias combinadas, procuram atingir o reservatório corporal da subjetividade.

Entretanto, os dispositivos de poder induzindo os indivíduos ao consumo, buscando a anestesia das fontes da fantasia inconsciente e investindo na constituição de subjetividades metamorfoseadas em estéreis objetos-fetiche vêm encontrando espaços de resistência. Sob a ameaça da compulsão consumista, as subjetividades de nossa época resistem contra a pressão de-simbolizante que, no limite, tenta transformá-las em mais uma mercadoria para a especulação pelo mercado financeiro. O uso criativo dos objetos tecnológicos como uma espécie de "profanação" da suposta onipotência de tais objetos cada vez mais se discrimina da sedução consumista de preencher todas as lacunas do desejo[87]. Dá-se um grande combate na cultura contemporânea em que o antagonismo do poder constituído encontra o agonismo do poder constituinte[88] [89]. As logísticas dos comandos sociais, incansáveis em suas propostas de imposição de um tempo frenético, sem estabilidade mínima no trabalho e no amor, vêm se defrontando com práticas de criatividade pluralista ou exercícios de potência conectiva das singularidades. Novas ecologias surgem como resistência no cenário das sociedades contemporâneas. As inusitadas estratégias da ecologia não mais se restringem à natureza, estendendo-se a uma ecologia da sociedade para afinal atingir uma ecologia da subjetividade[90]. A luta apenas começou.

---

86 S. Zizek, "Paixões do real, paixões do semblante".

87 G. Agamben, "Elogio da profanação".

88 A. Negri e M. Hardt, *Império*.

89 M. Foucault, "Le sujet et le pouvoir", p. 239.

90 F. Guattari, *As três ecologias*.

Bibliografia

AGAMBEN, G. *Profanações*. São Paulo: Boitempo, 2007.

AGAMBEN, G. "Elogio da profanação". In: *Profanações*. São Paulo: Boitempo, 2007.

BADIOU, A. *O século*. Aparecida, SP: Idéias & Letras, 2007.

BAUDRILLARD, J. *À l'ombre du millénaire ou le suspens de l'an 2000*. Paris: Sens & Tonka, 1998.

BAUMAN, Z. *O mal-estar da pós-modernidade*. Rio Janeiro: Jorge Zahar, 1998.

BIRMAN, J. *Arquivos do mal-estar e da resistência*. Rio de Janeiro: Civilização Brasileira, 2006.

BLEGER, J. *Psicologia da conduta*. Porto Alegre: Artes Médicas, 1984.

CARDOSO, F. H. "Prefácio". In: CASTELLS, M. *A era da informação: economia, sociedade e cultura, vol. I: A sociedade em rede*. São Paulo: Paz e Terra, 1999.

CARDOSO, M. J. d'E. "Peirce, Lacan e a questão indicial". Ágora: estudos em teoria psicanalítica, v. 15, n. 1. Rio de Janeiro, Contra Capa/Programa de Pós-graduação em Teoria Psicanalítica da UFRJ, janeiro/junho 2012.

DELEUZE, G. *Diferença e repetição*. Rio Janeiro: Graal, 1988.

DELEUZE, G. "Post-Scriptum: sobre as sociedades de controle". In: *Conversações*. Rio de Janeiro: Editora 34, 1992.

EHRENBERG, A. *La fatigue d'être soi: dépression et société*. Paris: Odile Jacob, 1998.

ELIAS, N. *A sociedade dos indivíduos*. Rio de Janeiro: Jorge Zahar, 1994.

FERENCZI, S. "Confusão de língua entre os adultos e a criança" (1933). In: *Obras completas – Psicanálise IV*. São Paulo: Martins Fontes, 1992.

FOUCAULT, M. *Nietzsche, Freud e Marx: theatrum philosoficum*. São Paulo: Princípio, 1975.

FOUCAULT, M. *Microfísica do poder*. Rio Janeiro: Graal, 1979.

FOUCAULT, M. "What is enlightenment". In: Foucault, M. (Rabinow, P. editor). *The Foucault reader*. New York: Pantheon Books, 1984.

FOUCAULT, M. *As palavras e as coisas: uma arqueologia das ciências humanas*. São Paulo: Martins Fontes, 1990.

FOUCAULT, M. "Le sujet et le pouvoir". In: *Dits et écrits*, vol. 4. Paris: Gallimard, 1994.

FREUD, S. "Fragmentos de la correspondencia com Fliess – Carta 52" (1950 [1892-99]). In: *Obras completas*, vol. I. Buenos Aires: Amorrortu, 1986.

FREUD, S. "Proyecto de psicología" (1950 [1895]). In: *Obras completas*, vol. I. Buenos Aires: Amorrortu, 1986.

FREUD, S. "Las perspectivas futuras de la terapia psicoanalítica" (1910). In: *Obras completas*, vol. XI. Buenos Aires: Amorrortu, 1986.

FREUD, S. "Introducción del narcisismo" (1914). In: *Obras completas*, vol. XIV. Buenos Aires: Amorrortu, 1986.

FREUD, S. "Pulsiones y destinos de pulsión" (1915). In: *Obras completas*, vol. XIV. Buenos Aires: Amorrortu, 1986.

FREUD, S. "Lo inconciente" (1915). In: *Obras completas*, vol. XIV. Buenos Aires: Amorrortu, 1986.

FREUD, S. "Duelo y melancolía" (1917 [1915]). In: *Obras completas*, vol. XIV. Buenos Aires: Amorrortu, 1986.

FREUD, S. "Más allá del principio de placer" (1920). In: *Obras completas*, vol. XVIII. Buenos Aires: Amorrortu, 1986.

FREUD, S. "El yo y el ello" (1923). In: *Obras completas*, vol. XIX. Buenos Aires: Amorrortu, 1986.

FREUD, S. "La negación" (1925). In: *Obras completas*, vol. XIX. Buenos Aires: Amorrortu, 1986.

GIL, J. *Movimento total*. São Paulo: Iluminuras, 2004.

GIL, J. *A imagem nua e as pequenas percepções: estética e metafenomenologia*. Lisboa: Relógio d'Água, 1996.

GUATTARI, F. *As três ecologias*. Campinas, SP: Papirus, 1990.

HARDT, M., NEGRI, A. *Império*. Rio de Janeiro: Record, 2001.

HARDT, M., NEGRI, A. *Multidão*. Rio de Janeiro: Record, 2005.

HARVEY, D. *Condição pós-moderna – uma pesquisa sobre as origens da mudança cultural*. São Paulo: Loyola, 1992.

HOBSBAWM, E. J. *A era das revoluções*. Rio de Janeiro: Paz e Terra, 1997.

KUHN, T. *A estrutura das revoluções científicas*. São Paulo: Perspectiva, 1989.

KUPERMANN, D. "A progressão traumática: algumas consequências para a clínica na contemporaneidade". In: *Presença sensível: cuidado e criação na clínica psicanalítica*. Rio de Janeiro: Civilização Brasileira, 2008.

LABAN, R. *Domínio do movimento*. São Paulo: Summus, 1978.

LACAN, J. *O Seminário. Livro 7: a ética da psicanálise* (1959-1960). Rio de Janeiro: Jorge Zahar, 1988.

LACAN, J. *O Seminário, livro 10: a angústia* (1962-1963). Rio de Janeiro: Jorge Zahar, 2005.

LACAN, J. *O Seminário, livro 19: ... ou pior* (1971-1972). Rio de Janeiro: Jorge Zahar, 2012.

LACAN, J. *O Seminário, livro 20: mais, ainda* (1972-1973). Rio de Janeiro: Jorge Zahar, 1985.

LEBRUN, J. P. *A perversão comum: viver juntos sem outro*. Rio de Janeiro: Companhia de Freud, 2008.

LEIBNIZ, G. W. "Novos ensaios sobre o entendimento humano" (1765). In: *Os Pensadores*. São Paulo: Nova Cultural, 1988.

MELMAN, C. *O homem sem gravidade: gozar a qualquer preço*. Rio Janeiro: Companhia de Freud, 2003.

PEIRCE, C. S. *Semiótica*. São Paulo: Perspectiva, 2000.

RANCIÈRE, J. *O inconsciente estético*. São Paulo: Ed. 34, 2009.

RIFKIN, J. *A era do acesso: a transição de mercados convencionais para networks e o nascimento de uma nova economia*. São Paulo: Makron Books, 2001.

SENNETT, R. *A corrosão do caráter: as consequências pessoais do trabalho no novo capitalismo*. Rio de Janeiro: Record, 2000.

STERN, D. N. *O mundo interpessoal do bebê: uma visão a partir da psicanálise e da psicologia do desenvolvimento*. Porto Alegre: Artes Médicas, 1992.

ZIZEK, S. *Bem-vindo ao deserto do real: cinco ensaios sobre o 11 de setembro e datas relacionadas*. São Paulo: Boitempo, 2003.

ZIZEK, S. "Paixões do real, paixões do semblante". In: *Bem-vindo ao deserto do real: cinco ensaios sobre o 11 de setembro e datas relacionadas*. São Paulo: Boitempo, 2003.

Capítulo 5

EU, PEDRO F., 20 ANOS, DROGADO...: INTERPRETAÇÃO E SENSIBILIDADE[1] [2]

A dificuldade de nos tornarmos nós mesmos

O objetivo do último capítulo é o de apresentar aos leitores fragmentos de uma análise típica da atualidade, alinhavando teoricamente os manejos analíticos que adotei e utilizando como contraponto as elaborações conceituais avançadas nos capítulos precedentes. No caso que nos ocupará, tornou-se evidente a necessidade de associar à interpretação das resistências inconscientes, o trabalho direto sobre as forças do corpo erógeno. De uma maneira geral, reduzir a transferência ao âmbito do psiquismo edipiano, ou seja, concentrá-la sobre o modo representativo da subjetividade, não consegue atender suficientemente ao sofrimento dos analisantes.

O que ocorre hoje em dia é que as modalidades de padecimento que envolvem obstáculos à diferenciação das forças irrepresentáveis se multiplicaram e intensificaram. Nesta perspectiva, sob os pontos de vista tópico e dinâmico, as patologias emblemáticas do sujeito contemporâneo se acham,

---

[1] O caso clínico aqui abordado foi apresentado inicialmente sob a forma de artigo, tendo sido publicado na revista Ágora. Neste capítulo, além de me ocupar de novos temas, aprofundo as questões ali tratadas, inscrevendo-as em novo contexto. Para consultas, ver E. Rozenthal, "Criação, afetação e paradoxo em psicanálise".

[2] O título do capítulo é uma referência ao famoso livro de K. Hermann e H. Rieck, *Eu, Christiane F., 13 anos, drogada, prostituída...*, a respeito da jovem Christiane e sua luta contra as drogas.

respectivamente, além do inconsciente e além do recalque. Os sujeitos atuais são afligidos, mais do que em outros períodos, por distúrbios que dizem respeito diretamente ao afeto excessivo, isto é, que extrapolam o modo representativo da subjetividade, implicando, de forma imediata, o modo corporal condicionante daquele. O mal-estar característico do sujeito das nossas sociedades de consumo baseia-se na insuficiência da diferenciação da força produtora da subjetividade, tal sofrimento emanando dos confins do psiquismo significante. Tanto os compulsivos, quanto os adictos sofrem tipicamente de adversidades para a produção de si mesmos enquanto subjetividade[3]. Nestes termos, pode-se dizer que hoje em dia padecemos amiúde de agruras de tornarmo-nos nós mesmos.

Diante de um quadro grave de compulsão ou de adição, interpretar os conteúdos desejantes do analisante não se mostra suficiente. Decerto, a interpretação é capaz de provocar deslocamentos e condensações inconscientes, bem como contrainvestimentos (pré-) conscientes, suscitando, pois, modificações no interjogo entre o desejo e o sintoma[4]. Não obstante, nos casos de disfunções da diferenciação da força, é justamente o desejo que comparece muito pouco. Mais do que do sofrimento do recalque, em presença da angústia de castração, trata-se em tais situações da eclosão da angústia automática, ou seja, do padecimento diante dos obstáculos à produção do inconsciente.

Entretanto, a preponderância da dor das disfunções da constituição do inconsciente, situação tipicamente contemporânea, não exclui o sofrimento que emana dos avatares da dinâmica do recalque. O padecimento atual não é *exclusivo* da primeira situação. O que está em jogo nas análises dos jovens de hoje é a adoção de procedimentos transferenciais combinados, compatíveis com o que se passa a cada momento da análise. É preciso que se reafirme que, qualquer que seja o contexto social considerado, é a combinação dos manejos analíticos que se requer. Não se trata, na clínica psicanalítica, da utilização exclusiva de instrumentos analíticos que atuem diretamente sobre a força

---

3 Sobre a adição como a contraparte ativa da depressão contemporânea, indico ao leitor A. Ehrenberg, *La fatigue d'être soi*: dépression et société.

4 S. Freud, "Recordar, repetir y reelaborar (nuevos consejos sobre la técnica del psicoanálisis, II)" (1914).

na ausência total da interpretação das resistências inconscientes. Nem do oposto.

O tratamento direto dos distúrbios da diferenciação do corpo erógeno corresponde ao trabalho analítico que tem por objetivo principal o impedimento da satisfação imediata ou compulsiva da força. Para implementá-lo, o analista deverá ser capaz de municiar-se de manejos clínicos não modulados pela linguagem ou por quaisquer outros símbolos representativos. De fato, neste limiar as representações ou são incipientes, ou não existem. Contudo, não se pode desconsiderar que o processo de subjetivação inclui tanto a diferenciação da força, quanto o trânsito intersistêmico das representações.

Pode dar-se o caso em que a interpretação atinge, ainda que de forma indireta, o sofrimento que emana dos obstáculos à diferenciação da força. Tal ocorrência se passa quando as modificações no trânsito de representações entre consciente e inconsciente, ocasionadas pela interpretação, acarretam um investimento da representação-desejo de tal magnitude que implica a própria condição potencial do dito investimento. Nesta situação, a força do corpo erógeno ainda que mobilizada indiretamente se diferencia e, ao fazê-lo, contribui para o desvio do gozo da compulsão de repetição. Contextualiza-se assim a assertiva facilmente verificável de que o investimento do desejo é a condição do afastamento da adição. Lembremos da afirmação de Serge Leclaire de que o prazer não é mais do que uma defesa contra o absoluto do gozo[5]. Podemos agora complementar a afirmação leclaireana, acrescentando-lhe que somente o prazer, baseado na afirmação da condicionalidade do desejo, isto é, da parcialidade do objeto que o satisfaz, poderá desviar a totalidade do gozo, ao permitir a diferenciação da força.

Em decorrência da íntima associação entre a diferenciação da força e o funcionamento da subjetividade representativa, pode ocorrer justamente a situação recíproca. A diferenciação da força que se empreende pela via do manejo analítico imediato poderá ocasionar um incremento da corrente subjetiva que acaba por fortalecer o recalque. Neste caso, com a finalidade de atenuar as resistências inconscientes suscitadas pelo manejo direto da força, seria

---

[5] S. Leclaire, *O corpo erógeno: uma introdução à teoria do complexo de Édipo*, p. 141. Sobre o tema, ver capítulo 1.

indicada, na sequência da análise, a utilização da interpretação. Não é de se estranhar, portanto, que estratégias analíticas que efetivamente bloqueiem a apresentação (*Darstellung*) bruta do excesso de excitação possam produzir novas e distintas consequências sintomáticas para o analisante. Entretanto, o sintoma que deste modo sofreria um reforço poderia – e deveria – ser objeto da interpretação do analista.

Pelos motivos elencados, as referidas manobras clínicas deverão ser articuladas sempre em consonância com a especificidade do movimento do processo analítico em curso. Sob tal perspectiva, o manejo pulsional direto e a interpretação suplementam-se, correspondendo, respectivamente, a problemas da constituição do inconsciente e a disfunções do mecanismo do recalque e do retorno do recalcado, mas que, como vimos, influenciam-se reciprocamente – "pressuposição recíproca", diria Deleuze. Somente se a ulterior escuta apontar para a aquisição de renovadas possibilidades existenciais por parte do analisante, o analista será capaz de atestar a adequação dos procedimentos clínicos combinados utilizados. Tampouco o excesso de força residual, que nunca se diferencia, deverá ser deixado de fora da análise, sendo necessário que o analista lhe reserve determinado espaço transferencial, proporcionando-lhe a expressão pelo analisante e o consecutivo compartilhamento na análise.

Entretanto – já o admitimos enfaticamente – as dores típicas dos sujeitos atuais não são mais do que a expressão dos obstáculos à constituição da subjetividade representativa. Sofremos, hoje mais do que ontem, pela impossibilidade de nos tornarmos o que somos, em nossa mais profunda intimidade.

Sob tal perspectiva, frente aos jovens analisantes de hoje, persistir na utilização indiscriminada da interpretação analítica constitui a expressão de uma perigosa miopia teórica. Este verdadeiro "obstáculo epistemológico"[6] surge da defasagem entre a visão conceitual tradicional, *constituída* pela psicanálise, face às diferenças *constituintes*, atinentes às subjetivas contemporâneas. Entretanto, a dita defasagem entre teoria e clínica só se torna deletéria se os analistas não forem capazes de reconhecer a importância decisiva da advertência de Freud no que diz respeito à epistemologia da psicanálise.

[6] G. Bachelard, *Le nouvel esprit scientifique*.

Para ele, é exatamente do dito confronto que brota a potência construtiva do saber psicanalítico – na verdade, Freud se refere a todo e qualquer saber –, afastando-se seus conceitos do risco de se tornarem "datados". Só o trabalho contínuo de ajuste dos respectivos enunciados seria capaz de manter constante a sua capacidade de descrever e tratar as subjetividades[7].

Face à grande difusão e intensificação do sofrimento da compulsão nos nossos consultórios, não é difícil notar que os analistas vêm adotando procedimentos clínicos que visam diretamente o modo corporal da subjetividade. Na realidade, tais exercícios baseados no "feeling" ou na "intuição" do analista tornaram-se cotidianos. São estas práticas exercidas de forma inadvertida e eminentemente empírica que exigem, urgentemente, que se as flexione sob a perspectiva teórica.

Antes de iniciar a apresentação dos extratos da análise de Pedro, escolhidos por serem mais significativos da problemática que persigo, é preciso fazer, ao modo de prólogo, uma importante nota. O imperativo de suplementação do instrumento clínico da interpretação constituiu-se como objeto de interesse e preocupação de diversos analistas, dentre os quais cito Ferenczi, Winnicott, Balint e Aulagnier[8]. Estes autores, verdadeiros precursores do trabalho teórico que hoje adquire caráter de urgência, identificaram, cada um a seu modo, que a prática exclusiva da interpretação analítica não seria capaz de atender a todo e qualquer sofrimento subjetivo. A perspicácia destes psicanalistas reconheceu que os pontos fracos da utilização indiscriminada da interpretação das resistências inconscientes dos analisantes colocavam-se sobre situações clínicas em que a representação não tivesse valor preponderante. Eram os destinos do afeto que exigiam a atenção da psicanálise e dos psicanalistas. Seria preciso que o analista se pautasse pela "sensibilidade", de tal forma que esta o pudesse orientar na direção do manejo direto dos afetos

---

7 S. Freud, "Pulsiones y destinos de pulsión" (1915).

8 Indico apenas as contribuições dos autores referidos que são mais expressivas das questões que aqui nos ocupam, a saber: S. Ferenczi, *Obras completas*, D. W. Winnicott, *O ambiente e os processos de maturação: estudos sobre a teoria do desenvolvimento emocional*, D. W. Winnicott, *Textos selecionados: da pediatria à psicanálise*, M. Balint, *A falha básica: aspectos terapêuticos da regressão* e P. Aulagnier, "O direito ao segredo: condição para poder pensar".

quer na análise do psicótico, quer na do compulsivo, sendo prioritária até mesmo nas situações limite na clínica da neurose[9].

A análise de Pedro

Este é o caso de Pedro F., jovem de 20 anos incompletos e estudante da faculdade de letras à época em que me procurou. Sua aparência não condiz com sua idade, parecendo mais com uma criança. Pedro é interessado, romântico, místico e curioso, sendo que, contudo, seus dias são monótonos e desvitalizados. São poucas as realizações que o gratificam. De um modo geral, encontra-se possuído por um tédio abrangente, acompanhado de um sono quase incontrolável. Este quadro sintomático seria, hoje em dia, muito rapidamente classificado como mais um caso de depressão para o qual se prescreveria, sem maiores precauções, o "antidepressivo" da moda, acompanhado do ansiolítico da vez. Veremos, no entanto, que não é disso que se trata, de forma alguma.

O padecimento subjetivo de Pedro é típico de um jovem de classe média dos grandes centros urbanos ocidentais do século XXI. O interesse econômico dominante açambarca as várias dimensões das relações sociais, exigindo dos indivíduos um tempo quase ininterrupto de dedicação à ocupação profissional, uma vez que os celulares e os computadores mantêm constante a demanda do trabalho, invadindo os exíguos períodos de lazer. Pelos mesmos motivos, as pessoas, cansadas e estressadas, estabelecem um convívio social que, ainda que reduzido, só se torna praticamente possível nos estritos limites do âmbito familiar. As relações amorosas sofrem igual tipo de influência limitante, as ligações românticas tornando-se, amiúde, superficiais e rápidas. Como contraparte, sedativa desta avassaladora demanda que emana da dimensão socioeconômica da cultura, um mundo de maravilhosos objetos e serviços se descortina, oferecendo-se aos indivíduos, siderados pela aparente facilidade em obtê-los.

Embalado pelo fascínio destas falaciosas ofertas das mais diferentes e valorizadas mercadorias "prótese-de-tudo", *glamourizadas* pela mídia sedutora,

---

9 Para o estudo pioneiro da sensibilidade, identificada ao "tato" ou ao "sentir com" na análise, ver S. Ferenczi, "Elasticidade da técnica psicanalítica" (1928).

o dia-a-dia da faculdade de Pedro não lhe desperta nenhuma espécie de interesse. A todo momento lhe chegam pela Internet fantásticas opções de intercâmbio estudantil que ele associa às excitantes aventuras dos despojados "mochilões", diante das quais também o estágio que frequenta se lhe afigura como redundante perda de tempo.

Levado a considerar-se uma espécie de herdeiro universal das benesses do planeta e da sociedade, para Pedro, as ditas mercadorias-fetiche, capazes da plena satisfação do desejo, parecem ter sido criadas pela tecnologia de ponta *apenas* para o deleite do rapaz. Sua perspectiva é de que haveria um balcão de ofertas constantes, as quais lhe acenam com o preenchimento de toda falta, isto é, com uma vida paradisíaca, em que não é preciso perder para ganhar. A cada carência que lhe surge, um objeto adequado estaria pronto, esperando por ele, no horizonte de seu desejo, de tal forma que Pedro não faça qualquer esforço ou não se exponha a nenhum revés. Meu analisante acredita no que a comunicação midiática lhe promete, ou seja, que o mundo foi construído para o uso e o abuso dos jovens como ele.

Por este motivo, em seu trabalho como estagiário qualquer obstáculo que se lhe oponha será vivenciado como injustiça maquinada por um poder invisível que visa tão somente prejudicá-lo. Certa atitude "paranoide" supõe que sejam dirigidas contra ele manobras maquiavélicas, especificamente orquestradas por colegas ou superiores, com a finalidade de impedi-lo de galgar melhores posições na empresa. Amores virtuais o magnetizam, modelados pela indústria teleinformática de entretenimentos, catalisados pelas redes sociais, os quais acabam por reduzir as relações amorosas em que Pedro na realidade se envolve a desestimulantes prêmios de consolação. Dá-se o caso de idealizar certas mulheres que o preterem, na medida em que preferem "caras que mandam melhor" ou "malandros mais sinistros" que ele.

Diante da pletora de objetos promitentes da satisfação plena, o que sucede é que Pedro se distancia justamente do seu desejo. Invadido pela angústia da "falta da falta"[10], pela excitação estonteante do consumo, o sentimento de indecisão o imobiliza. A angústia automática o assola e paralisa a sua ca-

---

[10] Referência à expressão de Lacan sobre a angústia como "falta [que] viria a faltar". Ver J. Lacan, *O Seminário, livro 10: a angústia* (1962-1963), p. 52.

pacidade de produção de desejo[11]. Nestas circunstâncias, Pedro se vê atormentado pela exigência desmedida de sucesso e pela compulsão de reconhecimento público. É preciso ser uma celebridade, *continuamente* reconhecido pela sociedade, para que o Éden lhe abra as portas, caso contrário nada vale a pena. É assim que o rapaz persegue a notoriedade de forma onipotente, inconsistente, caótica e excitada.

Ainda que o período sócio-histórico em que vivemos se caracterize pela gritante assimetria entre a extrema intensidade das forças do corpo erógeno e a diminuída capacidade subjetiva de simbolização, a genealogia dos encontros estabelecidos por cada sujeito, desde os cuidados dispensados ao infante que se foi, é determinante para os destinos singulares da força corporal. Dependendo dos atributos de tais relações, as forças, bastante potencializadas em meio à cultura atual, encontram, não obstante, vicissitudes singulares, podendo seguir múltiplos cursos de diferenciação do modo corporal em modo representativo da subjetividade.

Sob tal perspectiva, para a compreensão dos fragmentos destacados da análise em tela é preciso que se clarifiquem certas características básicas a respeito das subjetividades dos pais de Pedro. Com esta descrição, mesmo que esquemática em demasia, procuro orientar a compreensão da análise do jovem pelas características dos desejos parentais em suas respectivas evocações do inconsciente do filho. Separados há mais de dez anos, seus pais são intelectuais e professores universitários. Sobre a mãe de Pedro, devo avançar, ainda que de forma bem sucinta, que esta não é capaz de remeter a potência da "função materna" a nenhuma instância terceira, sendo que, deste modo, acaba por *materializar* – do latino "mater", que significa mãe – a dita função aproximando-se perigosamente da personificação do poder absoluto. A demanda desejante da mãe sobre o rapaz adquire matizes de forte atração sexual, ao mesmo tempo excessiva e insuportável.

Já as representações psíquicas que procedem da relação ao pai, as quais poderiam, senão neutralizar, ao menos atenuar o encantamento paralisante em que a sedução materna colocava o filho, aquelas, ao revés, acabavam por alargá-lo. Absorto por seu novo relacionamento amoroso e consumido pelas

---

[11] S. Freud, "Inhibición, síntoma y angustia" (1926 [1925]).

exaustivas necessidades econômicas que sua ocupação de professor implica, o pai, como alegava Pedro, "não tinha olhos" para ele. Os encontros entre ambos se reduzem a esparsos e desagradáveis almoços, nos quais a conversa se limita a determinações paternas de controle da economia do filho. Assim sendo, a ausência e o silêncio do pai, deflacionando a "função paterna", acabam por associar-se à sedução materna ameaçadora.

A transferência que meu analisante estabelece comigo apresenta-se a princípio pautada pela angústia de castração – angústia-sinal. De fato, nos primeiros meses de análise Pedro me identifica ao seu pai. Impulsionado por esta tônica, o jovem dirige a mim um sentimento de extrema rivalidade, com matizes de agressividade controlada. Tal quadro neurótico vinha sendo tratado pela tradicional interpretação das resistências inconscientes. Porém o sofrimento de Pedro extrapola o domínio simbólico, uma vez que a angústia automática acaba por submetê-lo. A suposta depressão de Pedro – na realidade, um quadro grave de compulsão – viria a desaguar numa prática de droga-adição. O constante uso da droga ameaça dominar a vida do rapaz – e a sua análise.

A partir de então, sou alçado por Pedro à posição de espectador das cenas em que este protagoniza um consumo exagerado de drogas. O gozo se expressa clinicamente pela exaustiva e monótona repetição das narrativas de ocasiões em que o rapaz se dedica à ingestão das drogas. A dita monotonia corresponde à clara desapropriação subjetiva que acompanha tais exibições verbais de comportamento desmesurado, tornando-as desvitalizadas, lentas e redundantes. Ao insistir de início no uso da interpretação frente às uniformes descrições das noitadas turbinadas pelas drogas, verifico que nada de relevante se modifica, quer na dinâmica transferencial, quer em sua vida de um modo geral. Uma vez que, nesta situação, o sofrimento de meu jovem analisante emanava dos obstáculos à diferenciação das forças do corpo erógeno, a inutilidade da estratégia clínica de caráter representativo que eu adotara não tardou a surgir em toda a sua inadequação. Diante da interpretação inócua, só restava a Pedro o caminho da passagem ao ato (*acting out*). Reativamente, o jovem, mais confuso e sonolento do que de costume, passou a intensificar significativamente o uso das drogas, diminuindo assintoticamente os intervalos entre os episódios de sua ingestão. Aumentavam também a sua ambiguidade, confusão e dificuldade de decisão.

Era chegado o tempo do manejo direto das forças com vistas à desobstrução do processo de subjetivação. Neste limite, afigurava-se também a urgente necessidade de acolhimento transferencial do excesso de força que se mantém enquanto tal, ao qual denominei de residual que, sem espaço seguro de fruição, explodia em perigosos episódios lisérgicos. Quando a transferência se desloca para além do modo representativo da subjetividade e o gozo avança insidiosamente, de pouco – ou de nada – adiantaria o simples uso da interpretação sem que se cumprisse a tarefa preliminar de induzir a diferenciação do modo corporal da subjetividade, esta sendo até mesmo a condição daquele.

Acolhimento das pequenas percepções

Após uma primeira fase da análise de Pedro, pautada pela angústia de castração e suas conseqüências clínicas, o jovem começara a discorrer, a princípio bastante hesitante, a respeito do uso que vinha fazendo de diferentes drogas. *Minha sensibilidade* indicava que nas longas e exageradamente detalhadas narrativas de Pedro apresenta-se uma boa dose de gozo. De fato, a fala de meu analisante se via dominada por uma excitação acrítica, excedendo a cadência habitual do seu discurso, transformando-se, com frequência, em episódios de apneia. Emprestando à expressão de Pedro uma falta de graça que, em absoluto, a caracterizava, tais narrativas o constrangiam corporalmente, elevando a sua letargia e cansaço à enésima potência. Algumas vezes, em meio à excitação e falta de ar, Pedro, de modo paradoxal, adormecia profundamente.

Poderíamos a princípio tentar traduzir a dita sensibilidade do analista através da concepção de contratransferência. Contudo, para tanto esta noção não se mostra adequada. Para esta sensibilidade o que está em jogo não são, como no caso da contratransferência, os sentimentos formais do analista. Lembremos que para o pensamento freudiano a contratransferência indica as representações psíquicas do analista, ainda que inconscientes, frente à influência do inconsciente do analisante[12]. Assim é que Freud viria inscrever a

[12] S. Freud "Las perspectivas futuras de la terapia psicoanalítica" (1910), p. 136.

experiência da contratransferência na rubrica da comunicação, mais especificamente da "comunicação entre inconscientes"[13].

Ao utilizar na descrição da situação clínica de Pedro a noção de sensibilidade do analista, refiro-me ao sentimento que *invade* o analista – e a cena transferencial. Justamente a contrapelo da contratransferência, invasão, neste caso, diz respeito aos níveis mais sutis da transferência, nos quais as representações do analista são incipientes ou não existem, em absoluto. Em tal contexto, surge como que uma atmosfera[14] que envolve os protagonistas. Ao analista ocorre-lhe uma vivência direta da força, na ausência de representações psíquicas que se possam associar à quantidade de afeto. Nesta dimensão da transferência, a sensibilidade do analista subsume a vivência de sensações diáfanas irrepresentáveis e de sentimentos indiscriminados ou amorfos. Se, como já se disse, a contratransferência, que designa a comunicação entre o inconsciente do analista e o do analisante, se efetua pela via da influência das representações (*Vorstellungen*) inconscientes deste sobre a dinâmica das representações inconscientes daquele, a sensibilidade do analista indica a invasão ou a presentificação (*Darstellung*) da força na subjetividade do analista.

Para que possamos nos situar melhor quanto à compreensão desta sensibilidade, é preciso que retomemos o texto crucial intitulado "A negativa", onde se pode encontrar, ainda que demasiado condensada, a descrição do advento da subjetividade em psicanálise. De acordo com tais parágrafos seminais, na constituição da subjetividade a "afirmação" da representação dá-se como a contraface da "expulsão" da força da pulsão, sendo esta polaridade a condição primordial da subjetividade e do seu funcionamento[15]. É preciso ressaltar, todavia, que "condição" não é causa e "primordial" não é origem. Eis o que é fundamental nesta obra de Freud, tão pequena quanto importante[16]. Sob tal perspectiva, "condição primordial" indica o gerúndio –

[13] S. Freud, "La predisposición a la neurosis obsesiva. Contribución al problema de la elección de neurosis" (1913), p. 340.

[14] S. Ferenczi, "Princípio de relaxamento e neocatarse" (1930), p. 60.

[15] S. Freud, "La negación" (1925), p. 256. Sobre o tema, ver o capítulo 4.

[16] Para interessantes interpretações a respeito deste texto seminal, remeto a J. Lacan, "Introducción al comentario de Jean Hyppolite sobre la *Verneinung* de Freud" (1954), e J. Lacan, "Respuesta al comentario de Jean Hyppolite sobre la *Verneinung* de Freud" (1954).

mas não a cronologia linear passado, presente e futuro – enquanto a gramática do processo de subjetivação em psicanálise. Isto quer dizer justamente que a constituição da subjetividade não se coloca como nenhuma espécie de origem do funcionamento psíquico, havendo até mesmo concomitância entre elas. Corroborando estas assertivas, pode-se afirmar que "condição" indica o caráter de imanência do processo de subjetivação, ao contrário da tradicional relação de "causa e efeito", que introduziria uma subjetividade de cunho transcendente. A expulsão da força não se esgota no advento da subjetividade, constituindo-se, bem às avessas, a condição permanente do processo de subjetivação.

É disto que trata aquilo que no vocabulário lacaniano se denomina de "circuito da pulsão", incluindo-se nele, a um só tempo, advento e funcionamento da subjetividade[17]. Sob certas circunstâncias, o circuito da pulsão não se estabelece no cenário da transferência. O que se dá então é um "curto-circuito". A diferenciação da força se vê deslocada pela sua presentificação e o organismo biológico avança insidiosamente sobre o corpo erógeno do analisante. Neste caso, a contratransferência, cuja consequência para o analista seria a produção de representações inconscientes, seria substituída pelas pequenas percepções. Estas, sem possibilidade de representação, correspondem à sensibilidade do analista, equivalendo, pois, à presença da força bruta no âmbito da subjetividade representativa deste.

Este sentimento do analista indica a necessidade imperativa de suplementação da "atenção igualmente flutuante" à fala do analisante, com finalidades interpretativas. É deste modo que se impõe a utilização de uma outra estratégia analítica, não mais dirigida para a atenuação ou para a remissão do sintoma, senão para a produção do inconsciente do analisante. De fato, as pequenas percepções são a condição imperceptível de possibilidade da contratransferência representativa.

Eu dissera que, depois de muito hesitar, Pedro passara aos relatos das constantes situações de uso de drogas. Com confusa minúcia, sou inteirado das reuniões que o jovem frequenta para a ingestão sucessiva de "fumo"

---

[17] J. Lacan, *O Seminário. Livro 11: os quatro conceitos fundamentais da psicanálise* (1964), pp. 169-170.

(maconha) e "doce" (LSD). Pedro participa também de festas *rave* onde consome um verdadeiro coquetel de "bala" (*ecstasy*), "microponto" (LSD) e fumo. Meu analisante enaltece a experiência da droga como processo de obtenção de intenso prazer e estabelece associações entre o prazer assim obtido e a dilatação da percepção que as substâncias entorpecentes lhe proporcionam. Porém, ainda que em meio aos profusos louvores que lhes dedica, *escuto* que Pedro não está convencido das vantagens das drogas. Ao utilizar agora o verbo escutar, ao invés de referir-me à sensibilidade do analista, minha intenção é de demarcar a diferença de estratégias analíticas associadas, respectivamente, à escuta dos conteúdos formais do inconsciente do analisante e às pequenas percepções do analista.

Tornava-se evidente que Pedro reservara a mim a posição de espectador paralisado frente a suas arriscadas *performances* alucinógenas. Como condição transferencial do seu gozo, o jovem me deslocara para que eu ocupasse o lugar de observador imóvel da vítima impotente que ele seria diante do poder mítico da droga. Não obstante, minha intervenção confronta seus esforços. Diante do sentimento dos índices de desapropriação de si em que meu analisante se encontrava, intervenho de maneira nada reativa. Face aos relatos tortuosos e, sobretudo, marcados pela mortiça excitação corporal, mantenho-me aberto ao sentimento que me afetava, ainda que não me fosse possível defini-lo ou representá-lo de algum modo. Sem qualquer dose de hipocrisia, dou razão a Pedro, admitindo que as substâncias entorpecentes que ele ingere possuem, com efeito, capacidade de causar aumento da percepção e sensações agradabilíssimas. Aproximo-me também de suas conjeturas no que toca à alusão às drogas como catalisador de conhecimento, pela via do efeito da percepção dilatada. De forma simples e direta, deixo-me levar pela afetação e então acolho inteiramente suas hipóteses[18].

Mais adiante, no entanto, esclareço, em sentido contrário, que as drogas atuam na fisiologia do sistema nervoso, podendo causar sérios danos orgânicos, algumas vezes irreversíveis. Além disso, se o limite for ultrapassado, o usuário poderá se tornar um adicto, afastando-se

---

[18] Sobre o tema do acolhimento das crianças pelos adultos, remeto a S. Ferenczi, "A criança mal acolhida e sua pulsão de morte" (1929).

dolorosamente do lugar de sujeito-pesquisador que se coloca diante d'"as portas da percepção"[19] para ocupar o de objeto da droga. Acrescento também que o uso contínuo de tais substâncias é incompatível com a disponibilidade que se requer para o estudo ou para o trabalho seja por conta do desgaste orgânico, seja devido às exigências de sobriedade impostas pela realidade de um modo geral[20].

Não custa ressalvar que não eram a minha concordância ou discordância das opiniões de Pedro que estruturavam o manejo direto das forças. Decerto, as pequenas percepções do analista não dizem respeito à ordem semântica. À construção da transferência no nível da diferenciação da força não interessa nem o significado, nem tampouco o significante do que é falado pelo analisante. O que está em jogo nesta situação limítrofe é a possibilidade de acolhimento ou compartilhamento daquilo que, efetivamente, não poderia, sob nenhuma hipótese, ser dito pelo analisante ou escutado pelo analista. O acolhimento, *na análise de Pedro*, envolvera a suspensão das regras de resguardo e contenção do analista quanto às próprias opiniões, ou seja, nesta específica situação analítica, demandara a ruptura com o caráter rigorosamente não prescritivo da interpretação.

Trata-se do que só pode ser *sentido* – ao mesmo tempo e por ambos. Acolher ou compartilhar tais sensações amorfas e sentimentos indiscriminados envolve as subjetividades de analista e analisante em um encontro de afetação, no qual afetar, ser afetado e afetar a si mesmo se dão concomitantemente. Só a força, potencial de subjetivação ou capacidade de afetação que ultrapassa o terreno "macroscópico" da representação, estaria norteando a dimensão do encontro transferencial que, neste caso, se consubstanciava. A afetação se expressa pelas pequenas percepções dos sentimentos ligeiros e das sensações leves do analista. As ditas percepções imperceptíveis ou microscópicas, não simbólicas ou significantes, era o que me "orientava", na singularidade deste encontro e no gerúndio deste instante, na direção da

---

19 Alusão ao clássico ensaio de A. Huxley "As portas da percepção" sobre experiências controladas com o uso da mescalina.

20 A respeito da droga em sua relação à subjetividade, na articulação entre a tradição filosófica ocidental e a psicanálise freudo-lacaniana, recomendo o competente ensaio de G. Sissa, *O prazer e o mal: filosofia da droga*.

construção de um ambiente de extrema franqueza. Ao estabelecer uma atitude de especial consideração pelas opções e opiniões de Pedro quanto à droga, mantendo, ao mesmo tempo, uma posição aberta e declarada para com o meu próprio discernimento, eu contribuía para a construção da dimensão puramente afetiva do encontro transferencial, capaz de subsidiar a produção do inconsciente de meu analisante.

Neste ponto, um leitor atento poderia, com justeza, arguir que esta atitude de consideração deveria constituir a prática regular de todo analista frente a qualquer de seus analisantes. Entretanto, devo esclarecer ao meu valoroso interlocutor que o que se passava nesta situação suplementava tal pano de fundo de consideração e respeito, decerto necessário constantemente. Uma espécie de suspensão de minhas certezas sobre as drogas e seus efeitos emprestara uma inabitual simetria ao encontro analítico. Efetivamente, eu me encontrava em posição de receber os argumentos de Pedro sem, no entanto, remetê-los a considerações (contra)transferenciais. Eu me abrira para o fato de que meu analisante tinha algo de "objetivo" a me dizer, para além do reenvio, muitas vezes rápido demais, ao polo da (contra)transferência.

Outra vez será preciso convocar o meu leitor atento. Este poderia agora interpelar minha atitude como a de um analista que, imprudente ou mesmo leviano, se deslocara do seu lugar de analista. Diante de crítica tão acurada, não devo menos do que admitir que, desta vez, o leitor tem toda razão. É preciso reconhecer que o manejo clínico baseado na afetação pelas pequenas percepções me distancia do analista tradicional. Sobretudo, afasto-me de uma certa leitura da teoria psicanalítica. Contudo, a crítica, decerto construtiva, de meu leitor somente corrobora a argumentação que venho desenvolvendo, cujo eixo epistemológico não é outro senão o de, no rastro de Freud, nos engajarmos no contínuo processo de construção de conceitos em psicanálise. Somente com tal expediente as intervenções clínicas que os analistas já utilizam, de maneira inadvertida, eminentemente empírica, sem o devido suporte conceitual, ganhariam a potência operante que só a teoria lhes pode oferecer.

Além dos subsídios transferenciais à diferenciação da força do corpo erógeno de meu analisante, os ditos manejos diretos haviam possibilitado também a construção de um lugar seguro para a vivência dos sentimentos e sensações desmedidas de Pedro, impassíveis de representação. Sem que se possa remetê-lo ao espaço simbólico, o gozo necessário do excesso residual de potência encontrava afinal, no interior mesmo do encontro analítico, um território efetivo – e afetivo – para a sua experimentação. Ao me propor a discutir *de igual para igual* as opiniões de Pedro a respeito dos efeitos positivos das drogas, criava-se um ambiente clínico de compartilhamento afetivo do excesso de força residual. Entretanto, ao não me sustentar sobre a assimetria da relação analítica, eu permitia a abertura do espaço transferencial ao gozo de meu analisante. Diante da possibilidade do simples confronto de opiniões no *setting*, Pedro, de início, apresentava uma argumentação radical e inegociável e uma retórica soberba e onipotente. Contudo, a edificação deste espaço contribuiria, gradativamente, para tornar o uso da droga menos excepcional e menos atraente.

Vagarosamente, a utilização dos procedimentos analíticos combinados colaborava para que o jovem iniciasse o movimento de desvio do gozo sem negociação da atuação performática (*acting out*) em direção ao território alteritário do diálogo e da argumentação criativa. Aos poucos, Pedro começava a frequentar menos as noitadas embaladas pela droga. Inaugurava-se o movimento de deflexão da força, da satisfação imediata ao adiamento do gozo e deste em direção à construção do desejo inconsciente e à busca, ainda que trabalhosa, decerto mais gratificante, do prazer na realidade. Lentamente, eu começava a me deslocar do lugar de espectador inerme no qual o jovem me fixara.

Entretanto, o manejo analítico direto sobre o corpo erógeno envolve riscos. Situar-me em função das pequenas percepções implicara, no plano tradicional da transferência, me posicionar de forma demasiado diretiva e sugestiva frente a Pedro. A operação analítica visando imediatamente a diferenciação da força, ainda que tivesse favorecido o desvio do gozo compulsivo da droga, contribuíra, por outro lado, para que os laços transferenciais edipianos de Pedro se tornassem mais infantis.

Minhas intervenções orientadas pelas percepções imperceptíveis concorreram, não obstante, para que meu analisante se sentisse tutelado e, em consequência, desvalorizado, identificando-me ao pai que não tinha olhos para ele. Eis que as defesas resistivas (no sentido psicanalítico) de Pedro se dilataram, acarretando um aumento da agressividade querelante na análise. Porém tal incremento da corrente do recalque poderia ser – como, de fato, foi – escutado por mim e, portanto, tornar-se objeto de interpretação. O momento adequado de interpretar surgiria um pouco mais tarde. Nesta ocasião, saliento os temores do rapaz pela perda da memória, atribuída por ele próprio ao "fumo". Adianto que Pedro não quer correr o risco de comprometer a materialização do seu desejo de realização profissional e amorosa. Aludo também ao "ganho secundário", isto é, que o uso das drogas anestesia o temor do jovem de não ser capaz de alcançar o tão ansiado sucesso e reconhecimento público.

O acolhimento do gozo necessário, o manejo direto da força do corpo erógeno e, a seguir, o uso da interpretação tornaram possível ao analisante, finalmente, o confronto com os fantasmas inconscientes de impotência. Pedro se veria, afinal, habilitado a elaborar as inibições sociais que escondiam o temor de não ser capaz de gerenciar sua vida. Temendo não ser forte o suficiente para produzir o próprio prazer sem o auxílio dos anestésicos[21], o rapaz se assustava diante da responsabilidade pela atualização de sua potência no mundo. Signo claro desta mesma inquietação é a utilização do Viagra, prática comum nas relações sexuais de Pedro.

Considere-se, ainda, que o dito trabalho analítico direto não é garantia da diferenciação da força do corpo erógeno. No presente caso, entretanto, certos signos – *a posteriori* – permitiriam avaliar a conveniência das estratégias combinadas implementadas. O corpo biológico começava a ceder o lugar ao corpo erógeno, sobre o qual aquele avançara. O sono inelutável, a apneia, a excitação, etc. regrediam à medida que, pouco a pouco, as práticas do diálogo criativo e dos comportamentos construtivos se destacavam. As novas assertivas e condutas de meu analisante confirmavam, assim, a propriedade das ditas intervenções associadas.

Uma nota derradeira: a dilatação do encontro transferencial, englobando o manejo direto sobre a intensidade pulsional poderá, de maneira relevante, concorrer para o tratamento psicanalítico da toxicomania, tão destruidora

---

21 Giulia Sissa (1999) afirma que "toda droga é paradoxalmente anestésica. Mesmo as euforizantes". Ver, G. Sissa, *O prazer e o mal: filosofia da droga*, p. 12.

nos tempos em que vivemos. Isto porque a compulsão dos adictos é na realidade uma tentativa malograda de diferenciação da força do corpo erógeno. Somente a produção direta ou positiva do prazer, que se dá pela via da erogeneização do corpo biológico, terá a capacidade de contribuir para o deslocamento do gozo da droga. Ao contrário do prazer negativo que se obtém pela dissipação do sofrimento, no interjogo representativo entre desejo e sintoma, apenas o prazer intensivo de expansão e de criação de si, prazer em nos tornarmos mais aquilo que somos, poderá cooperar para barrar a endêmica drogadição de nossos dias.

Mas, apesar de tudo, algum nível de gozo se manterá inalterado. Afinal, a força que se diferencia terá de conviver com o excesso residual, não suscetível de diferenciação, na medida que este é nada mais, nada menos do que a condição daquela. Para tal modalidade de gozo, remanescente e permanente, a análise deverá poder reservar um espaço clínico seguro de acolhimento transferencial.

Clínica e corpo: a sensibilidade do analista

Novas situações clínicas se apresentavam ao longo da análise de Pedro, ratificando a necessidade de construção de um encontro transferencial que pudesse propiciar imediatamente a diferenciação da potência e também o acolhimento da força corporal insuscetível de diferenciação.

Certa manhã, Pedro, com a voz embargada, telefona para o consultório, relatando que havia atropelado uma menina ciclista de apenas sete anos. A menina se desembaraçara da mãe na calçada e, inesperadamente, pedalara para a rua, sem dar a Pedro, ao volante de seu carro, tempo de desviar. Diante dos gritos da garotinha e dos protestos da mãe, Pedro não vacila e é firme ao prestar socorro à pequena vítima, conduzindo-as – a garota e a mãe – ao hospital mais próximo. Por fim, a mãe da menina acaba por reconhecer que a culpa pelo acidente não fora de Pedro e fica muito grata diante da oferta deste de, ainda assim, pagar pelas despesas hospitalares. A situação está sob total controle. A menina fraturou o braço, mas já recebeu os cuidados adequados. A mãe da garota se sente aliviada e agradecida pelo interesse de Pedro.

Mesmo assim, ao telefone comigo, Pedro não consegue conter a angústia que transborda e excede todos os símbolos. As fortes emoções vivenciadas pelo jovem em tão curto tempo haviam deslocado violentamente o cenário subjetivo para além do funcionamento representativo. Houve um abalo da semântica, um curto-circuito entre o mecanismo do recalque e a dinâmica da força. Dos confins da subjetividade, a força se presentificava (*Darstellung*), ensejando a angústia automática. O atropelamento da menina não deflagrara prioritariamente o sentimento inconsciente de culpa, tributário do lugar que meu analisante ocupava enquanto objeto do desejo incestuoso da mãe. O acidente incitara o domínio aberto do corpo erógeno. Para além do retorno sintomático do recalcado, a angústia automática "arrombava a porta" da subjetividade do rapaz. Para lidar com a dita angústia, evito o caminho da interpretação.

Quando Pedro me telefona, não me interesso pelo que ele *não diz*, como convém à escuta dos fantasmas de desejo ou das resistências inconscientes, quando estamos em presença da angústia-sinal. Ao contrário, acolho aquilo que *não é dizível*. Diante do afastamento abrupto do domínio das representações subjetivas, tornava-se imprescindível estabelecer um encontro transferencial de afetação no interior do qual Pedro pudesse compartilhar *Isso* que não poderia ser dito ou representado. Efetivamente, a *Isso* Pedro nada poderia associar. Não há qualquer possibilidade de atenção flutuante do *Isso*[22].

Face à angústia automática, não digo a Pedro algo propriamente significativo a título de interpretação que, é quase certo, de nada adiantaria. Ao contrário, passo a repetir, com mais ritmo do que sentido ou com mais aconchego do que semântica, uma espécie de acalanto: "tudo está bem", "você agiu direito", "não há nada com que se preocupar". Tais frases se sucedem, tépidas e cadenciadas, feitas mais de corpo erógeno do que de representação.

No episódio do telefonema de Pedro, a transferência se via invadida por uma atmosfera irrepresentável. Neste caso, como ocorre nas situações clínicas limítrofes, nas quais a representação é insuficiente, é a sensibilidade que afeta o analista que poderia lhe permitir, ao mesmo tempo, afetar o analisante, contribuindo para a diferenciação da força do corpo erógeno deste. Nesta

[22] Jogo de palavras utilizando a instância do Isso freudiano enquanto o lugar das forças.

perspectiva, ao "entoar o acalanto" empenho *meu corpo afetado* que se torna o complemento indispensável para a construção do encontro transferencial de circulação afetiva que corresponde ao manejo direto das forças. O corpo erógeno, sede da fonte e da força da pulsão, é o veículo do trabalho analítico nesta dimensão da transferência. É o caso de insistir que a afetação consistente deste manejo transferencial direto não se resume simplesmente a ser afetado pelo analisante e a afetá-lo em troca. O circuito da afetação envolve o inelutável afetar a si mesmo, enquanto produção de si do analista. Somente então a força do corpo erógeno do analisante pode diferenciar-se. Afinal, deparamo-nos, outra vez, com o ensinamento foucaultiano que convocáramos desde o início, de que é do coração do encontro que poderá brotar a potência de autocriação.

Logo após minha intervenção, Pedro se tranquiliza e passa a fazer uma avaliação mais clara da situação. Pelos elementos discursivos que se *representaram* a seguir, pude notar a justeza das estratégias clínicas utilizadas. Surpreso pela constatação que se lhe advém, Pedro exclama: "cara, eu quase dancei! Sabe que, no lance, eu estava sem a carteira de motorista!".

Fédida confirma que nas situações clínicas limítrofes seria imprescindível a construção desta modalidade primordial de encontro transferencial que atua diretamente sobre a força do corpo erógeno. Ao defender que, "no tratamento analítico, trata-se, precisamente, de restabelecer a circulação [do afeto]"[23], Fédida indica, dentro do campo teórico em que trabalha, a exigência de constituição de uma relação analítica de afetação, em que o afeto circule entre analista e analisante. Ao referir-se ao corpo de que se trata, Pierre Fédida não deixa de salientar as dificuldades por parte do analista em estabelecer um encontro transferencial de afetação.

É então que este autor evoca a necessidade do analista de afetar a si mesmo e a dificuldade deste de, como condição do restabelecimento da circulação do afeto na análise, produzir-se enquanto subjetividade. A este respeito, o autor afirma, não sem lirismo, que o "problema difícil" é "encontrar no meu olhar [do analista] as associações que não são verbalizadas" pelo analisante[24]. Claro está que não é ao corpo biológico que a referência de Fédida se dirige,

---

23 P. Fédida, *Clínica psicanalítica: estudos*, p. 51.

24 Idem, p. 37.

uma vez que o que pertence ao organismo não é o aludido olhar, senão o olho, na sua anatomia e fisiologia. O corpo denotado pelo olhar na sua imaterialidade não é outro senão o corpo erógeno, ou seja, a dimensão imaterial do corpo que pertence à subjetividade. Por conseguinte, o que está em jogo nestas situações clínicas limítrofes é o corpo específico à psicanálise, cujo sofrimento pode e deve ser tratado na análise.

O trabalho imediato sobre a força pulsional exige que o analista possa lançar-se ao "problema difícil" de "encontrar no [seu próprio] olhar" o que *não é passível de verbalização* pelo analisante. Dito de outro modo, o que está em jogo é o acolhimento do silêncio enquanto índice dos corpos erógenos do par protagonista[25]. Tal exigência demanda ao analista nada menos do que a posse de requisitos de refinada sensibilidade. Em seu belo livro, escrito nos anos 80, *Clínica psicanalítica: estudos*, o psicanalista francês reúne uma série de situações excepcionais que fogem ao que os analistas entendem e descrevem como sendo psicanálise. Baseando-se primordialmente na obra de Ferenczi, Fédida conclui que seria preciso enfatizar o funcionamento psíquico do próprio analista[26].

Hoje em dia, contudo, as ditas situações excepcionais passaram a frequentar muito mais as análises, sobretudo a dos jovens analisantes. Todos os analistas enfrentam amiúde o tipo de situação em que o excesso de força acarreta a ruptura do sentido, ou seja, extrapola o funcionamento representativo da subjetividade. Com efeito, estas situações, cada vez mais constantes, não podem aguardar pelo momento "seguro" da interpretação das resistências inconscientes. Somente o acolhimento, baseado na sensibilidade do analista seria capaz de lhes fazer frente. Eis por que nos novos tempos será preciso que o analista faça mais do que, apenas, atender às determinações freudianas quanto à sua re-análise regular[27]. Além do recurso constante à re-análise pessoal e, também, do bom domínio da teoria psicanalítica, demanda-se ao analista, cada vez mais, a disponibilidade para o sentimento dos afeto[illegible] culantes. O manejo analítico direto sobre o corpo erógeno implica um

[25] Sobre a questão do índice, o leitor encontrará no capítulo 4, a ideia de índice referid[illegible] *Ding*.

[26] P. Fédida, "Elaborações técnicas na psicanálise".

[27] S. Freud, "Análisis terminable e interminable" (1937), p. 250.

transferencial até a fonte somática da subjetividade, permitindo o tratamento do sofrimento psíquico primordial do analisante que emana dos obstáculos à diferenciação da força do corpo erógeno.

Pierre Fédida concordaria com tais assertivas. Para ele, ao criar o conceito de pulsão de morte Freud teria, finalmente, admitido que a análise não poderia *se esgotar* na interpretação do inconsciente[28]. Para o analista francês, com o advento da pulsão de morte a transferência viria a tomar o rumo regressivo, partindo do terreno do recalque e do sintoma na direção do corpo e da força pulsional. Ou, ao contrário, o manejo direto da pulsão de morte seria a condição de possibilidade da interpretação do inconsciente.

Cabe aqui uma última observação a respeito do tratamento dos obstáculos à diferenciação da força que se implementa por estratégias de afetação. Esta modalidade de práticas analíticas, podemos relacioná-las ao que Foucault denominava de "estilística da existência", isto é, à produção de novos modos de ser si mesmo[29]. A abrangência de tal prática a situa, pois, além da transformação do sintoma, uma vez que o estabelecimento de um estilo renovado implica um novo modo singular de viver, seja qual for o sintoma. Para além das vicissitudes do desejo, isto é, das modificações significantes no interjogo entre o recalcado e o sintoma, trata-se, no que diz respeito aos manejos transferenciais diretos, das linhas de força da criação do desejo ou das condições de possibilidade deste. Para além das alterações do funcionamento desejante, o interesse clínico se amplia, voltando-se para a *maneira de ser si mesmo* do analisante – mas também do analista.

A propósito, descrevo uma curiosa observação a respeito da análise de Pedro. Como já havia sido mencionado, meu analisante aparentava ter muito menos idade do que realmente possuía. Porém, aos poucos, com o decurso do processo analítico, tal impressão gradativamente se dissiparia. Com o transcurso da análise, Pedro passara a parecer a idade que tinha. Tal constatação tornou-se objeto de importante trabalho clínico, a modificação em sua aparência tendo sido tributada à estilização, isto é, à transformação de estilo que, cada vez mais, levava Pedro a ser quem efetivamente era. Na medida em

28 P. Fédida, "Amor e morte na transferência", pp. 40-41.

29 Por exemplo, M. Foucault, *História da sexualidade, vol. 3 – O cuidado de si*, capítulo III.

que o jovem se afastava da excitação paralisante da compulsão pelas drogas, sua aparência se modificava, dilatando-se a presença de si para si[30].

Outra vez Fédida estaria de acordo, neste caso com a descrição do processo de subjetivação como estilização, considerando-se o estilo como o modo de ser si mesmo. Não é por acaso que, ao referir-se à *estilização do analista*, o dito autor afirma que se é tanto mais psicanalista "quanto a sua maneira de ser e de agir encontra uma inventividade [...] em si mesmo que, embora não calculada como um conceito, no entanto está de acordo com justeza regular com o que se pode chamar de "regra fundamental"[31]. Por este e outros motivos que já apresentamos, é que Pierre Fédida propõe que mais e maiores exigências sejam requeridas ao analista. Somente condições redobradas reclamadas ao psicanalista podem contribuir para o manejo clínico "além do princípio de prazer" sem que se recaia no "misticismo" ou no "empirismo ingênuo"[32].

Digamos pois, com ênfase redobrada, que o corpo erógeno, a força da pulsão, as pequenas percepções, a atmosfera compartilhada entre analista e analisante e o sentimento do analista não podem e não devem ser compreendidos como categorias esotéricas. Diante de tais entidades, estamos muito mais próximos daquilo que Susanne Langer descreve como domínio virtual cuja existência não é, tampouco, da ordem da imaginação ou do fantasma onírico. Para a autora,

> as forças que julgamos perceber da maneira mais direta e convincente são criadas para a nossa percepção; e não existem senão para ela [...]. O que existe unicamente para a percepção, e não desempenha qualquer papel comum e passivo na natureza, como os objetos fazem, é uma entidade virtual. Não é irreal: onde quer que sejamos confrontados com ela, percebemo-la realmente, não sonhamos ou imaginamos que a percebemos[33] [34].

---

30 Vale a pena cotejar tal dinâmica com os enunciados winnicottianos a respeito da potência do bebê de criar o mundo o qual, efetivamente, já existe. Ver, por exemplo, D. W. Winnicott, *Textos selecionados: da pediatria à psicanálise*, p. 279.

31 P. Fédida, "Amor e morte na transferência", p. 35.

32 P. Fédida, *Clínica psicanalítica: estudos*.

33 Citado por J. Gil, *Movimento total*, p. 42.

34 O leitor poderá se inteirar da compreensão do devir como virtual e deste como potência no interessante trabalho de P. Lévy *O que é o virtual?*

Bibliografia

AGAMBEN, G. "O que é o contemporâneo?". In: *O que é o contemporâneo? e outros ensaios*. Chapecó, SC: Argos, 2009.

AULAGNIER, P. "O direito ao segredo: condição para poder pensar". In: *Um intérprete em busca de sentido*. São Paulo: Escuta, 1990.

BACHELARD, G. *Le nouvel esprit scientifique*. Paris: PUF, 1975.

BALINT, M. *A falha básica: aspectos terapêuticos da regressão*. Porto Alegre: Artes Médicas, 1993.

BAUMAN, Z. *Amor líquido: sobre a fragilidade dos laços humanos*. Rio de Janeiro: Jorge Zahar, 2004.

BERGSON, H. *La pensée et le mouvent: essais et conférences*. Paris: Quadrige/ PUF, 1999.

CASTELLS, M. *A era da informação: economia, sociedade e cultura, vol. I: A sociedade em rede*. São Paulo: Paz e Terra, 1999.

EHRENBERG, A. *La fatigue d'être* soi: dépression et société. Paris: Odile Jacob, 1998.

ELIAS, N. *A sociedade dos indivíduos*. Rio de Janeiro: Jorge Zahar, 1994.

FÉDIDA. P. *Clínica psicanalítica: estudos*. São Paulo: Escuta,1988.

FÉDIDA. P. "Elaborações técnicas na psicanálise". In: *Clínica psicanalítica: estudos*. São Paulo: Escuta,1988.

FÉDIDA. P. "Amor e morte na transferência". In: *Clínica psicanalítica: estudos*. São Paulo: Escuta,1988.

FERENCZI, S. *Obras completas*. São Paulo: Martins Fontes, 1992.

FERENCZI. "Elasticidade da técnica psicanalítica" (1928). In: *Obras completas – Psicanálise IV*. São Paulo: Martins Fontes, 1992.

FERENCZI. "A criança mal acolhida e sua pulsão de morte" (1929). In: *Obras completas – Psicanálise IV*. São Paulo: Martins Fontes, 1992.

FERENCZI. "Princípio de relaxamento e neocatarse" (1930). In: *Obras completas – Psicanálise IV*. São Paulo: Martins Fontes, 1992.

FOUCAULT, M. *Nietzsche, Freud e Marx: theatrum philosoficum*. São Paulo: Princípio, 1975.

FOUCAULT, M. *Vigiar e punir: nascimento da prisão*. Petrópolis, RJ: Vozes, 1977.

FOUCAULT, M. "What is enlightenment". In: Foucault, M. (Rabinow, P. editor). *The Foucault reader*. New York: Pantheon Books, 1984.

FOUCAULT, M. *História da sexualidade, vol. 3 – O cuidado de si*. Rio de Janeiro: Graal, 1985.

FOUCAULT, M. *As palavras e as coisas*. São Paulo: Martins Fontes, 1990.

FREUD, S. "Las perspectivas futuras de la terapia psicoanalítica" (1910). In: *Obras completas*, vol. XI. Buenos Aires: Amorrortu, 1986.

FREUD, S. "La predisposición a la neurosis obsesiva. Contribución al problema de la elección de neurosis" (1913). In: *Obras completas*, vol. XII. Buenos Aires: Amorrortu, 1986.

FREUD, S. "Recordar, repetir y reelaborar (nuevos consejos sobre la técnica del psicoanálisis, II)" (1914). In: *Obras completas*, vol. XII. Buenos Aires: Amorrortu, 1986.

FREUD, S. "Pulsiones y destinos de pulsión" (1915). In: *Obras completas*, vol. XIV. Buenos Aires: Amorrortu, 1986.

FREUD, S. "Lo inconsciente" (1915). In: *Obras completas*, vol. XIV. Buenos Aires: Amorrortu, 1986.

FREUD, S. "Presentación autobiográfica" (1925 [1924]). In: *Obras completas*, vol. XX. Buenos Aires: Amorrortu, 1986.

FREUD, S. "La negación" (1925). In: *Obras completas*, vol. XIX. Buenos Aires: Amorrortu, 1986.

FREUD, S. "Inhibición, síntoma y angustia" (1926 [1925]). In: *Obras completas*, vol. XX. Buenos Aires: Amorrortu, 1986.

FREUD, S. "Análisis terminable e interminable" (1937). In: *Obras completas*, vol. XXIII. Buenos Aires: Amorrortu, 1986.

GIL, J. *Movimento total*. São Paulo: Iluminuras, 2004.

HARDT, M. e NEGRI, A. *Império*. Rio de Janeiro: Record, 2001.

HERMANN, K. e RIECK, H. *Eu, Christiane F., 13 anos, drogada, prostituída...* Rio de Janeiro: Bertrand Brasil, 2002.

HUXLEY, A. "As portas da percepção". In: *As portas da percepção e O céu e o inferno*. Rio de Janeiro: Civilização Brasileira, 1966.

JAMESON, F. *Pós-modernismo: a lógica cultural do capitalismo tardio*. São Paulo: Ática, 2002.

LACAN, J. "Introducción al comentario de Jean Hyppolite sobre la *Verneinung* de Freud" (1954). In: *Escritos 1*. México: Siglo Veintiuno, 1987.

LACAN, J. "Respuesta al comentario de Jean Hyppolite sobre la *Verneinung* de Freud" (1954). In: *Escritos 1*. México: Siglo Veintiuno, 1987.

LACAN, J. *O Seminário. Livro 10: a angústia* (1962-1963). Rio de Janeiro: Jorge Zahar, 2005.

LACAN, J. *O Seminário. Livro 11: os quatro conceitos fundamentais da psicanálise* (1964). Rio de Janeiro: Jorge Zahar, 1985.

LECLAIRE, S. *O corpo erógeno: uma introdução à teoria do complexo de Édipo*. São Paulo: Escuta, 1992.

LÉVY, P. *O que é o virtual?* São Paulo: Ed. 34, 1996.

ROZENTHAL, E. "Criação, afetação e paradoxo em psicanálise". *Agora: estudos em teoria psicanalítica*, v. 12, n. 1. Rio de Janeiro, Contra Capa/Programa de Pós-graduação em Teoria Psicanalítica da UFRJ, janeiro/junho de 2009.

SISSA, G. *O prazer e o mal: filosofia da droga*. Rio de Janeiro: Civilização Brasileira, 1999.

WINNICOTT, D. W. *Textos selecionados: da pediatria à psicanálise*. R. Janeiro: Francisco Alves, 1978.

WINNICOTT, D. W. *O ambiente e os processos de maturação: estudos sobre a teoria do desenvolvimento emocional*. Porto Alegre: Artes Médicas, 1983.

Impresso nas oficinas da
SERMOGRAF - ARTES GRÁFICAS E EDITORA LTDA.
Rua São Sebastião, 199 - Petrópolis - RJ
Tel.: (24)2237-3769